司法社会工作理论与实践

付立华　编著

中国社会出版社
国家一级出版社·全国百佳图书出版单位

图书在版编目（CIP）数据

司法社会工作理论与实践 / 付立华编著．—北京：中国社会出版社，2022.3
ISBN 978-7-5087-6333-0

Ⅰ．①司…　Ⅱ．①付…　Ⅲ．①司法－社会工作－研究－中国　Ⅳ．① D926.04

中国版本图书馆 CIP 数据核字（2020）第 042125 号

出 版 人：程　伟　　终 审 人：李　浩
策划编辑：孙武斌　　责任编辑：李新涛
责任校对：杨春岩　　封面设计：时　捷

出版发行：中国社会出版社　　地　　址：北京市西城区二龙路甲 33 号
邮政编码：100032　　编 辑 部：（010）58124841
网　　址：shcbs.mca.gov.cn　　发 行 部：（010）58124864；58124848
经　　销：新华书店

印刷装订：北京虎彩文化传播有限公司
开　　本：170 mm×240 mm　1/16
印　　张：16.5　　字　　数：250 千字
版　　次：2022 年 3 月第 1 版　　印　　次：2022 年 3 月第 1 次印刷
定　　价：48.00 元

中国社会出版社微信公众号　　中社文库微信公众号

序　言

当一个社会制定了一种制度性机制，不再把社会简单地看作善和恶、是和非、好和坏的二元区分，而是在整合性思维的基础上，把恶也作为一种社会事实，并努力把这类社会事实整合进社会中，实现坏事变好事的转变，使之成为社会发展的重要力量，那么，这个社会便具备了比较高的包容性和自我整合机能，也就具备了自我管理、自我发展的能力。

司法社会工作应该是这种制度性机制的重要内容。尽管它出现的时间还不是很长，但它的出现改变了对越轨、犯罪等行为在思维和实践上的敌对方式（这种敌对方式更多地希望通过惩罚改变越轨和犯罪行为，却把这些人推向了社会的反面）。作为社会工作实务的重要领域，司法社会工作致力于在司法场域为涉法、违法、犯法人员提供社会工作服务，保护他们的权益，并从本质上促进他们的改变；也致力于司法场域工作人员的权益保护工作，是重大的社会福利制度安排，也是社会人道化和现代化的重要表征，更是社会文明、进步的重要表征。

付立华老师的《司法社会工作理论与实践》一书，对司法社会工作的发展及重要工作领域作了全面、深入的介绍，对很多地方提出了新的见解。而我这些年来研究的重点主要是在社区矫正社会工作和禁毒社会工作方面，对司法社会工作的整体研究涉猎不多，她邀我为这本书写点东西，确实有点难度，思之良久，写下以上一点粗浅思考。

张昱

目　录

第一章　司法社会工作概述

司法社会工作是社会工作与司法领域的有机结合，是将案件审判的法律效果与社会效果结合起来的艺术。在这一领域中，社会工作专业活动与司法及司法行政活动相互影响，良性互动，协助服务对象解决问题，推动司法改革，促进社会和谐。司法社会工作起源于西方，目前在我国社会工作领域极具发展潜力，是社会刑罚观由报应性刑罚向恢复性刑罚的人道主义观念转变的操作性保障，它在具有刑罚性的同时，也在刑罚中给犯人以人道的待遇和改过自新的机会，是司法领域的一种社会福利表现形式。作为概述部分，本章在对国内外司法社会工作发展历史概括总结的基础上，讨论了司法社会工作需要掌握的最基本的问题，通过对司法社会工作概念、特征、目的、内容和基本方法以及对司法社会工作发展现状的介绍，帮助读者全面、深刻地认识和理解司法社会工作，为后续实务章节的学习奠定基础。

第一节　司法社会工作的由来与发展

司法社会工作是指运用社会工作专业知识在司法审判体系中开展的专业服务性活动。本节内容对司法社会工作的由来和发展现状进行了简要介绍，并对司法社会工作在我国发展的必要性和可行性进行了探索，旨在帮助读者厘清司法社会工作的发展过程。

一、国外司法社会工作的历史与现状

司法社会工作起源于西方，在百余年的发展中逐渐专业化、职业化，经

历了萌芽、职业化发展、停滞和全面发展阶段。

（一）萌芽阶段（19 世纪 40—80 年代初）

司法社会工作最早起源于社区矫正。1841—1858 年，美国马萨诸塞州波士顿市的约翰·奥古斯塔斯（John Augustus），使用个案辅导的方法对其保释的 2000 多名犯人进行“感化教育”，通过为这些“有罪者”提供服务或帮助的机会，而使他们避免牢狱之灾。同时避免了他们在小偷、抢劫犯、强奸犯、诈骗犯集中的监狱中被“交叉感染”。这些经过约翰·奥古斯塔斯服务的“有罪者”，矫正服务结束后行为大有改观，法院最后大都采取宽大处分的方式（如罚款）处罚他们。约翰·奥古斯塔斯也被载入美国法律史册①，被称为“感化工作之父”，成为在实践中开展司法社会工作服务的第一人。在约翰·奥古斯塔斯开创社区矫正工作的先河后，马萨诸塞州在 1879 年的一项法案中授权波士顿市设置了专职的矫正社会工作者②。从此，社区矫正工作成为一项具有专业技术要求的职业，随着国会通过《联邦观护法案》，美国形成了能够指导全国的矫正社会工作制度③，标志着司法社会工作成为美国的一个新兴的工作领域。

（二）职业化发展阶段（19 世纪后期至 20 世纪 50 年代）

19 世纪末 20 世纪初，带有司法社会工作者性质的工作作为职业岗位开始出现在美国，扮演服务对象的帮助者甚至是法庭上的专家证人角色。19 世纪后期，大量实践者参与监狱、青少年行为不良干预和感化院工作④。1921 年创立的美国社会工作者协会（NASW 的前身），其中就设置了专门为违法犯罪者提供服务的“司法矫正治疗专家或社工”⑤。当时，“司法社工”主要由女性社工构成，从属于地方警察，专门为违法犯罪人员提供服务。1926 年，“司法社工”已经覆盖了全美 175 个主要城市地区。20 世纪 30—40 年代，“问题少年”逐渐成为司法领域矫正干预的主要对象。在实践经验丰富和成熟的基

---

① 周云骞．社区矫正制度起源——美国“缓刑之父”约翰·奥古斯塔斯的故事［EB/OL］．http：//www. sohu. com/a/240547387_ 100122047.

② 陈红桔．论司法社会工作的核心理论及制度价值［J］．衡阳师范学院学报，2016（5）．

③ 同上．

④ 熊贵彬．美国青少年司法社会工作的兴衰［J］．中国青年社会科学，2015（6）．

⑤ 同上．

础上，1959年，美国社会工作教育委员会出版了一套13册的社工教材，其中的第5册便是矫正社会工作领域。与此同时，政府部门也开始重视司法社工的发展，以拨款给州和地方机构投资项目的形式，招聘司法社工与MSW学生开展有偿实习工作。

英国的司法社会工作实践也是始于社区矫正。1907年颁布的《感化犯人法》，明确规定了观护人机构负责为释放后的被判感化的人服务，主要包括监督、咨询等，确定由政府指定专职工作人员为矫正服务对象提供服务。随后，英国制定了《刑事裁判法》，该法律规定设置"感化委员会"，规范了矫正社会工作的管理体制，包括矫正社会工作者的任命、报酬等日常行政事务，理顺了司法社会工作者的日常管理机制。

在吸收英、美经验的基础上，日本结合自身的实践发展了其本土的司法社会工作。日本政府分别在1947年和1949年制定了《恩赦法》和《犯罪者预防更生法》，此后，逐步形成了多层次的法规网络体系。在此基础上，日本完善了矫正工作的组织架构和机构设置，如更生保护委员会、保护观察所、刑务所、少年院等机构，保障司法社会工作的开展。

（三）停滞阶段（20世纪70—90年代）

20世纪70年代经济危机导致的新自由主义使得个人责任兴盛于当时的社会福利政策领域。管理主义的盛行，使得政府问责于社会工作的服务成效，因行业规范相对不健全、教育方式不完善等原因，社会工作"无用论"占据舆论上风，作为社会工作重要实务领域的司法社会工作也未能幸免。里根主政时期的"对犯罪强硬"政策，使得20世纪80年代中期针对罪犯的矫正恢复项目支持经费大幅下降，社会对犯罪人员的态度倾向于惩罚导向而非早期的矫正恢复，社会工作者在矫正领域中的数量大幅减少，地位也大不如从前。社工界在这时选择了主动撤离，或从监狱恢复服务转向司法过程中的其他方面，如社区为本的受害者或证人帮助、社区法庭援助。司法社会工作的实务发展和理论研究一度停滞。

（四）全面发展阶段（20世纪90年代以后）

严厉惩罚导向的司法气候并没有达到预期的整治社会风气与降低犯罪率的效果。20世纪末以来，越来越多的人重视矫正恢复在矫正领域的作用，倡导让社会工作重新参与司法矫正工作。在世界范围内，人们广泛地认识到司法社会工作在预防犯罪、矫治违法行为中的积极作用，认为其发展与社会经济、政治、法律环境以及时代需要息息相关[①]。

如今，欧美国家的司法社会工作发展已经走在了世界前列，其服务领域与岗位类别多样，社会工作者综合素质全面，司法社会工作主动进入司法系统中，与其他司法机构合作密切。具体来说，司法社会工作在各国的发展也呈现出各自的特色。例如，美国司法社会工作者可作为专家证人在法庭上提供证词，他们对整个审判过程的清楚记录越来越得到法官的重视和认可，但是也面临着角色的冲突以及因职业标准的缺失可能导致的行为失范等问题。与美国的“Forensic Social Work”不同，英国司法社会工作的概念是“Criminal Justice Social Work”，即刑事司法社会工作。英国司法社会工作更多集中在刑事犯罪领域，如对罪犯的改造、吸毒人员的控制、越轨青少年的矫治等，职责更为明确。而意大利的“缓刑官”则是其司法社会工作的一大特色，且只有社会工作者才可以申请成为缓刑官。缓刑机构独立于监狱系统，但是与监狱紧密合作，对犯人和被拘留者进行调查、监管和康复支持。

可以说，司法社会工作是司法社会化的产物之一，在司法社会化进程中，社会力量弥补了司法部门工作人员的短缺，利用专业优势链接多方资源，在刑罚执行、矫正等过程中发挥了重要作用。社会工作者是社会力量的重要组成部分。

二、在中国发展司法社会工作的必要性和可行性

我国的社会工作介入司法领域始于2002年。2002年8月，上海市针对失学失业青少年、药物滥用人员及刑满释放人员（以下简称“三类高危人群”）犯罪率居高不下的现状，率先在全国开展社区矫正试点工作，试点主要是通过政府购买服务的形式，让社会工作者运用专业理论和方法对三类高危人群进行社区矫正，从而发挥矫正社会工作在“预防和减少犯罪工作体系”中的预防性和矫正性作用，拓展司法领域管理事务的工作思路。经过近20年的探索和实践，我国司法社会工作初步形成了以社区矫正社会工作为主要领域，围绕司法诉讼程序及相关领域全面展开并逐步深入的局面，在提升犯罪人员福祉、实现司法公平、维护社会稳定等方面发挥了重要作用。

---

① 杨旭．美国司法社会工作的发展及借鉴［J］．学术交流，2013（3）．

（一）社会工作介入司法领域的必要性

1. 我国处于社会转型时期，各类社会问题凸显

目前，我国司法社会工作实践主要集中在青少年犯罪的矫治和预防、禁毒社会工作以及社区矫正工作这三大领域，并取得巨大成就。当前，我国青少年失学失业群体、涉毒人群以及其他犯罪边缘群体的数量有所增长，重点解决这些领域存在的问题，在我国司法社会工作建设方面具有重要地位。

目前，我国的青少年违法犯罪仍面临严峻复杂的形势，也是我国在社会转型期面临的重要问题。以未成年人犯罪为例，未成年人犯罪数量出现反弹，2021 年，全国检察机关共受理审查逮捕未成年犯罪嫌疑人 55379 人，受理审查起诉 73998 人，较 2017 年分别上升 30. 6%、24. 2%。未成年人家庭监护缺位比较突出，电信互联网对未成年人犯罪的影响巨大，未成年人犯罪近些年来呈现低龄化趋势，从 14—16 周岁犯罪人数看，2021 年较 2017 年增加 2980 人，增幅达 57. 4%。总的来讲，我国青少年犯罪群体数量较大，且呈现低龄化态势，青少年犯罪受家庭环境的影响很大。

吸毒、贩毒造成的跨国犯罪问题以及吸毒对个体健康的不利影响等，使禁毒问题在世界范围内受到广泛关注。

我国青少年有越轨和违法犯罪行为群体、涉毒人群以及其他犯罪群体的数量较多，同时，这些群体的存在会造成严重的家庭问题和社会问题。因此，司法领域急需转变工作思路、拓展新的工作方式，加强司法社会工作建设，加大司法体制改革力度，探索司法社会工作的有效服务路径。

另外，违法犯罪原因的多元性为社会工作介入犯罪预防和违法行为矫正提供了基础。相关研究表明，引发犯罪的原因是多方面的，个体自身生理心理特点、家庭因素及社会环境因素等都有可能引发犯罪行为。虽然不同的学者可能对某一种或一类原因更有所侧重①，但不可否认的是，犯罪行为的产生不能用一元论来解释。因此，根据违法犯罪的不同原因，应采取相应的措施。社会工作作为“社会的润滑剂”，其预防、调解、引导、矫正等作用不容忽视。

---

① 许书萍．论社会工作介入犯罪预防领域的必然性［J］．学术交流，2012（11）．

2. 全面依法治国深入推进，对司法社会治理提出更高要求

中国特色社会主义进入新时代以来，全面依法治国、建设社会主义法治国家的全局性、整体性、目的性、长期性特征更加突出。2020 年 2 月 5 日，习近平在中央全面依法治国委员会第三次会议上的讲话指出，坚持和完善中国特色社会主义法治体系，要“坚持法治国家、法治政府、法治社会一体建设”、要“汲取中华传统法律文化精华，吸收借鉴人类法治文明有益成果，坚决抵制西方错误思潮错误观点影响，加快建设中国特色社会主义法治体系”①。近年来，司法社会治理更是成为我国国家治理的重要建设内容，尤其是在基层司法领域，社会力量被广泛引入不同的司法任务和环节之中，司法的社会化趋势不断加深。从 2002 年上海市开始社区矫正试点至今，社会工作进入我国司法领域已经有 20 年的历史，并不断向安置帮教、社会关护、青少年犯罪预防等新领域扩展服务，逐渐形成了具有一定特色的服务理念与服务手法。作为现代国家治理体系中一支越发重要的社会力量，社会工作应当更加积极深入地响应新时代号召，参与到全面依法治国、坚持和完善中国特色社会主义法治体系的伟大任务中去。

3. 社会工作有着其他社会力量不可替代的职能和作用

社会工作作为专业力量参与司法领域，对社会工作而言意味着社会工作领域的拓展，对司法而言意味着国家司法权社会化的表征。② 司法与社会工作在理念和目标上具有契合性。司法社会工作的实质是一项福利服务，其目标是通过科学的方法和理论，对犯罪者等服务对象进行思想教育和行为修正并改善其周围的社会环境，从而促进服务对象更好地适应社会、融入社会。司法社会工作的专业性使其成为司法社会化过程中的专业力量，发挥着其他社会力量不可替代的职能和作用。司法社会工作在社区矫正和青少年犯罪矫正等方面取得显著成果，政府日益重视司法社会工作在相关领域的作用发挥，出台了一系列政策文件，司法社会工作在提升社会治理水平方面的职能逐步凸显。2014 年，最高人民法院、最高人民检察院、公安部、司法部联合出台了《关于全面推进社区矫正工作的意见》；2015 年，

---

① 习近平．推进全面依法治国，发挥法治在国家治理体系和治理能力现代化中的积极作用［J］．求是，2020（22）．

② 张善根．司法社会工作的功能定位及其范畴——以未成年人的司法保护为中心［J］．青少年犯罪问题，2011（5）．

司法部出台了《关于进一步深化狱务公开的意见》；2017 年，国家禁毒办、中央综治办、公安部、民政部等 12 个部门联合出台了《关于加强禁毒社会工作者队伍建设的意见》，明确提出了建设禁毒社会工作者队伍的规划及具体要求；2018 年，最高人民法院出台《关于进一步深化家事审判方式和工作机制改革的意见（试行）》。相关政策文件的出台为社会工作参与不同的司法程序提供了合法性，也有利于不同领域司法社会工作发展的进一步规范。

（二）社会工作介入司法领域的可行性

1. 社会工作介入司法领域的优势

首先，社会工作在价值理念与介入视角方面具有专业优势。社会工作关注边缘群体权益，而司法领域的青少年罪犯、吸毒者等群体及其家人正是需要物质与精神帮扶的对象。价值与伦理是社会工作的灵魂，社会工作的介入能够凸显对边缘群体的人文关怀。同时，介入过程以特定的社会工作专业理论与模式为基本框架。例如，社会工作强调优势视角，注重服务对象的能力提升，这有助于培养服务对象的社会责任意识，恢复其在社会生活中的主动性。

其次，社会工作在实务领域具有丰富的经验积累。完善的需求评估与前期调研是促进司法进程更为人性化、个体化的有益补充。例如，对青少年罪犯的需求评估可以了解到其家庭背景，这就使得青少年犯罪行为得到一定程度的解释，而后根据青少年成长的特点，社会工作者制订相应计划促进其改变，并为其监护人与照顾者提供建议。在方案施行过程中，个案、小组、社区工作方法使得社会工作者的服务更为灵活多样，从微观、中观、宏观各层面实现对服务对象的全方位扶助，而持续的服务过程也能够为服务对象提供较彻底的跟踪和帮助，最大可能防止犯罪行为的再次出现。

2. 国内外实践为司法社会工作提供丰富经验

国外社会工作介入司法领域的时间相对较早。美国的司法社会工作者在 20 世纪初便成为一种新的职业，在相关司法领域发挥重要作用，在维护社会稳定、促进司法改革方面作出了突出贡献。一些类似毒品法庭和家庭暴力法庭的特殊法庭，促使作为职业助人者的司法社会工作者大量增加。1984 年，美国成立司法社会工作协会，司法社会工作的相关研究及专著也同步出现；2011 年，创建《司法社会工作》专刊，该刊物成为司法社会工作者研究成果交流的重要平台；与此同时，有些高等院校开始将司法社会工作作为独立领域[①]，统一培养符合专业要求的学生。我国几个大型城市也进行了司法社会工作的实践。如上海2002年开始的社区矫正工作的探索，其主要工作思路是由政法委牵头，公安机关、法院、检察院和司法局五部门联合推进[②]，以期形成"政府主导推动、社团自主运行、社会多方参与"的社区矫正社会工作模式。又如，北京自2003年开始，以"在现行的法律框架内和社区矫正试点工作的要求下对原有的由公安机关作为执行主体的社会服刑工作的继承与改革完善"为工作理念，开展社区矫正试点工作[③]。这些卓有成效的实践都为我国司法社会工作日臻成熟提供了宝贵经验。

近些年，一些地方开展了司法社工专业化、职业化的探索和尝试，建立了专职专业的司法社工队伍。如广东省珠海市实行的依托司法局、司法所管理，建立起的行政模式下"专、兼结合的司法社工队伍"；又如上海浦东新区司法局与五角场监狱主办的"驻上海市五角场监狱社工服务点"，该服务由浦东新区社会帮教志愿者协会与上海中和社区矫正事务所承办，由中和社区矫正事务所每月派专门社工前往五角场监狱对浦东新区籍服刑人员开展咨询、帮教必访等活动。结合国内外司法社会工作的发展经验，为保证司法社会工作的实施效果，丰富司法社会工作的内涵及方法，司法社会工作必须向职业化和专业化方向发展。我国一些省份和城市已制定了司法社会工作的相关法律法规和制度文件，为司法社会工作的发展提供了保障，使司法社工的专业化和职业化发展更加规范，如将社会工作发展经费纳入财政预算中，推进政府购买服务的发展，实现政府工作方式和问题解决方式的转变。

由此可见，我国当前社会工作发展和司法体制改革以及两者渐趋融合，已是大势所趋。

3. 我国司法社会工作发展空间巨大

首先，我国司法社会工作本身存在制度与体系方面的缺陷。传统的社会工作与司法领域结合较少，司法社工体系存在规范性不足、体系性不强、稳

① 杨旭．美国司法社会工作的发展及借鉴［J］．学术交流，2013（3）．

② 同上．

③ 范燕宁，谢谦宇，罗玲．社区矫正社会工作［M］．北京：中国人民公安大学出版社，2015：17-22.

定性不够、理念性滞后等诸多问题①，导致我国社会工作的效能和信誉度不高。

其次，司法社工人才素质方面存在问题。目前，我国司法社会工作人才队伍专业素质相对来说较低，尤其是法律素质、政策水平以及解决社会问题的技能不高②，缺乏将专业工作方法与技巧细致、精确地运用在实践中的能力，在实务中，存在着不全面、不统筹、不深入的问题。

目前，虽然司法社会工作者在我国尚属于全新的社会职业，但是社会工作介入司法领域仍具有极大的可行性，并且司法社会工作正在随着我国司法体系和社会工作的逐步完善而日臻成熟，朝着更为专业化、职业化的方向迈进。

第二节　司法社会工作的基本概念

司法社会工作是司法系统与社会工作的有机整合，在概念化层面需要体现二者的联系与区别。司法社会工作嵌入司法审判的各个环节，通过灵活使用社会工作的价值观和方法，进而覆盖较广的工作领域和服务对象。

一、司法社会工作的概念

我国的“司法”一词最早出现于汉代，当时仅作学理用语。在隋、唐、宋开始有“官职”之意，仅指低级行政官员。直至清末，“司法”逐渐有了与立法、行政相对应的含义。而在西方，如恩格斯曾言：“随着法律的诞生，就必然产生以维护法律为职责的机关——公共权力，即国家。”“司法”作为一种权力过程可能在法律产生之时就已经存在，但作为法学特定术语是随着三权分立思想的深化而不断充实其意义的。如今，司法通常是指“国家司法机关及其工作人员依照法定职权和法定程序，具体运用法律处理案件的专

① 杨旭．司法社工服务对我国调解制度的嵌入性研究［J］．华东理工大学学报（社会科学版），2012（6）．

② 李晓凤．专业社会工作实务方法在人民调解中的运用［J］．社会工作，2009（10）．

门活动”[1]。这个过程是在诉讼的基础上，通过真实案件与法律适用进行裁判，最终达到终结案件的目的[2]。

社会工作最先发源于西方，同样经历了漫长的发展时期。从1601年英国颁布《济贫法》开始，德国的社会救济制度、英美的慈善组织与社会团体、美国的慈善组织会社等在缓解资本主义带来的社会问题时，也都为以救济活动为最初形态的专业化社会工作的形成奠定了坚实基础。1917年，美国社会工作先驱者玛丽·埃伦·里士满（Mary E. Richmond）出版《社会诊断》一书，标志着社会工作学科化。一般意义上，社会工作被认为是“以利他主义为指导，以科学的知识为基础，运用科学方法助人的服务活动”[3]。社会工作者在尊重、平等、接纳等价值观的指导下，运用个案、小组、社区等工作方法链接资源、开展服务，发挥个人潜能、改善个人与社会关系、维护社会秩序。

司法社会工作是目前我国社会工作行业中最具活力的服务领域之一。司法社会工作这一领域的出现，体现了社会刑罚观的转变，它主张实施人道主义思想，在刑罚中给犯人以人道的待遇和改过自新的机会。尽管国内司法社会工作实践已有近20年的发展历史，但关于其内涵的讨论仍在进行之中。目前，学界多采用“举例法”对其进行定义，即将司法社会工作实践较发达的青少年犯罪、禁毒、社区矫正等领域囊括进定义之中，但这种定义方法仍没有使概念本身更加明晰。学界通过把握要素、表明特征、阐释功能等不同角度对司法社会工作的含义进行了不同解读[4]。

马姝将司法社会工作定义为：“在国家司法机关和司法组织参与的与执法有关的活动中，为有需要的人员有组织地提供专业助人服务的工作，其目的在于借助社会工作的专业优势，在司法机关、社会工作者及志愿者的共同努力下，解决社会纠纷、消除社会对立面，促进社会和谐。”[5]

---

① 席小华．从隔离到契合：社会工作在少年司法场域的嵌入性发展［D］．上海：华东理工大学，2016.

② 石茂生．司法及司法权含义之探讨［J］．河北法学，2012（2）．

③ 王思斌．社会工作概论［M］．第3版．北京：高等教育出版社，2014：13.

④ 郭伟和．走在社会恢复和治理技术之间——中国司法社会工作的实践策略述评［J］．社会建设，2015（4）．

⑤ 罗大文．司法社会工作推进综述［J］．社会工作（学术版），2011（8）．

而罗大文则认为："司法社会工作的基本内容是社会工作者运用社会工作的专业理念与方法，配合司法行政人员和其他志愿人员，对监狱服刑人员、社区服刑人员、严重违反社会治安管理条例人员、刑满释放人员、社会矛盾激化者等各种特殊工作对象，开展心理疏导、行为矫治、社会救助、专业服务工作。"①

张昱、罗玲认为："司法社会工作实质上是为了解决司法社会中出现的中和性问题而形成的一种中和性制度安排，即'润滑油'式的制度安排。"② 这种中和性问题在现实生活中是一种较为特殊的社会矛盾问题，即一方面整个社会需要司法系统惩罚犯罪者；另一方面，又要通过司法系统改善、监护犯罪者③，使其能够改变，符合社会主流价值的要求。

何明升将司法社会工作进行了系统的定义，认为："司法社会工作是一个由特定价值理念与实践逻辑所决定的复合系统，社会工作机构及其从业人员与司法机构在其中相互依托，面向罪错者、受害人以及相关利益人中的受助者，通过充分发展其全部潜能而推动社会变革、改善人际关系和促进问题解决。"④

其实，司法社会工作是司法领域与社会工作领域的有机结合，在不同的社会背景中，其具体形态是不同的。在司法社会工作过程中，司法社会工作者需要综合社会工作和司法领域的价值观念与理论方法，既能灵活使用社会工作专业价值伦理与方法，又能够厘清"人权""刑罚"等司法重要边界。综合现有研究，本书将司法社会工作定义如下：司法社会工作是在社会工作和司法领域价值观念的指导下，围绕整个司法审判程序展开，以犯罪者、受害人以及相关利益群体为服务对象，运用社会工作专业理论知识与方法开展针对服务对象的心理疏导、行为矫治、社会救助、能力提升等工作，以实现问题解决、人际关系改良、社会关系和谐等目的的职业性助人服务活动。值得注意的是，司法社会工作并不是司法与社会工作两个独立个体的机械组合，而是具有内在统一性。把握司法社会工作的概念要认识到其存在的有机性特

---

① 罗大文．司法社会工作推进综述［J］．社会工作（学术版），2011（8）．

② 张昱，罗玲．司法社会工作的内源性根据及其实践指向［J］．甘肃政法学院学报，2017（5）．

③ 同上．

④ 何明升．司法社会工作概念的缺位及其补足［J］．法学论坛，2012（2）．

征，体会二者在这个领域的融合。

综合不同学者的研究，我们可以从以下几个方面①来理解司法社会工作的概念。

（一）司法社会工作是一个由特定价值理念与实践逻辑所决定的复合系统

司法社会工作是一个新兴的社会工作领域，它是一个综合了司法和社会工作领域知识的复合性工作系统，其具体的内涵和外延在不同的社会环境中有不同的理解。其中，对其功能定位起关键作用的应该是特定时代的价值理念，即司法社会工作究竟是司法本位的，还是社会工作本位的，或者是对两者的有机结合。目前的价值观念下，司法社会工作中占据主导地位的仍是司法领域，社会工作居于嵌入性发展或从属地位，这在一定程度上将司法和社会工作割裂开来，不利于司法社会工作的整体发展。

（二）司法社会工作围绕整个司法审判程序及其相关领域展开

司法社会工作因其服务对象的特殊性，决定了其服务领域与其他社会工作领域的差异。司法社会工作的主要服务围绕司法审判的程序展开，如家事审判领域的社会工作介入、社区矫正社会工作、监狱社会工作、更生社会工作服务等。而禁毒、青少年犯罪的社会工作介入及预防作为司法社会工作在我国发展最早的领域，仍旧在目前的司法社会工作研究和服务中占据重要位置。

（三）司法社会工作的对象是犯罪者、受害人及相关利益人

广义上来讲，司法社会工作面向的是犯罪行为的所有相关者，包括犯罪者、受害人及利益相关者，概括来讲，主要以司法审判过程中的主要利益相关者为服务对象。如刑事领域中的社区矫正对象、监狱中的罪犯、刑释人员、吸毒贩毒戒毒者及他们的家属；民事领域家事审判过程中涉及的未成年人、妇女和老人等。但是，一方面专业服务机构出于服务优势及业务范围限制，在选择服务对象时会有优先考虑；另一方面，司法审判程序中的利益相关者的主观求助意愿不同，有的人愿意接受司法社会工作服务，有的人却不了解司法社会工作的作用。因此，在实践中，司法社会工作的对象只能是司法审判程序及相关领域的实际受助者。

---

① 何明升．司法社会工作概念的缺位及其补足［J］．法学论坛，2012（2）．

（四）司法社会工作以优势视角为主要指导原则

司法社会工作秉承“助人自助”的基本理念，致力于帮助主动求助或转介的服务对象解决他们的问题，实现其与环境的良性互动。虽然许多受助人（尤其是侵害了其他人利益的受助人）被认为是有缺陷或是罪有应得，但在司法社会工作实务中仍然需以优势视角为指导，即在服务过程中关注服务对象的优势，不断挖掘他们的能力和潜能，帮助其恢复社会功能。①

二、司法社会工作的特征

因司法社会工作的概念目前没有统一的定义，所以关于司法社会工作特征的研究也没有明确的结果，结合本书对司法社会工作的界定以及罗大文对司法社会工作特征的论述，将司法社会工作的特征总结如下。

（一）自愿性与强制性双重特性②

在司法社会工作领域，会面临大量的非自愿求助的服务对象，他们一般不会主动寻求社会工作者的帮助，两者专业关系的建立是受相关法律制度要求强制推进的，且社会工作者占主导地位。因此，司法社会工作专业关系建立之初可能较为困难。一方面，司法社会工作者要遵守自愿性原则，尊重服务对象的主体意识；另一方面，出于工作内容的要求，司法社会工作需要体现强制性，司法社会工作者并不能完全尊重服务对象的意愿，服务对象自决等原则在司法社会工作过程中受到的限制相对来说会更多。

（二）存在目标导向上的冲突

在司法社会工作领域，存在着许多冲突的目标。从司法角度来看，司法社会工作的内容应以惩罚为导向，而站在社会工作的角度来看，应该是以治疗和复原为导向，两者在一定程度上存在着无法调和的矛盾。以社区矫正的执行为例，社区矫正本身是一项刑罚制度，在此过程中需要让犯罪人为自己的犯罪行为付出相应的代价，从而使其能够认识到自身的错误；同时，社区矫正又是一项福利措施，在实施矫正的同时，注重恢复矫正对象的社会功能、强化矫正对象的社会支持网络，从而避免其再犯罪。但如何平衡刑罚和福利

---

① 付立华．优势视角下的社区矫正介入策略研究［J］．中国社会科学院研究生院学报，2009（55）．

② 罗大文．司法社会工作推进综述［J］．社会工作（学术版），2011（8）．

的关系，目前仍未有一个合理的平衡点。

（三）刑罚执行中的刚性特征与社区环境中的柔性特征之间的矛盾

司法领域的执行单位，如检察院、公安机关等，刚性特征较为明显，体现为较为严明的罪错观和是非观，对矫正对象或禁毒对象等进行考察和执行的方式以强制性为主。但是，在社区服刑的服务对象，是罪错者的同时也是社区居民，拥有与其他社区居民同等的权利，这就在一定程度上使司法社会工作服务对象的思想意识与严格的司法制度处于对立状态，需要寻求一种在社区乃至社会环境中指导司法社会工作实施的刚柔并济的工作理念和方式。

（四）以体制内为主导，体制内与体制外双重模式并进

目前，我国司法社会工作实务主要是在政府及高校主导下推进发展的，主要推进力量是司法部门及相关高校。就实际状况看，目前的司法社会工作实务模式的特点是将司法社会工作纳入司法管理体系，使其成为司法管理体制的一部分。在该体制内，原有的司法系统占据专业优势，处于相对强势的地位。其主要发展路径是，由司法系统的工作人员“转化”“兼任”，或由司法部门采用政府购买服务的形式发展司法社会工作专业人才队伍，专门的司法社会工作服务机构相对较少，但是处于不断发展壮大的过程中。

三、司法社会工作的目标

目标指活动主体行动的方向或预期的结果。社会工作的基本目标是维护人们作为公民的基本生存权利，实现助人自助，恢复遇到生存和发展困境的个体的社会功能，并挖掘个人潜力，增强个体的自我效能。另外，社会工作不但要服务有困难、有需要的特殊群体，而且承担着特定的社会责任，因此在社会层面的目标是解决社会问题、促进社会和谐及推动社会进步等。

在司法系统中，处罚违法犯罪者、使其付出一定代价是刑罚执行的主要做法，但是为了减少违法犯罪行为，保护社会和社会成员不受伤害，单纯的对犯罪人员进行处罚并不是根本目的。

司法社会工作避免了“报应观”对司法裁判的影响，“通过恩威并重的社会工作手段和方法，矫正犯罪人员的犯罪行为和偏差行为”①，妥善处理各类人际（社会）矛盾和问题，帮助犯罪人员矫正错误行为、更好地适应社会环境，从而推动家庭、社会和谐稳定发展。

（一）促进问题解决②

司法社会工作最直接的目标就是帮助特殊的服务对象“解决问题”，只要是犯罪行为责任相关者，都会有一些特定的问题需要解决。在这个层面上，体现了司法社会工作作为社会工作新兴实务的微观使命，它通过协助受助者面对及解决问题来帮助受助者发展，通过尊重其基本人性需求来增强受助者应对困境的力量。最终协助服务对象面对和解决个人的家庭、社交及发展等问题，增强他们的信心和解决问题的能力，使他们顺利地重新融入社会。

（二）改善人的功能

罗大文认为：“刑事司法体系是一个注重罪犯品格研究的人道化的过程，要以恢复犯罪者的自信心和责任感为前提。”③ 司法社会工作的中观使命则是改善人际关系，通过提供资源、重建支持网络等方式，完善、提升服务对象的各项功能，帮助服务对象面对真实的自己，发掘心理潜能，克服生存危机，减少其社会危害性及再犯可能性。

（三）推动社会变革

司法社会工作服务对象本身是社会问题的相关利益者，一部分社会问题也是因为司法领域问题的溢出④。因此，司法社会工作在开展服务的过程中，必然要将司法社会工作系统和整个社会联系起来，通过司法社会工作的努力协助解决司法领域内及相关的社会问题，进而推动社会的进步和改革，“在增进受助者能力和权利的动态过程中追求社会正义”。

---

① 罗大文．司法社会工作推进综述［J］．社会工作（学术版），2011（8）．

② 何明升．司法社会工作概念的缺位及其补足［J］．法学论坛，2012（2）．

③ 罗大文．司法社会工作推进综述［J］．社会工作（学术版），2011（8）．

④ 张昱，罗玲．司法社会工作的内源性根据及其实践指向［J］．甘肃政法学院学报，2017（5）．

第三节 司法社会工作的主要领域与方法

青少年司法社会工作、社区矫正社会工作和禁毒社会工作是我国司法社会工作发展最早，也是发展相对成熟的三大领域，目前很多司法社会工作的研究都是围绕这三个领域展开。但是由于司法社会工作概念混沌不清，对于司法社会工作的主要服务领域，学界目前也尚未有统一定论。另外，不同的工作领域对社会工作方法的选用侧重点各有不同，需要结合特定领域的群体特点进行选择。因此，本节结合本书对司法社会工作的定义，对司法社会工作的主要领域进行总结，同时对不同司法社会工作方法的功能和特点进行简要介绍。

一、司法社会工作的主要领域

我国台湾学者林万亿提出，社会工作服务领域的概念包括了三个方面①：一是该领域关心的核心问题；二是有组织的服务特性，以便于区别每一个领域的差异；三是知识、方法成体系（该领域本身的特性和行为）。本书对司法社会工作领域的分析也从以上三个层面展开，综合国内外学者的研究结果，结合本书对司法社会工作的定义，围绕司法审判程序及其相关的内容对司法社会工作主要服务领域进行如下分类。

（一）犯罪预防阶段的社会工作

社会工作者与居委会、社区民警合作，对社区管辖范围内的居民进行详细摸底和排查，了解个人与家庭情况。对边缘青少年家庭、服刑人员家庭、吸毒人员家庭等有潜在危险行为的对象予以重点关注，必要时进行评估与及时干预，改变上述人群的不合理认知，打消其犯罪动机，避免违法犯罪苗头的蔓延。尤其是针对青少年的未检工作，在保障未成年人合法权益的基础上，坚持教育为主、惩罚为辅，加强未成年人法治教育，帮助解决其心理困境、提升个人潜能。同时，对辖区居民进行广泛的法制宣传以及积极参与对政府有关部门的政策倡导。

---

① 罗大文．司法社会工作推进综述［J］．社会工作（学术版），2011（8）．

（二）司法判决前的社会工作

本阶段中，司法社会工作者首先要坚持的一个原则是尊重事实真相。以事实为依据，司法社会工作者可对犯罪嫌疑人进行摸底调查，撰写社会调查报告。司法社会工作者可在案件开庭审理之前参与审前和解，组织被害人、犯罪嫌疑人、法官及其他相关人士进行交流和协商，通过赔偿、道歉等形式促进和解，以此缩短结案时间，减少开庭成本。若和解失败，以犯罪嫌疑人社会背景、性格等材料为支撑的调查报告也可为法庭判决提供参考意见，不同于注重犯罪事实本身的法庭调查，这可能有助于法庭作出有利于犯罪嫌疑人改过自新的裁决。

与此同时，社会工作者需要将犯罪嫌疑人的亲友纳入服务范围。因为当家庭中某一成员被羁押时，其他家庭成员可能因此遭遇生活困境，如经济来源的断流、生活照料的缺失等，这些都需要社会工作者提供有益的服务方案。

需要强调的是，除了刑事司法领域的社会工作介入，近年来民事司法领域如家事审判领域也开展了一系列改革，其中便强调社会工作参与家事审判的心理辅导和判前调查等环节，以为家事审判中的儿童、青少年等特殊群体提供服务为主要目标，减少家庭民事纠纷对未成年人的不良影响。

（三）社区矫正社会工作

社区矫正是监管矫正罪犯的一种手段，其最大的优点在于避免了罪犯与社会的长时间隔离，最大限度利用社区资源，在社区环境中对罪犯进行管理与教育，同时使罪犯能够延续个人社会化的进程。社区矫正对象主要的处遇包括：缓刑（主要针对犯罪较轻、刑期较短的罪犯）、假释（符合条件后可以提前释放的罪犯）、暂予监外执行（主要针对因有严重疾病需要保外就医，怀孕或者正在哺乳自己婴儿等特殊原因而暂时监外执行的罪犯）。

在社区矫正中，社会工作者需要对矫正对象进行及时观护，约束其日常行为，督促其良好生活习惯的养成。也可通过院舍训练等形式为矫正对象提供生活、学习场所，帮助其提高环境适应能力。现阶段的院舍主要包括社区矫正中心、家庭监禁、寄养照管、感化院。另外，社会工作者需要鼓励矫正对象积极参与社会服务，在公益活动中学习恰当处理人际关系、培养劳动习惯、增强社会责任感。

（四）监狱社会工作

具有威慑、惩罚等功能的监狱，是对判处自由刑罪犯的执行刑罚的场所，是司法矫正系列环节之一。犯罪人在狱中长时间与世隔绝，一方面心理负担较重，可能存在对家人的负罪感；另一方面因无法切身接触快速发展的社会，其融入人群、融入社会的能力可能随着留狱时间的延长而慢慢退化。因此，社会工作者在服务过程中要尤其注意对犯罪人心理障碍的疏导与社会功能的激发。

近些年，监狱逐步开展社会化帮教活动，充分利用社会资源，逐步建立了包含警察、罪犯亲属、社会帮教组织、社会志愿者四个维度在内的社会帮教体系。部分监狱通过在一些节日如春节、母亲节、儿童节等，开展丰富多彩的亲情帮教活动，营造狱内亲情氛围，让罪犯感受亲情温暖，提升“珍惜亲情，努力改造，回报亲人”的认知和感受；通过形式多样的社会帮教活动，组织职业技能鉴定指导、开展职业技能培训，为犯罪人的刑释就业提供有利条件。

（五）刑满释放后的社会工作

矫正社会工作者对刑满释放人员提供的服务也被称为“更生保护”或“出狱人保护”，这一社会福利措施起源于美国费城。1776 年，美国宾夕法尼亚州市民理查德·怀斯特（Richard Wister）创办的“费城出狱人保护协会”是世界上第一个出狱人保护组织①。罪犯在出狱后，面临着再社会化的需要，司法行政相关主体在这一阶段的缺失使得社会工作者发挥着重要作用。社会工作者提供的服务主要有帮助刑释人员解决居住、工作、教育等问题，通过生活辅导与保健转介服务帮助其改变之前不良的生活习惯，积极链接资源为其提供物质支持与心理疏导，重建正常的生活系统和秩序。

（六）其他相关领域

1. 禁毒社会工作

禁毒是司法社会工作需要迫切发展的实务领域。2008 年《中华人民共和国禁毒法》明确规定了自愿戒毒、社区戒毒、强制隔离戒毒的三种戒毒措施与场所康复、社区康复的戒毒康复形式，这为禁毒社会工作者带来了机遇和挑战。

---

① 何明升. 司法社会工作概论［M］. 北京：北京大学出版社，2014：145-146.

禁毒社会工作的服务对象主要包括刚开始的吸毒者、已经脱毒的吸毒者和严重成瘾者。社会工作者在专业理念与方法的指导下介入吸毒人员及其家庭，运用个案管理、同伴教育小组等方法，一方面促进吸毒人员生理、心理的康复，帮助他们顺利回归社会，另一方面也协助其家庭成员回到正常的生活轨道中。值得注意的是，禁毒社会工作的服务对象是集“违法者”“病人”与“受害者”于一身的“高危特殊群体”①，社会工作者在开展服务的过程中可能会遇到社会工作“助人”理念与司法工作“维稳”理念的冲突，如何协调这种紧张关系并破解这种两难抉择，是对社会工作者的严峻挑战。除对已经吸毒人群的介入之外，禁毒预防教育工作的开展也必不可少。社会工作者尤其需要加强对青少年的毒品预防教育，鉴于其是毒品波及最多、蔓延速度最快的群体。在宣传教育时也要注意传递真实、科学的信息，而不是可能引起大众好奇心的恐吓与说教。

2. 对犯罪青少年的矫正工作

青少年犯罪现象是一直不容忽视的社会现象之一，对于犯罪青少年的矫正也是司法社会工作体系的重要组成部分。当前，对犯罪青少年的处理方式也由原来的单向惩罚、惩戒向预防为主、惩戒方式多样化逐渐转变。在参与主体方面不再仅仅靠司法领域的力量单项式矫正，而更多的是强调外来力量的干预和补充，如家庭、社区以及其他社会力量（志愿者组织、非政府组织、社会工作者等）的配合与协调。社会工作者对犯罪青少年的性格、家庭、社区环境、学校状况进行调查与分析，建立详细档案，有助于设计个别化矫正方案。在犯罪青少年矫正完以后，家庭、社区、学校还要在各方面开展帮教，做好就业指导、心理治疗等后续工作，巩固矫正效果。

值得重视的是，对青少年犯罪现象的干预工作，也包括了预防工作。从宏观层面来看，需要国家法律对青少年合法权益进行强有力保障，协调经济发展的地区差异，为青少年成长提供安全、稳定的经济与社会环境；从微观层面来看，需要家庭、学校、社区共建良好氛围，真正关注青少年成长需求，注重教育理念与方法的改善，增强青少年对心理活动、性别观念、社会适应的学习和认知。

---

① 范志海．禁毒社会工作的理论、政策与实践——以上海为例［J］．华东理工大学学报（社会科学版），2008（1）．

二、司法社会工作的方法

个案社会工作方法、小组社会工作方法和社区社会工作方法是社会工作的三种基本方法，同样也是司法社会工作的三大基本方法。这三大方法在矫正、戒毒和青少年社工服务中已经得到较好的运用，并在不同领域有不同的侧重。具体方法的使用程序在后面各章节中会有具体阐述，在此，仅简要导入司法社会工作方法的侧重点及主要功能。

一是社工通常从三个系统层面为服务对象提供服务，服务成效显著。在具体的服务情境中，社工的服务方法会在个案、小组、社区三个不同的服务层面之间进行转换，或者是综合使用三种服务方法，使得同一个服务对象的服务过程能够更加多样化，从而提高服务效率。

二是不同的服务方法在社工服务过程中侧重点不同。接案、预估、制订服务计划、介入、结案、评估是社会工作的基本服务流程，不同的方法在社会工作服务流程中发挥着不同的作用。个案工作方法以个人或家庭为服务对象，通过微观、深入的介入帮助服务对象解决问题，小组工作方法通过发挥同质性群体的力量，使具有同类问题的服务对象能够相互支持、分享经验，从而实现共同成长，而社区工作方法则侧重于改变或改善社区环境，帮助服务对象更好地适应社会。

三是三大方法和策略的运作成效彼此互相依赖，相互影响。在具体实务过程中，司法社会工作者可以具体精通某一种方法，但是也需要对其他两种方法有充分的了解。通常的实务过程中，社会工作者都需要综合运用社会工作的各种方法为服务对象提供服务。这也符合社会工作方法发展的基本趋势。

其他如社会工作行政、社会工作研究等方法均在司法社会工作中得到了运用，取得了较好的效果，特别是司法社会工作研究正在受到越来越多专家学者和一线社工的重视，关于少年司法、社区矫正、禁毒社工等司法领域的研究越来越多，在充实司法社会工作理论经验的同时，也进一步指导了司法社会工作的一线服务。

（一）个案工作方法

个案工作是社会工作领域最早出现的社会工作方法，也是目前司法社会工作领域内运用最多和服务最深入的一种实务方法。尽管面临的服务对象和情境不同，在司法社会工作中，个案工作还是要遵循接案、收集资料与预估、制订服务计划、实施服务计划、转介与结案、评估与追踪等一般个案工作的基本工作流程，只是其中的内容有所不同。

1. 接案

由于服务领域的特殊性，大部分服务对象并非自愿接受帮助，司法社会工作的服务对象大都具有非自愿服务的特点。因此，服务对象的被动性给接下来的工作带来了极大挑战，社会工作者需采用优势视角来看待服务对象，与服务对象建立相互信任的专业关系，帮助其实现增能。

2. 收集资料与预估

在建立专业关系后，社会工作者应该尽可能地收集与服务对象有关的资料，进行资料的筛选与整合，根据服务对象的情况作出初步的预估。社会工作者可以通过翻阅服务对象的卷宗，了解其过往犯罪记录，了解服务对象的家庭背景和成长环境，对其作出生理、心理和社会全方位的评估，为制订服务计划奠定基础。

3. 制订服务计划

根据前期的评估，社会工作者与服务对象一起制定满足相互需求的目标，包括总目标和具体目标，围绕目标制订具体的可操作的计划，并签订服务协议。由于服务对象的特殊性，个案干预方案及实施计划的制订大多要与狱警、司法所工作人员等相关负责人进行沟通，以为服务计划的实施提供支持与保障。

4. 实施服务计划

在这一阶段，社会工作者运用科学的方法和专业的技能为服务对象开展一系列的具体服务，帮助服务对象认识到自己的问题，采取科学的方法激励其进行有效的改变，激发其产生改变的动力，促使其纠正原先错误的认知，形成新的认知，实现制定的目标，并且与服务对象不断地交流感受和改变，及时更新需求和目标。这一阶段社会工作者要与司法工作人员通力合作，防止服务对象在介入过程中出现一些过激行为，社会工作者与服务对象之间良好关系的建立和维持对于介入目标的实现是十分重要的。

5. 转介与结案

当服务对象所面临的问题大部分比较复杂，并非一次性就能够解决时，社会工作者需要对整个服务过程进行回顾、总结和评估，并在此阶段决定如何结束服务以及为有特别需求的服务对象提供转介服务。

6. 评估与追踪

在结案之后，为了更好地跟进服务效果，社会工作者要及时了解服务对象的最新动态，对其进行一定时间的追踪，确保其在特定时间范围内不再犯类似的错误。

在个案工作的实践中，整合总结出了很多的工作模式，如心理社会治疗模式、认知行为治疗模式、危机干预模式、结构家庭疗法等，各类模式在不同的司法社会工作情境中发挥着各自的作用，这在具体的实务章节中会有相应介绍，在此不多作赘述。

（二）小组工作方法

1. 小组工作的定义

小组工作要求社会工作者与小组中的服务对象一起努力，基本目的是通过回应具有同质性需求的服务对象的基本需要，解决他们面临的各种社会问题，增强其社会功能，以实现个人、群体、社区预期的目标，从而改善服务对象的生活质量，提高社会总体福利水平。

小组工作也是目前在社会工作领域中运用较多的一种实务方法。一般来说，小组工作过程可分为准备期、开始期、转折期、工作期以及结束期。

2. 小组工作的模式

小组工作的模式是引导小组活动开展的理论指导，随着实践的检验和更新，小组工作模式得到不断的壮大和广泛的应用。

（1）社会目标模式。社会目标模式认为，人们可以通过团体的力量实现特定的行为目标。该模式依赖于民主的作用以及组员的团队和社会责任感，通过“发展和提高组员的社会意识和潜能”，来提高组员适应环境、改变环境的能力。社会目标模式主要应用于寻求社区进步和改变的项目或领域，注重社区中的社会责任和社会变迁。在这一模式的指导下，司法社会工作者要注意培养并提升作为小组组员的服务对象的社会意识和责任感，看到服务对象的潜能；注意发展其建立和扩大社会资本、整合社会资源、参与和改变社会环境的能力。

（2）互惠模式。互惠模式注重小组成员之间在应对类似问题、满足相同需求时所产生的互动过程。这一过程使小组成员获得归属感，并从他人的分享和对他人的支持中获得满足感，从而实现组员人际关系的和谐。互惠模式强调人与其所处的社会环境、系统的相互作用，着力实现组员与相关环境关系的改善。在该模式下，社会工作者通过小组成员的互动和分享，分析组员的互动关系，发掘服务对象未曾有效利用的资源，影响服务对象能够发掘自身限制和需要，从而更好地改善自己与他人、环境的关系。

（3）治疗模式。治疗模式以帮助个人实现康复性回归为目标，借助团体活动的过程和形式帮助每个组员达到心理、社会和文化的适应[①]。一般来讲，当服务对象具有比较严重的问题，如人格问题、认知问题或行为问题时，社会工作者会选择使用治疗模式来帮助他们。同样，该模式对社会工作者的心理学、社会学、互动技巧等方面的理论和知识要求较高，强调通过小组活动来解决服务对象的社会化缺陷，从而重建其社会关系网络，恢复和发展其社会功能。

（三）社区工作方法

鉴于司法社会工作服务对象的特殊性，大部分服务对象的矫正和社会适应需要在社区具体执行，如社区矫正、刑释人员的社会工作服务等，因此需要使用社区工作的特定方法来宣传司法社会工作，提高社区居民对司法社会工作服务对象的包容性，改善服务对象的生存、生活环境。

1. 社区工作的定义

社区工作是以社区为对象的社会工作介入手法，通过界定社区需要，动员社区成员集体行动、合力解决社区问题，改善社区环境、提升社区生活质量，进而实现社会稳定和谐。

2. 社区工作的模式

（1）地区发展模式。该模式强调社区成员以集体的形式充分挖掘社区资源，回应社区需求，解决社区发展的问题，强调集体参与和共同合作，以增强社区居民的整体凝聚力以及对社区的归属感。其重点是着重发掘并利用社区内部资源，来解决社区的问题、促进社区的发展。在司法社会工作中，司法社会工作者可以尝试联合社区内的司法服务对象，通过挖掘社区内部的有利资源，改变其群体的生存环境、提升生活质量。

（2）社会策划模式。该模式是在了解社区问题的基础上，引进外来专家为社区整体发展提供意见和建议的指导，通过理性、系统的分析和计划帮助

---

① 张坤．三大方法在司法社会工作领域的实践模式探析［J］．社会工作，2013（6）．

社区解决问题，促进社区发展。该模式是一种自上而下的改变策略，通过发挥专家的作用帮助社区实现系统性的改变。在该模式的指导下，司法社会工作者以专家的身份，结合服务对象所在社区的问题，帮助服务对象进行方案设计，进而实现社区的全面发展。一般来讲，该模式在司法社会工作中的应用较少，但在“太阳村”等特殊的社区内，应用性较高。

（3）社区照顾模式。该模式强调社会工作者动员社区资源，通过动员非正式支持网络、联合社区内的正规服务机构为有特定需要的服务对象提供支持服务与设施，让需要照顾的服务对象在家中和社区内得到照顾，从而使生活质量有所提升。该模式适用于年龄较小或较长的服务对象，通过健全社区内的照料机构及资源，使服务对象或服务对象的家人在社区内能够受到较全面的照顾，从而免除服务对象的后顾之忧。

除了以上常用的社会工作服务方法之外，在不同的领域，司法社会工作者还可选用特定的服务方法。如在禁毒社会工作实践中，在小组工作和社区工作方法的基础上，司法社会工作者探索出戒毒沙龙、同伴互助戒毒小组以及戒毒治疗社区等服务方法，并取得了良好的服务成效；在家事审判工作的开展中，强调结构家庭疗法、联合家庭疗法等以家庭为主要介入单位的服务方法的使用；在监狱社会工作中，尝试使用人生回顾疗法、戏剧疗法等方式，丰富司法社会工作的服务方法，更多样化地帮助服务对象恢复、重建其社会功能。以上各方法，在后续章节中会有详细介绍，在此不多作赘述。

第四节　司法社会工作在我国的现状和未来

司法社会工作的出现和发展基于我国对犯罪人员改造的新要求，尽管起步较晚，但在北京、上海等地已初具规模。同样不可避免地，暴露出一些需要解决的问题。究其原因，主要是司法社会工作概念、方法论、治疗导向的定位还不够明晰，需要在法律政策、人才培养、工作领域等方面继续梳理和构建。

一、司法社会工作在我国的现状

随着中国经济社会的持续发展和转型，深层次的社会问题逐渐凸显出来，加之原有尚未解决的社会问题依然存在①，二者的相互交织，产生了一些严重的问题。另外，社会主义市场经济体制下不免有着利益分化所带来的矛盾，加之微观层面和新兴领域法律法规不完善的现象等，都使得各种类型犯罪呈上升态势。因此，必须创新社会治理的方式方法，通过预防与惩罚相结合的形式，加强社会治安的综合管理，实现社会的整体和谐。

在这样的情况下，以利他主义价值观为指导，旨在帮助社会特殊群体、完善社会功能，促进社会稳定与发展的社会工作在国家执法活动中发挥作用，就显得尤为重要。当前，司法社会工作已经在预防犯罪、禁毒领域及社区矫正工作中都发挥了不可替代的作用，通过为司法服务对象提供人性化、独特化的专业助人服务，成为司法工作中有力的专业补充力量，对于完善我国的社会治安防控体系，提升社会治理的专业化水平具有突出贡献。

与发达国家相比，我国的司法社会工作起步较晚，因此我国的司法社会工作还远未形成一整套完善、系统的教育培养模式、部门设定和工作方法体系，不过目前已经有一些省、市率先展开了司法社会工作实践的尝试与探索。

北京市的司法社会工作以开展社区矫正试点工作以及少年司法制度改革为标志。目前，北京市司法社会工作实务取得了显著成果：首先，从2003年开始的社会矫正工作先行试点中，就突出社会工作在社区矫正中的专业性作用，推进了社区矫正社会工作专业化；其次，初步形成青少年司法社会工作北京模式②，通过研究青少年司法社会工作服务标准、明确服务内容等，提高青少年司法社会工作的深度和广度，推进服务的制度化建设。北京市发展司法社会工作的经验可以总结为：以社区矫正和青少年社会工作为突破，注重专业化发展和制度性建设相结合，促进司法社会工作服务领域的延伸，其建立的司法服务模式为其他地区司法社会工作的开展树立了典范。

但是，当前司法社会工作的发展在我国还是不完善的，在取得一定成就的同时也暴露出来一些问题。

---

① 井世洁．断裂与重构：社区矫正青少年的社会支持——以上海市J区为例［J］．社会科学，2012（9）．

② 席小华．司法社会工作在北京的发展［J］．中国社会工作，2017（4）．

（一）现状与需求的矛盾

从2002年开始的“上海模式”，是我国司法社会工作的开端。经过这些年的不断探索和发展，截至目前我国的司法社会工作主要开展的领域包括针对刑满释放、解除教养人员的安置帮教工作，青少年犯罪预防工作，禁毒戒毒工作，社区矫正工作等。目前司法社会工作能够介入的领域和提供的服务内容看似很广泛，但是能够介入的层次却很低，主要表现在基层部门设置不完善、不受重视，专业人才理论与实践脱节，缺乏完善的约束与审核标准导致实际工作效率低下等方面。究其原因，与我国司法社会工作发展的行政体制有关系。当前，我国的司法社会工作在推进思路、政策法规等方面尚不系统，还是以地方性的实践和探索为主，基层司法工作人员与司法社会工作者无法实现有效的合作，实践缺乏明确的“顶层设计”的指导。在实际工作中，因人手不足等原因，存在司法工作人员同时承担司法人员和司法社会工作者双重角色，或者是司法工作人员与司法社会工作者沟通不顺畅等情况。因此，从根本上来说，这一问题的症结在于司法社会工作教育和司法社会工作人才的培养远不能适应司法社会工作实践的需要。这种“不能适应”，除了表现在数量上，更重要的是在素质和能力上。

高校作为培养专业人才的重要阵地，承担着为不同的社会工作服务领域输送继任者的重任。与儿童社会工作、老年社会工作等领域相比，司法社会工作起步较晚，全面发展尚需要较长时间，但从专业内容和社会作用来看，司法社会工作人才培养的要求和任务更重。因为司法社会工作者需要同时熟练掌握司法领域与社会工作领域两个方面的知识，同时，在实践中将两类知识融会贯通，灵活运用于服务过程中。因此，在专业教育中，培养“懂法律、专社工”的人才是实现教育对司法社会工作行业发展贡献的不二选择。

（二）司法与社会工作的关系较模糊

当今司法体系与社会工作体系两个领域的结合出现了一些断层，甚至是脱节。不仅仅是在实际工作中，在理论上，仍有一些学者把司法和社会工作看作两个完全不同的领域，认为所谓的“司法社会工作”只不过是“司法”+“社会工作”而已，这种见解将司法和社会工作看作是两个截然不同、没有丝毫联系的不同领域，然后试图用“嵌入”或者是“融合”的方式来探索司法社会工作的发展。在实践中，这种观点导致了社会工作成为在司法改革实践过程中的从属力量和外在力量，使司法社会工作在司法改革实践活动中的作用被大大低估，司法社会工作者也失去了在司法实践中的主体和主动参与的地位①。

司法的目的是惩治犯罪，而社会工作能够减少和预防犯罪，二者的理念并没有根本性的冲突，相反，还存在很大程度的契合。将社会工作引入司法是司法体系的内在要求和改革动力，中国的司法体制改革必须有社会工作专业的参与。在这个过程中，需要不断更新现代法治观念，学习借鉴西方司法体系的优秀经验，更好地处理边缘模糊地带的社会问题，促进传统司法体系的转型，实现中国社会治理体系和能力的现代化转变。

（三）司法社会工作的方法论冲突

司法社会工作作为一门以实践为本的应用社会科学分支学科，一直存在基于学科属性和专业特色所造成的方法论上的矛盾和冲突，它集中体现在源于实践逻辑的实务性与作为“专业”的规范性之间的矛盾，专业实践所依托的多元价值观和个体主义视角与整体主义视角之间的矛盾。

司法社会工作与社会工作的起源类似，始于宗教及慈善事业对罪错人员的帮教服务。近年来，司法社会工作成为社会工作领域的重要组成部分，对专业性的要求越来越高，但是，“仍然存在专业的实务性特点与作为‘专业’的规范性之间的结构性张力”②。

首先，司法社会工作尚未形成系统的职业评价标准。目前，司法社会工作常常以“嵌入性”方式参与实践，且因司法工作领域众多，司法社会工作需要分散参与不同的司法社会工作实践，由于在整个过程中的从属性、协助性地位，传统的司法工作人员甚至是政府工作人员往往掌握对司法社会工作者的评价权力，而这种评价模式常常以经验性、传统性的基础管理工作完成为主。

其次，专业内存在摒弃理论和所谓“专业性”的呼声。部分研究认为：社会工作是以活生生的人为服务对象的实践，因为服务对象的主观性、个别化特点，因此很难在服务过程中机械地复制已有的工作模式。司法社会工作者应该具备主动性和创造性，能够灵活地运用相关助人经验回应服务对象复

---

① 张昱，罗玲．司法社会工作的内源性根据及其实践指向［J］．甘肃政法学院学报，2017（5）．

② 井世洁．司法社会工作的方法学检视——基于学理与实践基础的思考［J］．华东理工大学学报（社会科学版），2011（3）．

杂多变的需求。司法社会工作者的任务是从大量的实践中总结工作经验和有效的工作方法，而背后的理论视角相对来说没有那么重要。

司法社会工作涉及不同专业层面的价值伦理与理论视角，这些价值观念和理论为司法社会工作者的实践和行动提供支撑，并且为实践方法的整合与选择提供依据。因此，司法社会工作在实践中需要对不同范式进行整合性建构，形成一种开放式的、多元的研究和实践取向。在当前中国的司法社会工作理论体系尚处在不健全、实践机制正在探索的情况下，可以借鉴西方司法社会工作的发展经验，在本土的司法社会工作实践模式中探索和总结经验，提炼出符合我国价值观念及理论特点的司法社会工作理论体系，指导司法社会工作本土化的实践。

二、我国司法社会工作的未来发展

司法社会工作领域的发展最根本的是依赖于社会生产力和经济水平的提高。我国正走在全面建成小康社会的康庄大道上，人民生活水平大幅提高，更加接近实现中华民族伟大复兴的理想。至少在这一点上，我们可以坚定地得出结论：司法社会工作的发展是充满希望的。

除了总结我国司法社会工作的发展经验和教训，还应该借鉴其他国家的优秀经验和做法。我国司法社会工作的发展只有短短数十年的时间，一些体系化、制度性的东西需要进一步理顺。同时，司法社会工作的专业理论和方法知识需要逐步完善和发展，仍需下大力气完成专业人才的培养。因此，在看到司法社会工作具备无限潜力的同时，我们也要立足当下的问题和不足，不断地完善司法社会工作服务制度体系，健全司法社会工作人才队伍，从而保障司法社会工作的健康、稳定发展。

（一）健全法律法规

司法社会工作的发展需要完善的政策与法律的支撑，因此，要着力完成司法社会工作发展的顶层设计，将司法社会工作的作用与工作标准以法律法规的形式规定下来，实现司法社会工作者地位的“合法化”。同时，需要根据服务领域的特点、服务对象的需求及特点，制定统一的司法社会工作实施标准，形成业内协调配套的标准体系。

（二）加强制度建设

通过自上而下的制度化建设，在全国有计划地增加司法社会工作机构，在行政体系内部，增加司法社会工作专业岗位的开发与设置，提高社会工作者参与司法领域实践的积极性。在保证司法社会工作机构职能健全的同时，推广政府购买服务的模式，并形成长效化机制，提高社会组织参与司法社会工作实践的积极性，实现司法社会工作“社会化”推进的模式。

（三）培养司法社会工作人才

司法社会工作能走多远，关键在于司法社会工作的专业人才队伍质量。因此，司法社会工作专业人才队伍的建设至关重要。对我国来说，有多种实践方式，最直接的是促进体制内司法工作人员的直接转化，通过系统地培训社会工作专业知识，实现其角色上由“司法工作者”向“司法社会工作者”的转变；另外，最重要的是发挥高校培养专业人才的作用，设置“司法社会工作”方向，使相关专业人才在学习阶段即接受系统的司法社会工作教育，从而保证司法社会工作人才的专业性。

（四）进一步拓展司法社会工作的服务领域

目前，司法社会工作的实务领域仍然较为集中于社区矫正、禁毒、青少年三个领域，在这三个领域也取得了令人瞩目的成绩，但是，司法社会工作能够发挥作用的领域还有很多：如监狱作为与社会物理隔离的区域，在押罪犯数量较大，社会化工作需求提高，可加强监狱社会工作的发展；社会工作还可以从刑事司法转向民事司法如家事审判等全新的工作领域。因此司法社会工作需要结合司法系统的不同业务内容，有步骤有方法地拓宽专业服务领域。

总之，必须对司法社会工作的理论和实践进行重新梳理，使更多具有专业知识的相关人员参与实际的工作，推动我国司法社会工作的不断发展。

本章小结

司法社会工作是社会工作与司法领域的有机结合，司法社会工作是将案件审判的法律效果与社会效果结合起来的艺术。本章对司法社会工作的发展阶段以及在我国发展司法社会工作的必要性和可行性进行了介绍，并综合不同学者的研究成果提出了司法社会工作的定义，即司法社会工作是在社会工作和司法领域价值观念的指导下，围绕整个司法审判程序展开，以犯罪者、受害人以及相关利益群体为服务对象，运用社会工作专业理论知识与方法开展针对服务对象的心理疏导、行为矫治、社会救助、能力提升等工作，以实现纠纷解决、改善人际关系、促进社会和谐等目的的职业性助人服务活动。

围绕司法社会工作的定义，结合司法社会工作的发展现状，在本章还讨论了司法社会工作的特征和目的，同时对司法社会工作的主要服务领域和服务方法进行了讨论，根据本书对司法社会工作的定义，认为司法社会工作的主要服务领域是围绕司法审判程序展开，并包含禁毒、社区矫正和青少年犯罪三个方面。最后，结合我国具体国情，分析了当前我国司法社会工作发展的现状及问题，并对司法社会工作的进一步发展提出了意见和建议。

思考题：

1. 你如何理解司法社会工作？
2. 请简要说明司法社会工作的特征。
3. 请简要说明司法社会工作的发展阶段。
4. 结合课本内容，说明我国司法社会工作的主要服务领域有哪些？
5. 查阅资料，论述当前我国司法社会工作发展的特点，并对司法社会工作今后的发展提出意见建议。

第二章　司法社会工作价值与伦理

任何时代与社会，人们的思想与行为都会受到一定价值观的指导和约束。对社会工作来说，其专业价值观是指导社会工作者实践的灵魂和精神动力。列维（Levy）曾说：社会工作是一个以价值为本的专业。它不仅是做事情的一种方式，而且是关于做什么事情是有价值的和它应该怎样去做的准则。[①] 高登斯坦（Goldstein）认为，社会工作者是一个“价值注满的个人”[②]。价值是社会工作的基础，是社会工作技术的源泉，司法社会工作作为社会工作的重要组成部分，在开展实务工作时，也应遵循社会工作的价值伦理要求。本章对司法社会工作的价值伦理进行了探讨，并对司法社会工作实务过程中的伦理抉择步骤进行了介绍，以期能够指导司法社会工作者应对实务领域中的伦理困境。

第一节　司法社会工作的价值观与伦理概述

一、价值观与伦理的概念与内涵

（一）司法社会工作价值观的相关概念

1. 价值、价值观与价值体系

价值是指人或事物的潜在功能性质和意义。价值观即价值判断，是指人

① Charles S. Levy. Social Work Ethics［M］. New York：Human Sciences Press，1976：298.

② 王思斌. 社会工作概论［M］. 北京：高等教育出版社，1999：41.

们对人或事物潜在功能、性质、作用和意义的认识，是人们的行动指南。罗克奇（Rokeach）把价值观定义为“一种信仰、处于个人总信仰体系的中心，告诉我们应该做什么、不该做什么，或者某些终极的目标是否实现”①。个体在成长过程中形成的对事物的不同层次的看法和认识，形成了个体的价值观体系。一般来说，价值体系是一套价值准则，由个体价值观、群体价值观、社会价值观以及专业价值观构成。生活在不同历史、文化、社会和地区的人们不仅会形成不同的价值观，还会形成不同的价值体系。

2. 专业价值观与司法社会工作价值观

专业价值观是与个人价值观相对应的一套指导专业行为和认知活动的思想、观念和基本原则。社会工作的价值观则是社会工作者在实务过程中所秉承的一套与专业相关的价值理念和基本原则。

司法社会工作价值观是以社会工作专业价值观为基础，坚持以人为本、助人自助的基本理念，基于恢复性司法的要求，为满足社区矫正对象、安置帮教对象及边缘青少年等特殊群体的发展需要，促进其回归社会、彰显司法公信而奉行的一套专业价值理念。

（二）司法社会工作伦理的相关概念

1. 伦理

伦理是对价值观的操作化，是相对于法律、行政命令等强制性行为规范而言的非强制性行为规范，受社会文化中的习俗和社会制度的影响，对维护秩序、行业信誉、家庭及人际关系具有重要的作用和意义。价值观和伦理之间有着密切的联系。多戈夫（Dolgoff）等指出，伦理是从价值观中推导出来的，必须与价值观协调一致，即伦理是可操作、可实践、可测量的价值观。

2. 专业伦理

伦理可分为一般伦理和专业伦理。一般伦理明确了个人对另一个人承担的义务，专业伦理源于个人自愿选择成为一个专业人员而具有的特殊义务②。专业伦理是指特定行业的从业者所共同坚守的行为规范和准则，是该领域从

---

① 莫拉莱斯，谢弗．社会工作：一体多面的专业［M］．顾东辉，等译．上海：上海社会科学院出版社，2006：124.

② 多戈夫，洛温伯格，哈林顿．社会工作伦理：实务工作指南［M］．隋玉杰，译．北京：中国人民大学出版社，2005：18.

业人员的工作指南。一般来说，专业伦理会用行业职业道德规范来保障实施，也可能会用专业制裁的方式来强制执行，制裁从受到简单的申斥到取消从业资格不等。

社会工作伦理是社会工作行业对全体社会工作者如何处理与服务对象、同事、工作机构、专业发展、社会发展等方面关系的行为规范，是对社会工作专业价值观的细化和操作化，也是对社会工作专业从业者的工作态度和行为标准的统一要求。社会工作专业伦理有助于规范社会工作者的专业行为。同时，为社会工作专业提供统一的行业评估标准，保障和提升专业服务品质。

3. 司法社会工作伦理

司法社会工作伦理以社会工作专业伦理原则和伦理守则为依据，是社会工作伦理在司法社会工作领域的延伸和细化，是司法社会工作者在实务过程中需要遵守的行为规范和伦理要求，用来帮助司法社会工作者认识和了解具体实务情境的工作要求和注意事项。

二、司法社会工作的价值观与伦理体系

司法社会工作是社会工作实务在司法领域中的拓展，社会工作的价值理念会渗透司法社会工作的价值理念。同时，司法社会工作是指为司法领域中的特殊受助对象提供专业化的社会工作服务，最终是为了与司法活动良性互动，实现司法目标。因此，司法社会工作中必定体现司法价值的理念。

（一）司法社会工作的价值观体系

综合社会工作价值观的内容，结合司法领域的价值理念，本书对司法社会工作在实践中需坚持的价值观进行了总结，具体内容如下：

1. 恢复性司法价值观

（1）尊重每个人的尊严与价值，建立理解并促进社会和谐。

（2）司法的目的在于修补和恢复由犯罪行为造成的伤害，更加关心如何修理和恢复被破坏的关系。

（3）罪恶可以通过会晤和偿还得以消除，罪犯可以在承认犯罪的前提下，积极承担对于他人和地域社会的责任。

（4）重视被害者、罪犯和地域在处理犯罪问题中的作用，努力促成积极性的局面，这是一种面向未来的司法模式。

2. 司法社会工作的价值观

（1）基本价值取向是为以人为本，助人自助。

（2）兼顾各方利益，注重服务对象自身能力的提升。

（3）致力于服务对象社会功能的恢复、犯罪的预防和社会秩序的维护。

（4）注重司法程序的维护，追求司法正义，创新司法管理，提高司法效益。

（二）司法社会工作的伦理体系

参考《美国社会工作者协会伦理守则》的内容，本书从基本原则和伦理责任两个方面阐述司法社会工作的伦理体系。

1. 专业伦理的基本原则

（1）帮助有需要的人。社会工作者最首要的目标就是帮助有需要的人，并致力于社会问题的解决①。社会工作的重要责任之一是利用专业上的优势，动员相应的资源为社会中的特殊群体、边缘群体提供帮助，为他们提供心理、社会等层面的服务和帮助。在司法社会工作领域，社会工作者也应该坚持这一原则，为司法服务对象提供帮助。

（2）挑战社会中的不公正。社会工作的专业价值之一是追求社会的公平公正，社会工作者作为社会工作专业价值观的践行者，需要直面和揭露社会中有失公平、公正的现象，引导和带领特殊群体、边缘群体运用合理、合法的方式，维护自身的权益。

（3）尊重每个人与生俱来的尊严与价值。社会工作者需要从内心认同人人生来平等的价值理念，在工作和实践中以尊重、接纳的态度对待每一名服务对象，不因服务对象在文化、种族、地域、经济、阶层等方面的差异而差别对待。相信每一个人都具有改变和发展的潜能，能够为个体发展和社会进步贡献自己的力量。

（4）认识到人际关系的重要性。社会工作重视人的社会属性，在实践中，社会工作者需要认识到人与人之间的交往和互动对个体发展的重要意义，许多服务对象的问题源自其与他人和环境的不良互动。因此，帮助服务对象完善自己的人际关系和社会支持，是社会工作者帮助服务对象解决问题的重要

---

① 陈钟林，黄晓燕．社会工作价值与伦理［M］．北京：高等教育出版社，2011：86.

突破口。

（5）始终以服务对象的利益为工作出发点和落脚点。社会工作者在服务过程中要坚守专业价值理念和专业伦理要求，始终以服务对象的利益为指导，为服务对象提供帮助，社会工作者需要清醒地认识到自身言行可能会给服务对象带来的影响，以专业的方法和真诚的态度让服务对象觉得社工是可信赖的。

（6）在自己的专业能力范围内履行职责。社会工作者应在自己的专业能力范围内为服务对象提供帮助，在服务对象的问题超出自己的能力范围时，及时转介。另外，社会工作者需要在实践中持续学习专业知识，不断提高自身的专业理论和技能水平。

2. 司法社会工作者的伦理责任

社会工作者开展实务工作时，需要以专业伦理为指导。目前，国内尚未形成专门针对司法社会工作者的伦理责任，在参考不同国家和地区的社会工作伦理守则的基础上，本书以《美国社会工作者协会伦理守则》为基础，对司法社会工作者的伦理责任进行归纳和讨论。

（1）对服务对象的伦理责任。这是所有社会工作者最首要的伦理责任。司法社会工作者需在兼顾司法的公正性、惩戒性和社会工作的助人目标的基础上，为司法服务对象提供服务。主要包括：

尊重服务对象。尊重服务对象作为人的基本价值和尊严，接纳服务对象过去的错误，并能够以个别化的态度帮助服务对象分析和解决问题，不以“标签化”的方式对待服务对象。

有条件地保密。在服务过程中，司法社会工作者尊重服务对象的隐私权，在不违反法律、不伤害他人和服务对象自身的前提下，社会工作者应该对服务过程中服务对象分享的信息和内容进行保密。

服务对象自决。在司法社会工作服务过程中，尊重服务对象自我决定的权利，相信服务对象能够作出有益于自身发展的决定，不以专家的身份强制要求服务对象按照社会工作者的想法去改变。

（2）对同事的伦理责任。开展司法社会工作服务不是个体行为，需要有一支融合司法、社会工作、心理学等领域的跨专业合作团队，社会工作者需要在工作过程中与团队成员团结协作、相互帮助，才能够有效地帮助服务对象。主要包括：

尊重每一位同事。尊重每位同事的专业和价值，在不同领域、不同范围内做好各自的本职工作，为服务对象提供全面、专业的服务。

具有团队意识。工作中，司法社会工作者应避免个人主义，团结同事、彼此支持，整合团队不同层次的专业力量，帮助服务对象回避困境、实现自身发展。

（3）对机构的伦理责任。机构是司法社会工作者的依托和归属，机构的发展能够为社会工作者提供更好的平台和资源，因此，社会工作者对机构亦负有伦理责任。主要包括：

遵守机构制度和管理。司法社会工作者对机构最基本的伦理责任是遵守机构的规章制度、服从机构的管理和调配，关注机构利益，能够根据机构的要求开展服务，达到机构管理和考核的基本指标。

提升机构服务效能。维护机构的专业形象，积极为机构发展建言献策，与团队成员一起推动机构在服务政策制定、服务质量提升和专业发展等方面的进步，能够合理动员和发掘身边的资源为机构所用，协助机构优化服务质量和服务效能。

（4）作为司法社会工作者的伦理责任。司法社会工作者在服务过程中既是服务实施的主体，也是服务开展的重要工具。因此，司法社会工作者需要有清晰的自我定位和自我认识，同时需要具有较强的自我约束力。主要包括：

承认自己的局限。司法社会工作者在工作中，尤其是工作初期要意识到自身在司法领域知识的不足，承认自己与法律专业人员的差距。另外，当服务对象的问题超出自身能力范围时，应本着为服务对象负责的态度，及时联系机构的其他同事或其他机构，为服务对象提供转介服务。

不断提高自身的专业技能。社会处于不断的发展变化中，社会中的个体也具有形形色色的特点。司法社会工作作为一个为人提供服务的职业，需要从业者对人性、人的生理心理发展特点、特定群体的特征、社会的发展规律等知识和理论都有准确的认识和把握，因此，司法社会工作者需要坚持学习，不断充实自己的专业知识，提升自身的专业技能。

（5）对专业领域的伦理责任。司法社会工作作为一个新兴领域，需要其从业者具有高度的责任感和使命感，以促进该领域的不断发展。主要包括：

探索该领域的服务技能。司法社会工作是社会工作的一个新兴领域，目前，在司法领域的探索较多，实践主要集中在社区矫正、禁毒、青少年犯罪领域，可供参考和应用的理论和技巧相对于青少年社会工作和老年人社会工作等较少。因此，司法社会工作者应积极探索并总结该领域内的实务技巧和经验，为司法社会工作的发展提供更多的实践经验。

促进该领域的全面发展。除了探索司法社会工作领域的实务技巧，司法社会工作者还需要不断学习和研究国内外司法社会工作的发展现状、特点，对司法社会工作的宏观理论和政策进行梳理和总结，形成一整套可以参考和指导司法社会工作发展的知识，推动司法社会工作的全面发展。

三、司法社会工作中的价值观与伦理原则

报应观是司法工作最初的指导观念。康德（Kant）曾将其发展为所谓的道义报应论，认为法院的处罚绝对不能仅仅作为促进另一种“善”的手段，刑罚是一种绝对命令，是道德律令的必然要求，刑罚本身就是目的。该观点主张刑罚是对罪犯所犯罪行的报应，因此使其遭受痛苦就是刑罚的正当性根据。以此为基础发展演化而来的报应性司法模式，以“有罪必罚、罚当其罪”为基本准则。伴随着社会价值观念的发展和平等互助等理念的渗入，刑事司法实践在经历着由报应性司法模式向恢复性司法模式的转变。恢复性司法强调如何解决被害人、罪犯与社区之间的冲突，侧重于对犯罪行为造成的损害进行补救和恢复。司法社会工作继承和发展了恢复性司法模式的基本观念，将恢复性司法模式与社会工作的价值观念相结合，形成了具有自身特色的司法社会工作价值观与伦理。

（一）社会工作本位的价值原则

所谓社会工作本位的价值理念，就是站在社会工作的立场将社会工作的价值取向延伸至司法社会工作领域而形成的相应的司法社会工作理念。

1. 助人自助的基本价值理念

司法社会工作相信每个人都有自身的潜能，并特别强调个体发展的能力，社会工作的工作过程就是激发受助者内在潜能，引导其逐渐走出困境的过程。

2. 以人为本的服务对象自决原则

司法社会工作强调以人为本的平等思想，这主要来源于基督教文化、启蒙思想和人本主义理论。基督教文化中的平等思想，强调上帝面前人人平等，即

使是违法犯罪者，也具有与其他公民一样的价值和尊严。司法社会工作者在尊重司法服务对象尊严和价值的基础上，鼓励其自我决定和自我做主。

3. 尊重个体差异的个别化原则

司法社会工作坚持个别化、接纳和服务的理念，正视每个生命个体的差异性和独特性，反对用同一种思维、同一种方法对待不同的人。在具体的司法社会工作实务中，每一个服务对象都是一个独特的个人，他所遭遇的问题都有其特殊的原因，因此解决问题的方式也应是高度个别化的。

4. 服务过程中践行保密的原则

对服务对象的工作资料以及个人材料加以保密是社会工作者应当遵守的职业道德之一，同时也是对服务对象隐私权的一种尊重。维护服务对象的尊严和权益，严守专业秘密是建立良好工作关系的前提。尊重服务对象的隐私权可以使之获得更多的安全感，促进他们与司法社会工作者的合作，同时社会工作者也能获取更多的信息。因司法领域服务对象的特殊性，司法社会工作的实务过程离不开服务对象的配合，只有社会工作者与服务对象通力合作，才能最终实现服务目标。

（二）司法本位的价值原则

所谓司法本位的价值原则，就是站在司法立场并将其价值取向延伸至司法社会工作领域而形成的相应的司法社会工作理念，它是与传统刑事司法一脉相承的价值原则。

1. 尊重基本人权和尊重罪犯基本人权的不同

行刑制度的人道主义和人文关怀，体现在行刑的谦抑与宽和，但尊重基本人权和尊重罪犯基本人权并不是同一概念。剥夺罪犯的人权是以其侵害了他人的基本权利为前提的，因此罪犯必须付出犯罪成本，承受丧失某些基本人权的惩罚。尽管司法领域内兴起了“恢复性司法”和“轻刑化”处遇等理念，但是对于触犯了法律的服务对象，司法立场的基本观点仍是需要按照法律的要求剥夺罪犯的一些基本权利。从司法层面来看，罪犯在基本人权方面与普通民众有着本质的区别。

2. 坚持司法的制裁性

司法社会工作强调帮助罪犯重新回归社会、考虑罪犯的福利等情况，以社区矫正为例，虽然这种制度是一种福利，但这是在明确社区矫正首先是对罪犯的一种刑事制裁的前提之上。尽管社区矫正的目的和手段都突出强调以人道化的手段矫正罪犯的犯罪心理和行为恶习，从而促进其顺利回归社会，但它仍然是与监禁矫正相对的一种行刑方式，是一种刑罚执行活动。社区矫正是在确认个人实施了犯罪之后，由审判机关判处并由其他国家机关采取的一种刑事制裁措施，是个人实施犯罪行为的一种法律后果。司法工作的起点和原则在于维护司法的公正、确保司法的制裁性。

第二节　司法社会工作的伦理困境

伴随着社会工作实务的发展，社会工作者在专业服务过程中会遇到一些难以处理的伦理问题和情境，也就是伦理困境。由于司法社会工作者要坚守司法和社会工作两个层面的价值理念，当司法层面的价值与社会工作层面的价值产生冲突时，司法社会工作者该如何处理？在特定伦理困境下，司法社会工作者如何行动才能不违背伦理？这些问题是每一名司法社会工作者在实际工作中需要面对和解决的重要议题。

一、伦理困境的内涵与类型

（一）司法社会工作伦理困境的内涵

学者罗肖泉认为，伦理困境指的是社会工作者在实际工作中所面临的带有伦理特性的困难或问题。在社会工作实践过程中，社会工作者会遇到一系列的关系，诸如与服务对象、雇主、同事、机构、社会的关系等，这些错综复杂的关系在协调过程中往往会出现矛盾或冲突，这就诱发了具有伦理特征的问题和困难，即伦理困境。

综合各方观点，本书认为司法社会工作伦理困境指司法社会工作者在具体实务过程中，面临的由于所秉承的专业价值与伦理不一致而产生冲突的情境。在这种情境下，司法社会工作者会遇到多元性的价值冲突与多元性的伦理选择的艰难境地。因司法社会工作服务对象的多样性和复杂性，司法社会工作者面临的伦理困境也更加复杂和富有挑战性。

（二）司法社会工作伦理困境的类型

中国台湾学者徐震划分的社会工作伦理困境的类型，对司法社会工作伦理困境的分类具有极高的参考价值。他认为伦理困境可以分为决策上的困境和结构上的困境两大类①。

1. 决策上的困境

因为社会工作专业伦理守则中存在一些不明确或需社会工作者弹性处理的地方，社会工作者在实务过程中会面临着多元价值的冲突和困境，难以作出决策。该类别社会工作者伦理困境的主要来源如下。

（1）关于保密的程度与打破保密

保密是社会工作者要遵守的重要原则，但保守秘密也是有条件的。在司法社会工作者的工作中，需要慎重地处理服务对象的基本信息、服刑信息等内容。例如，当服务对象表现出想要采取报复行为伤害别人的迹象时，社会工作者就会陷入遵守保密的守则与维护他人人身安全的困境中。

（2）自决的权利与尊重

一方面，司法社会工作者要秉承“非评判”的态度，不对服务对象的过去、能力作评判，不对服务对象的决定作评判，尊重服务对象的自决权；另一方面，在特定的时候，服务对象需要司法社会工作者为其提供意见和解决问题的途径。在这种情境下，司法社会工作者也会陷入伦理困境之中，如何引导服务对象自己慎重地作出相应的决策，是社会工作者需要探索的问题。

（3）自由的意志与环境

服务对象的行为是受其个人意志的引导还是受环境影响？从不同的角度出发，司法社会工作者协助服务对象处理问题的方式也会不同。因此，司法社会工作者在制订服务方案的时候，需要坚持“人在情境中”的理论，统筹考虑服务对象的个人意志和其所处环境的影响，分析服务对象问题的成因和介入策略。

（4）协助方式与选择

在伦理选择中，司法社会工作者需要考虑服务是“重视过程”还是“重视结果”，在这两种考量下选择的服务方式及方案还会因服务对象的能力和其具体特征的不同而不同，如何选择有利于服务对象发展的方式有时也会使社会工作者陷入困境。

---

① 徐震、李明政．社会工作伦理［M］．台北：五南图书出版股份有限公司，2002：50-51.

2. 结构上的困境

(1) 结构上的困境的主要表现形式

弱势个人与强势社会的冲突。司法社会工作者需要代表处于弱势地位的司法服务对象的利益，同时，又需要兼顾社会利益和社会公正，当服务对象的利益与社会公正以及社会大部分人的利益冲突时，便会产生伦理困境。

服务对象需求与科层体制的矛盾。实务过程中，除了服务对象的发展和利益，司法社会工作者需要兼顾其工作机构的工作要求，当机构的目标为“限制”和“控制”服务对象时，司法社会工作者的工作便陷入了困境。

专业伦理与个人伦理的冲突。司法社会工作者在开展服务的时候，需要将自己作为服务的主要工具，通过自己与服务对象的互动提供服务。但是，司法社会工作者是一个独立的个体，有自己独立的意识和价值观。在实务工作中，司法社会工作者遇到一些与社会道德伦理相关的问题时，会本能地依据个体伦理作出判断，有些个人的价值伦理可能会与专业价值伦理相违背。

西方经验与本土化的差异。社会工作专业是西方“舶来品”，一些西方的经验和理论有时可能不完全适用本土化的情境，也可能会造成社会工作者在实务工作中的困境。

(2) 伦理困境产生的五种类型

由目标冲突导致的伦理困境。社会工作的基本目标是帮助有需要的人、追求社会的公平正义。社会工作者需要在个体目标、服务对象目标、服务机构的目标和社会的目标之中寻找平衡点，当目标之间发生冲突失去平衡时，伦理困境便产生了。

由忠诚冲突导致的伦理困境。在实际服务过程中，司法社会工作者要兼顾服务对象、机构、专业、社会等不同层面，但很多时候，这些忠诚客体的期待和要求会相互冲突。如何解决不同忠诚客体的期待之间的冲突，是司法社会工作者需要面对的另一种困境形式。

由责任冲突导致的伦理困境。社会工作的价值伦理赋予了社会工作者形形色色的责任和义务，而这些责任和义务内部往往存在着冲突。社会工作者既要在工作中充分运用专业知识和技巧帮助服务对象，又要充分尊重服务对象的自决权[①]；既要为服务对象保密，又要保证服务对象的行为不会对他人和社会造成危害。是尊重服务对象还是牺牲服务对象的自决权？是继续为服务对象保密还是维护社会和他人的利益？诸如此类的问题需要司法社会工作者作出抉择。

由角色冲突导致的伦理困境。司法社会工作者承担着众多角色，如服务提供者、福利资源的传递者、社会秩序的控制者、制度规则的制定者等，不同的角色会对社会工作者提出不同的要求，当社会工作者处于两种对立的角色之间时，便会产生由角色冲突导致的困境。

由利益冲突导致的伦理困境。一方面，社会工作者可能面临自身利益与服务对象利益冲突的情况，需要牺牲个人利益去成全服务对象的利益；另一方面，因为社会资源的有限性，服务对象之间的利益也有可能存在冲突。如何公平公正地实现利益的分配、实现服务对象利益的最大化，也是司法社会工作者在实务工作中时常会面临的困境。

二、伦理困境的成因

伦理困境伴随着社会工作实务过程出现并发展，受到专业价值伦理要求、社会道德观念、社会文化环境、社会工作者个体价值体系等因素的影响。综合来看，司法社会工作伦理困境产生的原因有以下几个方面。

（一）司法领域与社会工作领域价值观体系的差异

司法领域的价值观体系首先是保障司法的公正性和强制性，其次才考虑保障服务对象的福利和全面发展，而社会工作专业的价值观体系要求司法社会工作者首先坚持以人为本、尊重个体的基本态度，采用积极关注和参与等形式，保障服务对象的基本福利，协助服务对象实现自己的全面发展。司法层面的理念和社会工作专业要求之间的“隔阂”和“冲突”，形成了具有该领域特色的伦理困境。

（二）伦理问题的发展性和变动性

随着时代的不断发展，某一地区的文化、观念等都会随之发生变化，或者被赋予新的内容和意义，或者某些方面的影响力被削弱。曾经被视为伦理

---

① 陈钟林，黄晓燕．社会工作价值与伦理［M］．北京：高等教育出版社，2011：100.

难题会引发伦理困境的问题，在另外的时代或地区可能便不再是问题，但是人们的认知习惯和专业习惯还没有改变，因此便会引发伦理困境。

（三）不同文化间的差异性

社会工作的专业价值理念和恢复性司法的观念源于西方，基于西方社会的文化氛围，其适用性受到了地域文化的影响。某些社会工作的价值理念，可能在我国无法很好地适应和发挥作用。对犯罪问题的包容性，也受地区文化的影响，并直接影响司法社会工作的发展情况。

（四）服务对象的特殊性

司法社会工作的服务对象是具有违法犯罪行为的问题人群，不同程度地危害过他人或社会的利益，大多数人对犯罪仍持“有罪必罚、罚当其罪”的态度。因此，当司法社会工作者试图为这一类服务对象争取权利和资源时，不容易被理解，也更容易受到社会条件的限制。

三、司法社会工作实务中的伦理困境

在司法社会工作实务中，社会工作者常见的伦理困境有以下几种。

（一）坚持保密还是打破保密

保密意味着社会工作者在未经过当事人同意的情况下，不得向第三方透露服务对象的信息和资料。保密是专业社会工作者需要遵守的重要伦理原则之一，遵守保密原则有利于促进社会工作者与服务对象良好专业关系的建立，使服务对象更加信任社会工作者，从而促进专业服务的顺利开展。但是，在实际的服务过程中，司法社会工作者可能会面临一些两难的困境。以社区矫正为例，社会工作者可能会面临维护服务对象利益和保障社区居民的知情权之间的困境；社会工作者在帮助服务对象实现再就业的过程中，可能会因需要保护服务对象的隐私，面临是否向相关单位隐瞒服务对象真实身份的困境。另外，在一些实务经验分享和工作总结汇报过程中，如何处理服务对象信息以及如何最大限度地降低服务对象身份的辨识度也是社会工作者需要考虑的问题。虽然一些伦理规定和研究，对可以打破保密原则的情境进行了说明，但是具体的尺度需要社会工作者根据实际把握，社会工作者较难作出完美的决定。

（二）专业介入还是服务对象自决

服务对象自决是社会工作的重要伦理原则之一，相信服务对象的潜能及作出决定的能力是社会工作者应具备的价值观。但是，在服务过程中，司法社会工作者以所谓的“专家”和“专业人士”的角色参与服务对象的生活，与服务对象一起面对困难、解决问题，在这个过程中，由于角色的差异，司法社会工作者可能会因为自身的专业权威而影响服务对象的一些决策。另外，因为司法社会工作服务对象的特殊性，当服务对象作出的决定不利于自身发展或者可能会侵害他人利益的时候，司法社会工作者应该考虑对服务对象进行干预，但是这种做法却又会破坏服务对象的案主自决权利。

（三）社会福利还是社会控制

除了与服务对象的互动会产生伦理困境之外，司法社会工作者的专业作用和职能以及其专业角色的定位本身也面临着伦理困境。以社区矫正为例，社区矫正的目的和手段都突出强调以人道化的手段矫正服务对象的犯罪心理和不良行为，以一种非监禁化的形式实行刑罚，司法社会工作者从社会工作的专业视角开展服务，帮助服务对象回归家庭、回归社会，这对服务对象来说是一种福利。但同时，社区矫正是一种刑罚方式，是惩罚犯罪行为、控制犯罪不良影响的一种操作。司法社会工作者如何平衡社区矫正的福利性和控制性之间的关系，对于其开展服务也有重要的影响。

第三节　司法社会工作的伦理抉择

面对和解决伦理困境对司法社会工作者来说是一种挑战，社会工作者如何根据专业价值伦理的要求评估伦理困境、作出“最合乎伦理”的伦理抉择？许多学者总结了处理伦理困境、作出伦理决定的原则和工具，为司法社会工作伦理困境的解决提供了思路和指导。

一、伦理抉择的理论基础

对伦理问题和伦理困境的抉择受个人行为模式、价值观念、工作经验和专业价值理念的影响。哲学家认为，有两个主要理论可以涵盖作伦理决定时的主要途径。这两个理论一般被称为伦理相对主义和伦理绝对主义①。

---

① 多戈夫，洛温伯格，哈林顿．社会工作伦理：实务工作指南［M］．隋玉杰，译．北京：中国人民大学出版社，2005：39.

（一）伦理相对主义

伦理相对主义者拒绝固定的道德法则，认为作伦理上的决定并不是运用人为拟定的武断的规定那么简单。他们判断伦理决定是否合理以具体的背景或者产生的后果为依据。作出某个选择是因为它会带来想要的结果，拒绝某个选择是因为它会导致不想要的后果。好结果的数量，或者是好结果是否胜过不好的结果是作伦理决定的主要标准。但是，有人对伦理相对主义提出了批评，认为这一派的观点假设个人的满足是主要价值，甚至可能不辨是非①。

（二）伦理绝对主义

伦理绝对主义者强调某些固定的道德原则有超乎一切的重要性，他们认为不管结果如何，行动本身有正误之分。一个特定的行动或实践在道德上正确与否不是由于其结果或具体条件，而是由于这一行动或实践本身存在一些内在的特性。伦理绝对主义者坚持认为可以制定伦理原则，这些原则应当在任何情况下都要坚守②。

伦理相对主义和伦理绝对主义对社会工作实务的影响非常显著，许多伦理困境都是因为伦理问题的相对性而显得尤为棘手。司法社会工作者在具体的实务工作中，应该将伦理相对主义和伦理绝对主义结合起来运用，在实际的工作中寻找两者间的平衡。

二、伦理抉择的原则

社会工作有其自身的专业价值伦理，但是伦理问题的特殊性和复杂性导致了社会工作服务的伦理困境。对于如何解决伦理困境、作出伦理抉择、保障服务对象的利益、将各方冲突降至最低，许多学者也进行了一些有效的探索。

（一）洛温伯格（Loewenberg）和多戈夫（Dolgoff）的伦理原则顺序表③

原则一：保护生命原则。

---

① 多戈夫，洛温伯格，哈林顿．社会工作伦理［M］．隋玉杰，译．北京：中国人民大学出版社，2005：39.

② 同上：40.

③ 陈钟林，黄晓燕．社会工作价值与伦理［M］．北京：高等教育出版社，2011：124.

原则二：差别平等原则。

原则三：自主自由原则。

原则四：最小伤害原则。

原则五：生活品质原则。

原则六：隐私守密原则。

原则七：真诚原则。

这个顺序表很清楚地列出了各原则间的优先顺序，也就是原则一优先于原则二到七，原则二优先于原则三到七，以此类推。当面对具体的伦理困境时，社会工作者可以以以上顺序表为参考，作出伦理抉择。

（二）司法社会工作伦理抉择的原则

1. 保护生命优先的原则

生存权是最基本的人权，只有服务对象的生命安全得到保证，其他方面的价值才有实现的可能。一般来说，应将保护服务对象的生命安全放在所有伦理原则的优先位置，若服务对象的决定和行为可能对其他人的生命安全造成影响，司法社会工作者应考虑进行干预。在多数情况下，所有个体基本的生存权优先于其他权利。

2. 法律与道德冲突时法律优先的原则

法律与道德虽然在不同范畴内调整社会关系，但是它们具有内在的同一性，具有共同的基础和目的。同时，法律体现的是公众意志，任何个人的情感都不能超越法律制度。在具体服务过程中，如果服务对象的行为再次触犯法律或有潜在的触犯法律的可能性，司法社会工作者应该将个人情感放在一边，对服务对象进行劝导，必要的时候需要打破保密原则，向相关部门汇报和反馈。

3. 尊重服务对象自决权的原则

服务对象是有着独立思想和判断能力的个体，能够对多数事情作出基本的价值判断，因此，司法社会工作者在实务过程中不应随便干涉服务对象的决定。一方面，要相信服务对象具备作出自我决定的能力，司法社会工作者需鼓励、引导服务对象全面认识某一情境，分析该情境或问题的解决方案，在充分考虑各方利益后作出理性的选择；另一方面，当服务对象的决定和选择与社会工作者的期待或价值观不一致时，社会工作者要有选择地尊重服务对象的决定。但是，当服务对象的自我决定结果对自身及他人的生命安全和生存权利造成威胁，或者有违反法律的可能性时，以上述的前两条原则为准。

4. 最小伤害的原则

这一原则要求司法社会工作者如果迫不得已要对服务对象作出强制性的安排或者抉择，那么应该在所有的可行方案中选择伤害性最小、最容易恢复到服务对象原来生活状态的方案去执行。强制执行的原则应以不伤害服务对象本人的身体健康或小于其可能对他人造成的伤害为限度。司法社会工作者在处理伦理困境时，一定要充分考虑各种可能的方案，选择对服务对象造成伤害最低的那个方案去执行。

三、司法社会工作伦理抉择的过程

面对伦理困境，司法社会工作者应该灵活应用伦理抉择的原则，以此为参考积极应对伦理困境的挑战。伦理抉择的过程实际上表现为一定的步骤与环节，能够指导或帮助司法社会工作者识别伦理困境中的利益相关方、具体的价值冲突，寻找解决伦理困境的潜在方案，最终实现伦理困境的合理解决。

（一）伦理抉择的通用决策模式

1. 瑞摩（Reymo）伦理抉择过程

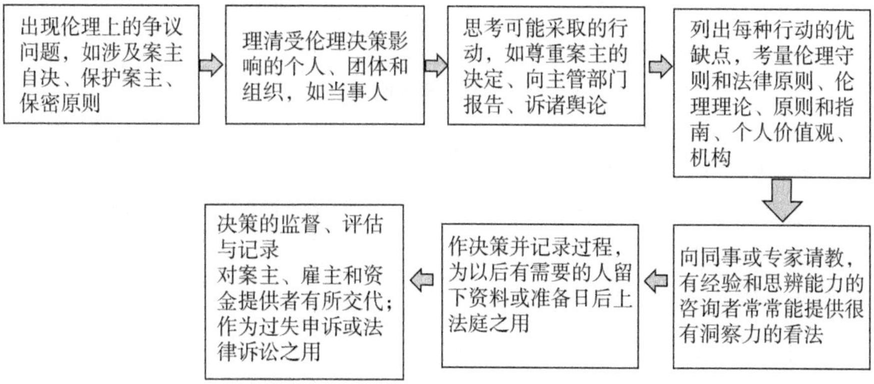

图 2-1　瑞摩的伦理抉择框架图[①]

① 曾华源，胡慧嫈，李仰慈，等．社会工作专业价值与伦理概论［M］．台北：洪叶文化事业有限公司，2006：306.

2. 洛温伯格（Loewenberg）和多戈夫（Dolgoff）的伦理抉择程序

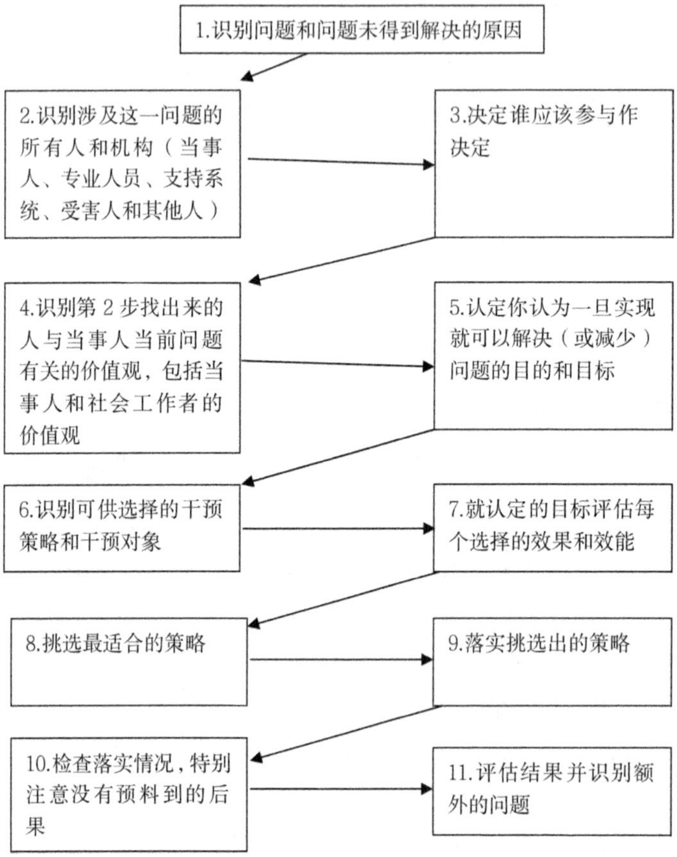

图 2-2　伦理抉择的通用模式①

（二）司法社会工作的伦理抉择模式

通过对以上学者关于伦理抉择程序的对比和总结，本书形成了以下较为简明的司法社会工作伦理抉择模式，以帮助司法社会工作者在具体的实务工作中有效地解决伦理困境。

1. 分析伦理困境中涉及的伦理问题

伦理困境往往伴随着多元价值观和专业伦理的选择，给司法社会工作者的工作开展带来一定困扰。因此，在面对伦理困境时，司法社会工作者应理

① 多戈夫，洛温伯格，哈林顿．社会工作伦理［M］．隋玉杰，译．北京：中国人民大学出版社，2005：53.

性地分析该情境中所涉及的伦理问题有哪些，并将问题依次罗列，对造成此种困境的因素进行分析和剥离，为解决冲突的情境理顺工作思路。

2. 澄清伦理困境中的各种价值冲突

司法社会工作者的伦理抉择受到专业价值伦理的影响和约束。在明确了特定困境中的伦理问题后，司法社会工作者需以专业价值观与伦理为基本指导，进一步分析每一个伦理问题所包含的价值伦理的冲突，并对相互冲突的价值伦理进行记录和分析，以协助自己对该伦理情境、服务对象的问题和需求进行全面、理性的认识。

3. 找出各种可能的行动方案并评估利弊

澄清各伦理问题中所包含的价值观冲突和伦理冲突后，司法社会工作者需找出每种冲突的应对方案并分析每种方案的可行性。按照社会工作伦理抉择原则的指导，对每种方案可能产生的影响、可利用的资源、可改进的空间等方面进行综合评估，并进一步评估每一种方案对服务对象及其他利益相关主体带来的影响。在这个过程中，司法社会工作者需要同时兼顾司法和社会工作两个层面的影响，在专业知识或实务经验有限的情况下，司法社会工作者可以向相关领域的专家或同行请教。

4. 作出伦理决定并实施具体方案

对所有方案的利弊进行评估之后，司法社会工作者需按照伦理抉择的原则选择出当前情境下的最优方案，必要的时候需要与服务对象一起作出抉择。执行方案时，需充分考虑服务对象的优势和资源，同时要对方案的效果进行动态跟踪和评估，及时处理方案执行过程中出现的新问题、新挑战，根据具体的实务情境，对方案作出适当调整。

5. 评估伦理抉择方案实施的效果

伦理抉择方案在实施的过程中受到服务对象自身和宏观环境的影响，实际效果可能与司法社会工作者的预估存在差异。一方面，社会工作者应在方案执行过程中采取过程评估的方式，跟踪记录该伦理抉择的过程效果和影响，对不符合预期或不适合当前情境的方案进行及时的调整和改进；另一方面，社会工作者应重视在按照所选定的服务方案介入后，对该情境的处理方式、综合影响和目标实现等方面进行综合评估，对于那些成功和优势的经验进行总结，同时也要注意对失败经验的总结，从而归纳相应的工作模式，为以后处理类似的问题积累经验。

本章小结

价值是行为原则的一般观念，伦理是指一种哲学思想或道德标准，用来辨别行为的对错、善恶。司法社会工作继承和发展了恢复性司法模式的基本观念，将恢复性司法模式与社会工作的价值观念相结合，形成了具有自身特色的司法社会工作价值观与伦理。

司法社会工作价值观是以社会工作专业价值观为基础，坚持以人为本、助人自助的基本理念，基于恢复性司法的要求，为满足社区矫正对象、安置帮教对象及边缘青少年等特殊群体的发展需要，促进其回归社会、彰显司法公信而奉行的一套专业价值理念。

司法社会工作伦理以社会工作专业伦理原则和伦理守则为依据，是社会工作伦理在司法社会工作领域的延伸和细化，是司法社会工作者在实务过程中需要遵守的行为规范和伦理要求，用来帮助司法社会工作者认识和了解具体实务情境的工作要求和需要注意的问题。

社会工作的伦理困境是由于社会工作者所秉承的专业价值与伦理间的不一致而产生的困顿局面，伦理困境也被划分为不同类型，如根据不同的划分依据而作的分类、以产生原因不同而作的分类。

司法社会工作伦理困境产生的原因有很多，包括价值观念的冲突、伦理问题的发展性和变动性、不同文化间的差异性、服务对象的特殊性等。

伦理抉择是司法社会工作者需在伦理困境中作出决定和最终选择的过程，伦理抉择需要受伦理抉择原则和程序模式的指导。主要原则有：保护生命优先的原则、法律与道德冲突时法律优先的原则、尊重服务对象自决权的原则、最小伤害原则等。对司法社会工作伦理抉择的一般模式，本书作了如下探讨：一是分析伦理困境中涉及的伦理问题，二是澄清伦理困境中的各种价值冲突，三是找出各种可能的行动方案并评估利弊，四是作出伦理决定并实施具体方案，五是评估伦理抉择方案实施的效果。这一模式对于帮助司法社会工作者分析伦理困境、解决伦理困境具有一定的指导和借鉴意义。

思考题：

1. 司法社会工作的价值观体系是什么？
2. 司法社会工作的伦理体系是什么？
3. 社会工作的伦理抉择模式是什么？

4. 案例分析：

7 岁女孩小 C，因其母亲药物滥用和经常性的酗酒打骂，无法对其进行正常照料，被安排进了社区服务中心的临时托管所。在这里小 C 很安全，但她不快乐，她希望回家跟母亲生活在一起，但是回家之后母亲肯定会打骂小 C。

如果你是小 C 的社工，你将如何抉择？

第三章　司法社会工作的理论基础

司法社会工作是司法与社会工作的有机融合，指导其实践的理论基础必然受到司法领域和社会工作领域的共同影响，两者的价值理念在一定程度上存在差异甚至是冲突，因而梳理两者在理论、观念层面上的调和点和融合点，是形成司法社会工作理论的关键路径。受司法社会工作发展现状的影响，司法社会工作的基本理论处于形成过程之中，但是综合来看，主要受刑罚观念、社会工作理论及传统文化三个方面的影响。本章主要对司法社会工作的理论渊源以及主要理论进行介绍，以期读者对司法社会工作理论基础有较全面的认识。

第一节　司法社会工作的理论渊源

世界刑罚的观念，最先经历了传统的“复仇主义”以及“报应主义”的刑罚观念阶段，从“以牙还牙”到“杀鸡儆猴”，持续了数千年。18 世纪末，人们才开始采用感化的方式来对待罪犯，而不再仅以刑罚惩罚犯罪。特别是进入 20 世纪以来，西方监禁刑的弊端日益暴露，在刑事学派和社会防卫论等的影响下，各国对监禁刑也进行了一系列的改革，使得非监禁刑获得长足发展，行刑社会化应运而生。

一、传统文化基础

不同地域的传统文化基础虽然不直接作用于刑罚执行，但是对各自地区的刑罚观念有着潜移默化的影响。因此，在讨论司法社会工作理论时，首先要反思不同地域的传统文化、主流思想对人权的理解以及对偏差行为的态度和接纳程度。

（一）西方传统文化基础

在古代社会，人们认识和判断事物的能力低下，生活和命运往往受制于超乎自身条件的自然界力量的影响，认为“灵魂”“上帝”和“神”的力量控制着人们的思想和行为，认为神是世间万物的主宰，世俗社会秩序是神的安排。在古代氏族社会中，犯罪的原因被认为是出于行为者冒犯神的意志的邪恶念头，是由于邪恶幽灵引起的，把罪犯称为“恶魔鬼怪”。15 世纪时，人们认为被“鬼”附体的人是主动找“鬼”，所以常常以火刑等酷刑将罪犯处死。

在原始社会末期，出现了刑罚的最初萌芽，即血族复仇。恩格斯（Engels）在《家庭、私有制和国家的起源》中谈到易洛魁氏族时指出：“同氏族人必须相互援助、保护，特别是在受到外族人伤害时，要帮助报仇。个人依靠氏族来保护自己的安全……假使一个氏族成员被外族人杀害了，那么被害者的全氏族就有义务实行血族复仇。”①

古巴比伦时期的《汉谟拉比法典》规定了残酷的刑罚手段：广泛适用死刑，死刑的执行方法有火焚、水溺、刺死等；还有大量施行残害肢体的肉刑，如挖眼、割耳、断指等。古罗马第一部成文法《十二铜表法》也将死刑和肉刑规定为主要刑罚种类，死刑的执行方式有砍头、绞死、钉十字架、烧死等，肉刑有鞭刑、杖刑等。

进入中世纪之后，整个欧洲大陆笼罩在“黑暗年代”的阴云之中。中世纪的欧洲处在封建专制主义的压迫下，教会和王权联合统治，教会具有极大的权威，而封建的刑罚制度具有极大的残酷性。在 18 世纪，欧洲一些学者鼓吹让个人从中世纪封建专制和教会权威束缚下解放出来，唤起人们对自由、民主意识觉醒思想理论的探讨。这些启蒙思想批判中世纪身份的、擅断的、残酷的、神学的刑法，孟德斯鸠（Montesquieu）、洛克（Locke）、卢梭（Rousseau）、伏尔泰（Voltaire）等提出的“天赋人权”“社会契约”“解放个性”等学说，以及“自由、平等、博爱”等口号，都是对封建刑法的探讨。洛克（Locke）认为人类天生都是自由、平等和独立的，法律对富人、权贵和平民应当一视同仁。卢梭（Rousseau）也指出，“每个人生而自由平等”。这样从“神

① 马克思恩格斯选集：第 4 卷［M］．北京：中国人民大学出版社，1995：85.

意”到“人意”思想的转变，促进了刑事古典学派的产生与发展。

（二）中国传统文化基础

中国法律的起源可以概括为“刑起于兵，礼源于祀”。我国早在黄帝时代就产生了刑罚制度，而我国的传统儒家思想在不同时期对我国的刑法发展具有深远的影响。

儒家思想深深根植于中国的政治、经济社会的土壤之中，以“德主刑辅”为核心的儒家思想对中国古代刑法的发展产生了深远的影响。孔子从“礼”与“仁”相结合的思想出发，提倡“德治”，强调“德行教化”，认为“德化”“礼教”是根本。《论语·为政》中说的“导之以政，齐之以刑，民免而无耻；导之以德，齐之以礼，有耻且格”，主张以德为主，以刑为辅，特别强调的是“德”而非“刑”。孔子认为“礼乐不兴，则刑罚不中”，强调刑罚必须以礼乐为依据。

孟子发扬孔子的仁学，对人道精神作了具体的阐述，将“德政”思想发展为“仁政”学说。孟子强调：“君仁，莫不仁，君义，莫不义，一正君而国定矣。”（《孟子·离娄上》）《孟子·公孙丑上》中说：“人皆有不忍人之心。先王有不忍人之心，斯有不忍人之政矣。以不忍人之心，行不忍人之政，治天下可运之掌上。”这些都是孟子的“仁政”思想，他在刑法思想上倡导的是“恤刑慎刑”的观念。

荀子继承并发展了孔、孟的思想，主张礼法并施，主张“以法为末，以人为本”，认为“有乱君，无乱国；有治人，无治法……法不能独立，类不能自行；得其人则存，失其人则亡。法者，治之端也；君子者，法之原也。故有君子，则法虽省，足以遍矣；无君子，则法虽具，失先后之施，不能应事之变，足以乱矣”（《荀子·君道》）。

西汉“罢黜百家，独尊儒术”之后，儒家思想成为我国封建社会的正统思想。董仲舒主张的“德治”以阴阳说为理论依据。他把德、刑与阴阳、四时相比附，认为天有德有刑，提出“大德而小刑”的法律原则，主张人间也有德教有刑罚，应以德教为主。

西方和中国的传统文化虽然存在巨大的差异，但是都有关于法律、刑罚观的相关理念和思想，其中人权、仁政和德教等思想潜移默化地影响了刑罚观念。

二、传统刑罚思想

（一）古代社会“复仇主义”的刑罚观念

国家产生以后，君主被认为受神的委托有惩罚犯罪的权力，古代国家的法典往往从维护“神意”出发，具有强烈的复仇色彩。同时，刑罚的目的在于报复，原则为同态复仇，即“以命偿命，以眼还眼，以牙还牙，以手还手，以脚还脚，以烙还烙，以伤还伤，以打还打”。在古希腊时期，人们也将受害人亲属的复仇看作是理所当然的行为。柏拉图主张，如果某人对一自由妇女或青年施行强暴，受害者或其父亲、兄弟、儿子可以把凶手杀死而不受法律制裁。又比如亚里士多德认为，刑罚的目的是一种恶报，以恶报恶。

（二）“报应主义”刑罚观念

报应主义，又称报应刑主义，强调刑罚的施加在于报应。恶有恶报、善有善报是人之常情，犯罪是一种恶，对于犯罪之恶，应以刑罚应之。报应主义是人类社会文明进步的成果，其产生完成了刑罚史上由私力复仇到法律复仇的突变，标志着野蛮的私力救济让位于文明的国家制裁。根据时代的变迁以及报应根据（为何报应）本源的不同，报应主义经历了以下三种理论形态[①]。

1. 神意报应

神意报应的思想盛行于古代及中世纪。其以神意来解释刑罚正当性，犯罪是对神意的触犯，理应受到神的责罚，国家根据神的意志，对犯罪人予以惩罚，以维护社会正义。

早期人类受制于外界自然的神奇力量，创造出蕴藏于自然界深处的主宰着人类幸福与痛苦的万能之神。神要求对犯罪之罪恶回击以严惩。在整个欧洲的古代时期，凡是给他人造成重大损害的行为都要受到神的严厉惩罚。在这种情况下，使罪犯受到严重的痛苦是为了安抚受到亵渎的神灵。

2. 道德报应

道德报应作为一种理论形态，形成于资产阶级启蒙时期。康德（Kant）是道德报应主义的始祖。道德报应以伦理道德来解释刑罚正当性，犯罪是行为人内心道德邪恶的表现，理应受到道义的责罚，国家根据道德观念，对犯罪人予以惩罚，以维护社会正义。

---

① 张小虎．刑法的基本观念［M］．北京：北京大学出版社，2004：84–88.

由于人的两重性，相应地产生了两种道德法则：其一，伦理的法则，即内在地运用于被看成是本体的人的道德法则，它不仅要求行为与法则符合，而且要求法则本身就是行为的动机，因此它具有内在强制力；其二，法律的法则，即外在地应用于既被看成现象又被看成是本体的人的道德法则，它只考虑行为是否符合法则，而不管行为的动机如何，它是与外在的强制力结合在一起的。法律应当体现正义的原则，而这一原则就是道德法则的外在化。在实际生活中，作恶总是比行善容易，作为一种有限的理性存在者，人总是倾向于满足自己的感性欲望，在这一过程中往往违反了道德法则。人的这种行为在道德上应当受到非难和谴责。

3. 法律报应

法律报应理论是近代的产物。黑格尔（Hegel）是法律报应主义的重要代表。法律报应以法律来解释刑罚正当性，犯罪是触犯法律的行为，理应受到法律的责罚，国家根据法律的规定，对犯罪人予以惩罚，以维护社会正义。

黑格尔将犯罪视作不法，犯罪是对法的否定，而刑罚是对犯罪的否定，通过这种否定，法获得了自身的肯定，因此法是在匡正不法中获得存在的价值。黑格尔指出，犯罪是虚无的，其虚无性在于作为法的法被扬弃了。但是作为绝对的东西的法是不可能被扬弃的。犯罪行为不是最初的东西、肯定的东西，刑罚是作为否定加于它的，相反地，它是否定的东西，所以刑罚不过是否定的否定。现在现实的法就是对那种侵害的扬弃，正是通过这一扬弃，法显示出其有效性，并且证明了自己是一个必然的被中介的定在。

（三）刑罚人道主义

1. 刑罚人道主义的含义

人道主义一词最初源于拉丁文“Humanistas”，也可以被译为“人文主义”或“人本主义”，本来的含义是指一种能够促使个人的才能得到最大限度发展的具有人道精神的教育制度。现在所说的人道主义，是关于人的本质、使命、地位、价值和个性发展的理论。

人道主义起源于欧洲14—16世纪的文艺复兴运动，这场以复兴古希腊和罗马文化、反对中世纪的宗教文化为目标的“人文主义”运动很快就发展成为一种人道主义运动。各学派对人道主义的认识各不相同，但是其基本的精神都是强调人本身是最高的价值，要尊重人、善待人、关怀人。后来人道主义逐渐具体化为自由、平等、博爱、人权等价值追求。人道主义思想触发了

16 世纪的宗教改革，动摇了中世纪封建统治的基础，它不仅是反对封建宗教文化的锐利武器，而且构成了人类优秀文化的组成部分，推动了人类文化的发展，体现了巨大的人类进步性。

人道主义在刑罚中的不断渗透，使单纯的报复性的刑罚作用日渐淡化，而对犯罪人的教育作用和人道主义关怀在各国法律中越来越突出。刑罚人道主义及其原则使刑罚越来越具有人性、仁爱的特点，刑罚的人道性最基本也是最根本的要求在于犯罪人也是人，促进了刑罚理念的根本变化。刑罚人道主义一般包括以下三种含义①。

第一，尊重和保护犯罪人的人格。犯罪人首先也是人，然后才是犯罪的人，所以必须尊重和保护犯罪人的人格权，犯罪人虽然犯了罪，但是人格受到尊重的权利必须受到保护。

第二，禁止把人当作实现刑罚目的的工具。犯罪人是因其罪责而承受刑罚，并非作为手段，如作为惩戒社会公众的先例而受刑罚，行为人在刑事司法中是作为伦理道德上独立自主的人格主体而存在的。

第三，禁止使用残酷而不人道及蔑视人权的刑罚手段。对犯罪人处以刑罚制裁并非只是将其作为刑罚的客体，而是以积极的态度对其予以教育或者矫治，以帮助其复归社会。

2. 刑罚人道主义思想的基本观点

刑罚人道主义发端于刑事古典学派。意大利学者贝卡里亚（Beccaria）针对封建社会的残酷刑罚进行了批判，认为刑罚的本质是痛苦，但决不能给犯罪人施以过多的痛苦，主张刑罚应当宽和，“只要刑罚的恶果大于犯罪所带来的好处，刑罚就可以收到它的效果，除此之外的一切都是多余的，因而也是蛮横的”。贝卡里亚还指出：“刑罚的残酷性还造成两个同预防犯罪的宗旨相违背的有害结果。第一，不容易使犯罪与刑罚之间保持实质的对应关系。第二，严酷的刑罚会造成犯罪不受处罚的情况。”

边沁（Bentham）也主张刑罚应当宽和，他认为当通过更温和的手段可以获得同样的效果时，适用刑罚就是过分的。如果刑罚之恶超过罪行之恶，那就是以较大恶之代价消除较小之恶。之后，康德、黑格尔等古典学派的学者也对刑罚人道主义进行过阐述。

---

① 吴宗宪．社区矫正导论［M］．北京：中国人民大学出版社，2015：43.

在19世纪末兴起的刑事实证学派晚于古典学派，很多主张都与之不相同，但是也赞成刑罚的人道性，从刑罚犯罪的原因、矫正理念等方面对人道主义进行了阐述。例如，实证学派的代表人物菲利（Ferri）指出："古典派犯罪学的实际辉煌业绩在于宣传了废除中世纪最野蛮的刑罚，如死刑、严刑拷打和肢体刑等酷刑。现在我们将接过古典派犯罪学的现实使命，担负起一种更为高尚而富有成效的任务——在减轻刑罚的同时减少犯罪。"①

刑罚人道主义反对通过监禁刑等形式对罪犯采取报复行为，要求人道地对待罪犯，比如通过非监禁化的社区矫正方式来促使罪犯消除主观恶念，以达到预防其再犯罪的目的。虽然不同的学派对刑罚人道主义都有不同的观点，但是都强调尊重罪犯，把罪犯当人来看待，保护罪犯的权利和尊严。

三、非刑罚化

20世纪以来，西方犯罪学理论和刑罚政策出现了一种非刑罚化的发展趋势。非刑罚化是指不用传统监禁的刑罚方法而用非监禁刑的方法来感化改造罪犯。非刑罚化对传统的报应性刑罚提出了根本的挑战。

（一）非刑罚化思想的基本观点

刑事实证学派的代表菲利（Ferri）认为刑罚的作用是有限的，应该大量采用刑罚替代措施来预防犯罪；此外，他还倡导实行保安处分，主张对天生犯罪人、精神病犯罪人和习惯性犯罪人实行不定期隔离，对轻微犯施以赔偿损失代替短期监禁，对精神病犯设立专门犯罪精神病院隔离。这些措施极大地推动了刑罚社会化的发展。

刑事社会学派代表、德国著名刑法学者李斯特（List）提出了"最好的社会政策也就是最好的刑事政策"的著名论断，认为适用刑罚的目的在于教育矫正犯罪人，消除其人身危害性，使之重返社会，从而预防犯罪。因而他主张限制短期自由刑的适用，建立了完善的保安处分制度。

20世纪兴起的社会防卫学派更是强调刑罚的改良。意大利刑法学家菲利普·格拉马蒂卡（Filippo Gramatica）的激进社会防卫思想认为，应当抛弃刑罚，用反社会性代替犯罪行为，用社会防卫法取代刑法，用社会防卫措施取

① 菲利．实证派犯罪学［M］．郭建安，译．北京：中国人民公安大学出版社，2004：186.

代刑罚。虽然这种思想过于激进，不切实际，但是为非刑罚化创造了发展的条件。

法国刑法学家安塞尔（Ansel）针对监禁刑的弊端提出了新社会防卫思想，认为社会防卫运动的努力方向是摆脱监狱，最终废除监禁刑。安塞尔还提出了设置开放监狱、周末监禁、扩大缓刑的适用，推广不剥夺自由的公益劳动，用罚金刑代替短期自由刑，用剥夺罪犯的某些权利或限制行使这些权利的处罚来取代剥夺自由刑等。新社会防卫思想对世界各国的刑事政策和刑事立法产生了深远的影响，极大地促进了刑罚社会化。

（二）非刑罚化的实现途径

非刑罚化的途径是多种多样的，通往非刑罚化的途径大概有以下几种。①

1. 通过规定免刑制度和免除处罚情节，对刑罚的适用范围进行限制

脱离了报应刑藩篱的现代各国刑法，根据实现刑罚目的的需要，普遍规定了作为有罪必罚原则例外的免刑制度，对犯罪行为规定了许多免除处罚的情节。比如从刑事司法上取消某些犯罪行为，如通奸、色情、堕胎等；在执法中对某些犯罪行为不追究刑事责任。

2. 通过非刑事制裁措施对刑罚的适用范围进行实质限制

所谓非刑事制裁措施，是指对依法被确定有罪的罪犯不适用刑罚，而采用刑罚以外的不具有刑事制裁性质的手段予以处分。非刑事制裁措施一般适用于有免除刑罚情节的罪犯、罪行轻微的罪犯或有轻微罪行的未成年人，它本身不具有刑罚的性质，但又可以起到弥补刑罚功能局限的作用。

3. 保安处分制度

保安处分制度，是国家刑事法律所规定、对实施了危害社会的不法行为的无责任能力人、限制责任能力人以及法律上特定的有相当社会危害性的有责任能力人等所施以的刑罚以外的医疗施治、保护观察等特定措施，以预防和控制犯罪、确保社会平安和矫治行为者本人的不良人格或身心病理的各类刑事制裁制度的总和。保安处分的种类大致有：监护隔离处分、收容矫正处分、强制劳作处分、保安监置处分、强制治疗处分、强制禁戒处分、保护观察处分、更生保护处分、少年保护处分、限制居住处分、善行保证处分、剥夺驾驶许可处分、驱逐出境处分以及对法人适用的撤销营业执照处分和对犯

---

① 梁根林．非刑罚化——当代刑法改革的主题［J］．现代法学，2000（6）．

罪所得物品、使用物品或工具的没收处分等。

四、行刑社会化的观念

随着人类社会的发展进步，刑罚制度也在不断地变化，特别是在进入20世纪以来，西方监禁刑的弊端日益暴露，在刑事学派和社会防卫论等的影响下，各国对监禁刑也进行了一系列的改革，使非监禁刑获得了长足的发展，而行刑社会化也应运而生。

（一）行刑社会化的含义

行刑社会化是指在行刑过程中增强监狱与社会的互动现象。对于行刑社会化的具体内容，不同学者有不同的观点，综合这些观点可以认为，行刑社会化，又叫开放化或者社会化的行刑方式，是指为了避免和克服监禁刑存在的某些弊端，使刑事判决的执行服务于罪犯再社会化的目标，而应慎用监禁刑使其在社会上得到教育改造；同时对于罪刑较重，有必要进行监禁的罪犯，应使其尽可能多地接触社会，并使社会最大限度地参与罪犯矫正事业。从而使刑事判决的执行与社会发展保持同步，为罪犯顺利回归社会创造有利的条件①。理解行刑社会化的概念时要注意以下几点：

第一，行刑社会化是针对监禁刑的交叉感染、不利回归社会等弊端而提出的，目的在于克服这些弊端，便于罪犯回归社会。

第二，行刑社会化依据的是教育刑理念而非报应刑理念，即行刑的目的不在于报应已然的犯罪行为，而是为了教育、矫正罪犯，使其不再犯罪，因而行刑社会化的终极目标在于使罪犯顺利回归社会。

第三，行刑社会化并不等于完全废止监禁刑，而是主张尽量慎用监禁刑，对于那些罪行较重、有必要监禁的罪犯还是要适用监禁刑，但在执行中应使其尽可能多地接触社会，并使社会最大限度地参与罪犯矫正事业。

（二）行刑社会化的基本主张

刑事古典学派代表人物贝卡里亚极力倡导刑罚的宽和与人道，对死刑和肉刑持否定态度，推崇监禁刑的作用。而边沁则十分关注监狱行刑问题，认为只有在对监狱的结构和内部组织进行必要的改革和完善之后，它才会真正

---

① 冯卫国．行刑社会化研究——开放社会中的刑罚趋向［M］．北京：北京大学出版社，2003：23.

成为一种合理、有效的刑罚，为此他提出了一套缜密的监禁制度，并亲自设计了一种圆形监狱。古典学派的思想为行刑社会化奠定了基础。

19 世纪后半期，西方资本主义国家矛盾尖锐，犯罪急剧上升，面对严峻的犯罪形势，以预防犯罪、保卫社会为目标的刑事实证学派应运而生。龙勃罗梭（Lombroso）、菲利等实证学派的代表人物以及李斯特等人从人类学、社会学等不同角度对犯罪原因、行刑问题都发表了自己的看法，促进了行刑社会化的形成与发展。刑事实证学派关注的中心由抽象的犯罪行为转向具体的犯罪人，强调刑罚的目的不在于报应而在于教育、矫正犯罪人并使其回归社会，同时揭示了监禁刑的弊端，提出了刑罚替代措施的概念，这些主张都是行刑社会化思想产生的基础。

以安塞尔为代表的新社会防卫思想直接促进了刑罚社会化思想的确立。安塞尔积极倡导运用剥夺自由刑对罪犯进行“重新社会化治理”的思想，这一方针的提出使得许多西方国家的监狱改革开始贯彻行刑社会化思想。此外安塞尔还提出“非刑事化思想”，具体包括非罪犯化、非刑罚化、受害人化、社会化四个方面，其中“社会化”是指预防犯罪问题不局限在刑法学和刑事政策学范围内，而应统一到整个刑法哲学和社会政策学中，用全社会的力量来保卫社会及罪犯人权①。这些是行刑社会化思想的核心。

司法社会工作中的社区矫正这一领域，更具有开放性和社会参与性，有利于罪犯重新回归社会，完全符合行刑社会化思想的内涵，因此成为行刑社会化思想重要的实现方式。

第二节 司法社会工作的主要理论

社会工作自产生以来，因为缺少元理论的支撑而受到质疑，司法社会工作作为社会工作的重要分支，在其形成和发展过程中受到法理学理论和社会工作相关理论的影响。但是，处于快速发展阶段的司法社会工作，与社会工作一样没有能够体现自身学科特征的元理论，因此，结合司法领域和社会工作领域的主要理论流派及司法社会工作的服务领域，本书认为以下理论或观念对于司法社会工作的发展具有指导意义。

---

① 马克昌．近代西方刑法学说史略［M］．北京：中国检察出版社，1996：327.

一、刑法谦抑

刑法的谦抑性，指立法者应当力求以最小的支出，获取最大的社会效益，即立法者应该坚持少用或不用刑罚，并在这一过程中寻找刑罚的替代措施，来有效地预防和控制犯罪。刑法谦抑的谦抑性主张，在众多对付犯罪的社会控制方法中，刑罚具有“最后的”意义，即对于已经被确定为犯罪的行为和犯罪人，如果用非刑罚的方法即可以有效预防和控制的话，就不要用刑罚的方法，刑罚是作为一种具有补充性和保障性的控制措施发挥作用并体现其价值①。

随着刑法谦抑理念的不断深入，缓刑、假释等非刑罚化措施得到了较大的发展，进而推动刑罚体系发生重要变化。梁根林认为，非刑罚化对传统的报应性刑罚提出了根本的挑战，改变了人们长期以来固守的有罪必罚的报应观念，推动了社会对于犯罪和罪犯的态度的改变，同时也节约了国家刑罚资源的投入，使现代社会对付犯罪的反应方式在趋向多样化的同时，更趋向人道、文明、经济的选择。因此，社区矫正等体现刑法谦抑理念的行刑方式越来越受到社会的重视，司法社会工作也得以不断发展。

二、新社会防卫论

20 世纪以来，经历了两次世界大战之后，人们开始重视在战争期间曾被忽视的民主、人道的价值以及对个人权利的尊重。在此背景之下，欧洲大陆兴起了一个强调保护社会免受犯罪侵害、对犯罪人进行再社会化的刑事司法理论流派，即社会防卫学派。

学者格拉马蒂卡主张“社会防卫法”取代“刑法”；要求废除犯罪、责任、刑罚等刑法基本概念，而以“反社会性”“反社会性的指标及其程度”等概念来代替；认为社会防卫的终极目的是使反社会的人适应社会秩序，复归社会，而不是对他的行为加以制裁。这种激进的刑法观念受到法国学者安塞尔的批评。安塞尔着重分析了监禁刑的利弊及实践状况，认为事实上的监狱与本来意义上的即人们所期望建立的监狱相去甚远，因而积极倡导运用剥

---

① 严励，董砺欧．“非刑罚化”与“刑罚化”——论刑罚的退守与进攻［J］．政治与法律，2004（3）．

夺自由刑对罪犯进行“重新社会化治理的思想”，这一方针的提出使得许多西方国家在监狱改革的过程中开始贯彻行刑社会化的思想。此外，安塞尔还提出“非刑事化”的思想，具体包括非罪犯化、非刑罚化、受害人化、社会化四个方面[①]，这些正是行刑社会化思想的核心理念。因而有学者指出：“社会防卫运动的兴起，也是行刑社会化思想由孕育走向成熟的标志。”[②]

行刑社会化是指在行刑过程中增强监狱与社会互动的现象。行刑社会化思想的主张至少包括两个方面：一是监禁刑罚执行的开放性处遇，二是非监禁刑方式的扩大化。而社区矫正等行刑方式的开放性和社会参与性使其完全符合行刑社会化思想的内涵，因而成为行刑社会化思想的重要实现方式，行刑社会化也是司法社会工作的重要理论基础之一。

三、基于实证犯罪学的标签理论

标签理论于20世纪60年代在美国兴起之后，迅速成为犯罪学领域的主要理论之一。该理论认为，违法者一旦被贴上“罪犯”的标签，就会在心理上打上“耻辱”的烙印，产生“自我降格”的心理，进而顺应社会对其的评价，由原先的初级偏差行为逆变为更为严重的高级偏差行为。

标签理论还认为造成违法犯罪行为的原因是社会对人的一定行为贴上了违法犯罪的标签。贝克尔（Becker）认为：“违法行为并不是一个人行为的固有性质，而是他人根据法律规范惩罚犯罪人的结果。所谓违法者只不过是一个被成功地赋予了一定标记的人，而所谓违法行为只不过是一种被人如此标定的行为。”“社会群体制定规则并把触犯这些规则确定为越轨行为，越轨行为不是某人某种行为的性质，而是由其他人适用规则，并对一名坏蛋进行制裁的结果。”

标签理论特别强调的是，如果把罪犯投入封闭的监狱即打入“另类”之后，将会大大地加重这种“标签”效应，因为“机构可能将犯罪人从身体和心理上与社会隔离开来”，这“会增加向他们牢固地打上犯罪人烙印的可能性”[③]。标签理论倡导将犯罪人放在社区内进行矫正，为矫正对象提供专业服

---

① 马克昌．近代西方刑法学说史略［M］．北京：中国检察出版社，1996：327.

② 冯卫国．行刑社会化研究——开放社会中的刑罚趋向［M］．北京：北京大学出版社，2003：23.

③ 吴宗宪．西方犯罪学［M］．北京：法律出版社，1999：541.

务，使其重建社会适应能力和机制，并促进其顺利回归社会。标签理论的这些观点对刑法和司法都产生了深远的影响，是对司法社会工作有重要影响的理论之一。

四、循证理论

“循证”（Evidence-Based）最初起源于医疗卫生领域。1991 年“循证医学”（Evidence-Based Medicine，EBM）一词在医学文献中首次出现，随后受到医学界的广泛关注。而自循证医学创始人之一的戈登·古亚特（Gordon Guyatt）博士将循证原理用于卫生领域开始，“这种在医疗领域已奠定基础的医学实践模式逐渐渗透到非医学领域（如社会照顾、教育、犯罪矫治、营销、管理等）”[①]。1999 年，E. 甘布丽尔（E. Gambriel）首次将循证医学的理念引入社会工作领域。她按照是否遵循研究证据及遵循研究证据的程度，将社会工作的实践分为“基于权威的实践”与“循证实践”两大类。前者将实践基于实践者所接受的陈旧知识、流行观念、个人经验或专家建议；后者将实践严格地建立在科学研究证据的基础上。

“循证社会工作”（Evidence-Based Practice In Social Work ，EBPSW）源于“循证实践”（Evidence-Based Practice，EBP）的概念，指实践者在规划与协调下，参考相关的实践指南、标准或手册，在考虑实践对象具体特征基础上进行的实践[②]。社会工作的循证观认为：“要做到合乎伦理道德，社工要使用的知识，应该按最严格的方式获得，并已被经验证明，而且可以提供证据证明所采取的行动形式是最有可能达成的行动形式。”[③]

传统上，对一个专业之所以作为一个专业的判断是因为它发展出了专门的知识，并且对该专业成员的定义就是理解该知识的群体。循证实践支持并扩展了这种关于知识在社会工作中的角色的传统观点。

---

① 刘春燕．西方公共福利循证策略及其对中国的启示［J］．北京理工大学学报（社会科学版），2011（1）．

② 杨文登．循证实践：沟通研究与实践的桥梁［N］．中国社会科学报，2010-9-28.

③ 派恩．现代社会工作理论［M］．冯亚兰，叶鹏飞，译．北京：中国人民大学出版社，2008：56.

五、生态系统理论

生态系统理论（Society Ecosystems Theory）是一个开放的体系，它融合了不同的理论和概念。第一，生态系统理论的早期传统可以追溯到达尔文（Darwin）的进化论，尤其是“适者生存”这一概念。第二，在社会工作领域，这一历史可以回溯到里士满（Richmond）“在情境中理解行为”这一论述，而社会工作倡导的将实质性服务和临床服务结合起来，更好地回应矫正服务对象需要的传统也成为生态系统理论的基础之一。第三，这个传统来自米尔斯（Mills）关于“个人困扰”和“公共议题”之间的区分，这一观点指出社工应关注矫正服务对象问题背后更深层次的社会结构因素，将矫正服务对象置于系统之中全面考虑，在环境与个人之间寻找可利用资源，帮助矫正服务对象解决自身的问题①。

20 世纪初，“社会处遇”“人在情境中”等理论范式，成为生态系统理论的先导。20 世纪 80 年代，杰曼（Jerman）等人综合生态系统理论的观点，提出了“生态模型”，强调社会工作的干预焦点在于把个人置于其生活的场域中，重视个人与环境的交流和相互作用等。查尔斯·扎斯特罗（Charles Zastrow）等人对当代生态系统理论又进行了丰富和发展。

格林尼（Greene）认为生态系统理论包括以下几个核心概念②。

第一，生命周期、时间与空间。生命周期在某种程度上可以被认为是一个随个人、家庭和历史而变动的个人与环境的互动过程。在生命周期过程中，人们持续地适应环境并与生活环境的众多层面进行交换。他们改变环境，亦为环境所改变。生命周期是在空间和时间这两个重要的环境维度中开展的。这里的空间包括建筑风格、地域关系、个人对空间的认知；时间则包括时钟时间、生物时间、心理时间、文化时间、社会时间和进化时间。

第二，人际关联与角色。人际关联就是个人拥有与他人联结并建立关系的能力。角色是在人际关联中形成和发展的，表现为一种互惠性期待的社会层面的角色。

---

① 张昱．矫正社会工作［M］．北京：高等教育出版社，2014：44.
② 何雪松．社会工作理论［M］．上海：上海人民出版社，2007：89-91.

第三，胜任能力与调适。生态系统理论认为适应良好并非病态、偏差的成果，而是系统中各种因素的成功配合，而适应不良是由于个人的需要和环境所提供的资源、支持之间无法搭配和调和。调和是一个互惠的过程。

第四，生活中的问题。基于生态视角的生命模式认为，生活中的问题就是人与环境的失衡，这种失衡可能产生于：生活转型，例如成长性改变、声望和角色的改变、生活空间的重构等；环境压力，例如不平等的机会、难以对付和没有回应的组织；人际过程，例如剥夺、不协调的期望等。

平德休斯（Pinderhughes）认为生态系统理论也要着眼于了解个人所在的文化环境，他表示滋养性的环境指的是，所在环境能在适当的时刻与方式下，提供必要的资源、安全与支持给个人，以增进社区成员的认知及情绪发展；而不友善的环境是指环境缺乏或扭曲了资源支持的提供，因而阻碍了个人的发展和适应能力①。

司法社会工作服务对象的问题，大都与其家庭环境、生活环境等相关，生态系统理论可以帮助司法社会工作者全面地分析服务对象的问题成因，并以此为基础，帮助服务对象调试与不同系统、环境的关系，从而协助服务对象解决问题。

六、社会化理论

社会化就是人由生物个体向社会个体转化的过程。每一个人都是在与他人和整个社会相互影响、相互作用的互动关系中成长和生存的。人在成长的过程中，不断地学习、接受社会的各种知识技能和社会的行为规范，并把这些知识技能转化为个人的主体素质，把各种社会的行为规范内化为个人品格和行为的过程及趋向，就是人的社会化的过程。社会化不但是人的基本生存方式和生存基础，也是整个社会文化得以积累延续、社会结构得以维持创新的基础。每个人都是作为社会的成员以社会化的方式生活在社会之中的，人的社会化过程越好，个人的成长进步就越快；反之，人的社会化过程不好，人的发展就会受到阻碍。

人的社会化过程可以分为基本社会化过程和再社会化过程。基本社会化

---

① 宋丽玉，曾华源，施教裕，等．社会工作理论——处遇模式与案例分析［M］．台北：洪叶文化事业有限公司，2002：260.

又可称为“初级社会化”，它是指每一个人从婴幼儿成长为成人的过程。再社会化又称为“继续社会化”，分为广义和狭义两种情况。广义的再社会化，是一种带有主动、提高、升华性质的社会化，即经过基本社会化过程的成年人为了适应社会变化、发展的需要，不断地学习新知识、掌握新技能、了解新规范的自我更新、自我完善、自我发展的过程。狭义的再社会化，是一种带有弥补、补救、矫正性质的社会化，即一些在基本社会化过程中失败的个人，迫于生存的需要及外部社会的要求，不得不主动或被迫地接受重新社会化的过程。一般而言，狭义的再社会化的对象往往是在社会生活中有某种人格缺陷或者越轨行为的个人，这种再社会化过程在传统方式上往往表现为一种强制性的教化过程，需要专门机构采用强制性的“介入”手法从外部加以实施。

从司法社会工作的角度，其大部分服务对象的问题在于社会化过程不完善或者是社会化过程中缺乏有效的指引，因此，需要经过司法部门强制的“再社会化”程序，帮助他们实现社会功能的恢复和完善，从而实现司法服务对象与环境的良性互动。

七、增能理论

1976 年，所罗门（Solomon）出版了《黑人增能：受压迫社区中的社会工作》一书，标志着增能理论在社会工作专业中的诞生，该书中初步建立了增能视角的实践框架。20 世纪 80 年代以来，增能视角得到了长足的发展。

所罗门认为赋权是社会工作中的一个专业活动，目的是要协助一些受社会歧视的社群，对抗遭受的不公平待遇，并减少其自身的无能和无奈感，增加其权利和能力。并且增能是一个“减少无权感”的过程，方法是通过发掘“无权一群”的权利障碍，协助他们消除非直接权利障碍（如自我形象低落、强烈的无助感、宿命观等）的效果与直接权利障碍的运作。同时增能理论认为，个人的问题是由于环境的排挤和压迫造成的，社会中存在直接和间接的障碍，服务对象有改变现状的能力。因此增能理论在专业关系上强调社会工作者与服务对象之间的伙伴关系，关注服务对象的长处，承认服务对象是积极的主体。

在增能理论看来，个人之所以与环境之间出现交流障碍，原因在于环境加诸其自身的压迫和限制。社会工作的介入在于增进与充实服务对象的“权能”以摆脱环境的束缚，从而实现服务对象与其所处环境有效地沟通和交流。

增能既是一个动态的过程，又是活动力图达到的目标，其不仅有微观层面的，也有中观层面的，还有宏观层面的。增能可以在三个层次进行，第一个层次是个体的层次，包括让个体感觉到自己有能力去影响或者解决问题；第二个层次是人际的层次，通过促进个体与他人的合作，从而有效地解决问题；第三个层次是环境的层次，即改善社会制度，实现自助。

司法社会工作的服务对象往往遭受压迫、处于不利地位，甚至面临被边缘化的困境，因此，在增能理论的指导下，司法社会工作者要不断提升服务对象的能力，改善服务对象所处的环境，从而实现服务对象与环境的良性互动与有效沟通，实现服务对象的自助。司法社会工作者应给予服务对象充分的鼓励，帮助其建立良好的人际关系，减少孤独感，增强服务对象解决问题的能力与信心，实现个人与环境的良性互动，以解决服务对象面临的问题。

八、优势视角理论

美国堪萨斯大学社会福利学院教授丹尼斯·萨利贝（Dennis Saleebey）在《优势视角：社会工作实践的新模式》一书中首先提出，优势视角基于对问题视角的批判，其关注点在于个案的优势、潜能和成绩。优势视角强调人类精神的内在智慧，强调即便是最可怜的、被社会所遗弃的人都具有内在的转变能力。概括地说，优势视角就是着眼于个人的优势，以利用和开发人的潜能为出发点，协助其从挫折和不幸的逆境中挣脱出来，最终达到其目标，实现其理想的一种思维方式和工作方法。

优势视角的基本信念包括：①赋权（empowerment）。赋权强调服务对象的能力和优势，主张在服务的过程中应该关注服务对象及其家庭和环境，认为服务对象有能力去主动改变自己的问题。②成员资格（membership）。优势视角强调所有人都属于某一群体的成员，并享受与该成员身份相适应的自尊和责任，所有成员应团结一致，追求自己的权利，保证自身的权益。③抗逆力（resilience）。越来越多的研究和实践证明人类在遭遇严重麻烦时会反弹，个人和社区可以超越和克服严重麻烦的负面事件，这种在困难中“越挫越勇”的能力被称之为抗逆力，长期生活在困境中的人群，抗逆力便是其本身的一种可贵资源。④对话与合作（dialogue and cooperation）。对话与合作要求社会工作者秉承同理心，对服务对象做到包容与接纳，同时强调在工作中发挥服务对象的潜能，与服务对象一起寻找策略、解决问题。

司法社会工作的服务对象，经常会被社会大众以标签化的视角贴上问题人群的标签，因此，在工作过程中司法社会工作者应秉承优势视角，注意挖掘司法服务对象的优势和潜能，发挥服务对象的主动性，以服务对象为本，协助其从问题、困境中走出来。

本章小结

司法社会工作作为社会工作的重要实务领域，迄今尚未形成其元理论，本章以影响司法社会工作价值观念形成的重要思想和理论为主要内容，对司法社会工作的理论基础进行了探索和介绍，以期对司法社会工作的实践起到一定的指导作用。

司法社会工作理论渊源主要受刑罚思想转变的影响。从世界范围来看，刑罚观念经历了由“报应主义”“以牙还牙”“杀鸡儆猴”向刑罚人道主义、非刑罚化的发展，特别是近年来对恢复性司法的讨论，使司法社会工作成为推进司法领域改革、保障司法人道的重要执行力量。因此，虽然在现有实践、研究的基础上，不能形成对司法社会工作元理论的总结，但是期望通过对刑法谦抑、新社会防卫论、标签理论、循证理论、社会化理论等的介绍，引导读者对司法社会工作的理论基础有一定的认识，并在学有余力的情况下进行深入的探索和研究。

思考题：

1. 结合课本及相关材料论述非刑罚化思想的基本观点。
2. 行刑社会化的基本主张是什么?
3. 结合实践说明，如何在司法社会工作中使用生态系统理论。
4. 查阅优势视角理论的相关资料，说明该理论如何指导司法社会工作的实践。

第四章　社区矫正社会工作

在国外，社区矫正已存在一个多世纪之久，而我国的社区矫正工作从2003年全国六省市试点到现在，才经历近20年的时间。从开始试点到如今，我国的社区矫正工作不断发展完善，逐步走向法制化、规范化的道路。与此相伴，社区矫正社会工作也应运而生，并且逐步发展完善，历经近20年的探索，我国社区矫正社会工作不管是在理论还是实务层面都有了很大提升，也取得了一定的成绩，如对社区矫正工作内容上的丰富、整个流程的参与、方法的不断创新等，社会工作者在社区矫正中发挥着越来越重要的作用。本章从对社区矫正对象的监督管理、教育矫正和帮困扶助三个方面介绍社区矫正社会工作的内容，鼓励社会工作者参与并发挥自己的专业作用。另外，在社区矫正流程上，社会工作者也总结了一套属于自己的章程，拥有自己特有的工作方法，本章也对社区矫正社会工作的方法作了介绍，以帮助实务工作者和相关人员切实开展服务工作。

第一节　社区矫正社会工作概述

随着人类社会的发展，刑罚执行制度的轻刑化，社区矫正制度从国外引入我国。社会工作作为一股新鲜的力量，在司法机构发挥作用的同时，也加入社区矫正的队伍，并在其中起着不可替代的作用。学习社区矫正社会工作，就需要先了解社区矫正社会工作的起源、发展、概念以及社会工作引入社区矫正的必要性。

一、社区矫正社会工作的起源与发展

（一）国外社区矫正社会工作的兴起与发展

现代社区矫正可以追溯到 18 世纪后期英国监狱改革家约翰·霍华德（John Howard）提出的反对监狱非人道化刑罚的理论。而其基本形成是在 19 世纪初，英国的爱华德·考克斯（Edward Cox）提出对初犯少年以誓约代替徒刑的执行。1841 年，一位波士顿的名为约翰·奥古斯特斯（John Augustus）的制鞋匠主动向法院申请以指导、监督的方法援助一名酗酒犯罪者，法院对该酗酒者以 1 分钱的罚金撤销了本应执行的监禁。后来，约翰·奥古斯特斯承保的案件越来越多，他放弃了制鞋的本行，把自己的全部时间都用于从事感化罪犯的工作，其帮助的对象也不再局限于因酗酒而犯事者。由约翰·奥古斯特斯保释、扶助的犯罪人员达 2000 多人。1876 年，马萨诸塞州正式制定了社区矫正法，凡具有改善可能的犯罪者，均可适用该项法案，交付社区进行矫正。至此，社区矫正制度在美国正式确立。而后，明尼苏达州、伊利诺伊州、密苏里州、内华达州、阿拉巴马州、俄勒冈州等都先后完善了社区矫正立法，建立了社区矫正制度。

1887 年，英国制定了《初犯法》。该法确立了“感化精神”，但其适用范围比较狭小。随后，1925 年，英国制定《刑事裁判法》，规定按各承审法院的管辖范围设立“司法裁判区”；每一司法裁判区设立一个“感化委员会”，专门负责辖区内社会工作者的任命、薪金支付和其他一切行政事务，从而在体制上保证了矫正社会工作的进一步开展。

除了美英国家外，当今很多国家都建立了一套自己的社区矫正制度。日本的矫正社会工作就是在吸收了英、美经验的基础上于第二次世界大战后建立发展起来的。1947 年和 1949 年，日本分别制定了《恩赦法》和《犯罪者预防更生法》。在这两部法律之后，日本又推出了《更生紧急保护法》《缓刑执行者保护观察法》《保护司法》《刑事刑诉法》《少年法》《妇女辅导院法》《儿童福利法》《轻犯罪法》等一系列法律。

（二）我国社区矫正社会工作的起源与发展

早在我国封建社会时期就有了社区矫正实践的萌芽。唐朝有“留养承祀”和“存留养亲”制度。明朝规定：“妇人犯罪，除犯奸及死罪收禁外，其余杂犯责付本夫收管，如无夫者，责付有服亲属或邻里保管。”这些规定都有社区矫正的意思[1]。而现在的缓刑和假释是清朝末年从西方引进的制度，最早见于1911年的《大清新刑律》，后来在民国的几部刑法中也有所提及。清朝被推翻后，孙中山领导国民党执政时期，仿效日本建立模范监狱，进行监狱改良，实施监外执行、缓刑、假释等制度，在刑事立法上不断吸收西方资本主义国家刑法中的罪刑法定、刑罚人道理念，相继颁布《中华民国监狱规则》（1913年）、《假释管理规则》（1913年）、《重病犯保外就医治疗办法》（1914年）等法律法规。

中国共产党在抗日战争时期，在陕甘宁地区也曾适用“回村执行”的刑罚方法，即让被判刑的犯罪者回到其居住地，接受当地基层政权的管辖和教育。中华人民共和国成立后，人民法院在审判中，对一些反革命分子和贪污分子，继续适用管制刑，而后逐渐扩大到其他刑事犯罪分子。1954年，政务院公布的《中华人民共和国劳动改造条例》将假释明确规定为一种刑罚执行制度。1979年，新中国颁布的第一部刑法法典《中华人民共和国刑法》，不仅规定了管制刑，而且规定了假释、缓刑等刑罚制度。

2001年5月，河北省石家庄市长安区人民检察院审查起诉部门向涉嫌盗窃的未成年犯罪嫌疑人黎明（化名）下达了一份特殊的法律文书——“社会服务令”，指令其到某居委会进行无偿社会服务，期限为两个月。这是我国第一例“社会服务令”，它也被认为开创了我国社区矫正的先河。

21世纪初期，我国当代社区矫正工作才真正开始试点和推进。2002年8月，上海市徐汇区斜土路街道、普陀区曹杨新村街道、闸北区宝山路街道在全国率先开始了社区矫正的试点。上海市的社区矫正对我国社区矫正试点工作进行了有效的实践。随后，2003年7月，北京市在东城、房山、密云三个区县也开始了社区矫正的试点工作，并全面铺展，成为全国首个在全市范围内开始试点工作的省份。2003年7月10日，最高人民法院、最高人民检察院、公安部、司法部（以下简称“两院两部”）联合下发了《关于开展社区矫正试点工作的通知》，确定北京、上海、天津、江苏、浙江、山东6省（市）为全国首批社区矫正试点省份。2005年1月20日，“两院两部”下发了《关于扩大社区矫正试点范围的通知》，将河北、内蒙古、黑龙江、安徽、湖北、湖南、广东、广西、海南、四川、贵州、重庆12个省（区、市），列

---

① 姜祖桢．社区矫正理论与实务［M］．北京：法律出版社，2012：56.

入第二批试点单位。此外，辽宁、吉林、福建、江西、云南、宁夏等一些未被列入试点范围的省、自治区也开始了社区矫正的试点和前期准备工作。2009 年 9 月 2 日，“两院两部”联合发布《关于在全国试行社区矫正工作的意见》，社区矫正试点工作在全国铺开。2011 年 2 月 25 日，第十一届全国人民代表大会常务委员会第十九次会议审议通过《中华人民共和国刑法修正案（八）》，明确规定了对判处管制、缓刑以及假释的罪犯依法实行社区矫正，这标志着我国社区矫正法律制度的确立。此后，我国又出台了《社区矫正实施办法》和《中华人民共和国社区矫正法》等法律法规，持续对我国的社区矫正制度进行完善。

二、社区矫正社会工作的概念

（一）矫正

矫正也称矫治，本为医学上的术语，后被引入社会领域，成为司法方面的专业用语。它指国家机关和工作人员通过各种措施和手段，使犯罪者或具有犯罪倾向的违法对象得到思想上、心理上和行为上的矫正治疗，从而重新融入社会，成为其中的正常成员的过程①。

（二）社区矫正

社区矫正是指将符合法定条件的罪犯置于社区内，由专门的国家机关在相关社会团体和民间组织以及社会志愿者的协助下，在判决、裁定或决定确定的期限内，通过思想改造和劳动改造，使罪犯消除犯罪心理结构，修正行为模式，并促进其回归社会的一种非监禁刑罚执行活动。

社区矫正对象，是指符合法定条件的罪犯。依据我国现行刑法、刑事诉讼法和社区矫正法，对判处管制、宣告缓刑、假释以及暂予监外执行的罪犯，依法实行社区矫正。社区矫正不是在监狱、看守所等封闭性的场所进行，而是将罪犯置于社区之中。这是社区矫正和监禁矫正最本质的区别。

根据社区矫正法，我国的社区矫正由各级政府的司法行政部门主管。人民法院、人民检察院、公安机关和其他有关部门依照各自职责，依法做好社区矫正工作。人民检察院依法对社区矫正工作实行法律监督。地方人民政府根据需要设立社区矫正委员会，负责统筹协调和指导本行政区域内的社区矫

---

① 张昱．矫正社会工作［M］．北京：高等教育出版社，2008：1.

正工作。司法所根据社区矫正机构的委托，承担社区矫正相关工作。

（三）社区矫正社会工作

社区矫正社会工作是指专业人员或志愿人士，在专业价值观的指引下，在社区矫正机构的组织下，运用社会工作的理论、知识、方法和技术，在社区矫正对象服刑期间，为矫正对象及其家人提供心理辅导、行为治疗、信息咨询、就业培训、生活照顾以及社会环境改善等服务，使社区矫正对象消除犯罪心理，修正思想行为模式，从而适应社会生活的一种社会服务。

三、社会工作参与社区矫正的必要性

社区矫正是将符合条件的罪犯放在社区中服刑，整合社会力量参与社区矫正对象的矫正过程的一项刑罚。社会工作是以利他主义价值观为主导，以专业知识为基础，运用科学的方法进行助人的服务活动，其核心是助人自助。社会工作者作为一支重要的社会力量融入社区矫正队伍，将大大提高社区矫正的效果。

首先，社会工作参与社区矫正有利于体现社会主义刑罚人道主义，完善我国的刑罚体系①。社会工作者以维护社会稳定和社区矫正对象利益优先，给予社区矫正对象充分的尊重和价值，充分体现了社会对于社区矫正对象的关怀，提高了社区矫正对象改造的效果，有利于促进刑罚制度的人性化和科学化发展。

其次，社会工作参与社区矫正有利于维护社区矫正对象的合法权益，促使其顺利融入社会。社会工作者秉持社会工作专业价值理念，以关爱人性为出发点，以社区矫正对象回归社会为落脚点，真正体现对社区矫正对象的尊重和保护，运用专业的理论、知识、方法和技巧，使罪犯得到生理上、心理上、思想上、行为上的矫正治疗，通过链接资源，从就学、就业、社会保障等方面为社区矫正对象提供全面服务，从而使社区矫正对象的需求得到基本满足，有利于社区矫正对象顺利地融入社会，实现再社会化。

最后，社会工作参与社区矫正符合和谐社会的理念，有利于维护社会稳定。社会工作者通过个案工作对社区矫正对象进行心理疏导和思想教育，使

---

① 范燕宁，席小华．矫正社会工作研究（2008）［M］．北京：中国人民公安大学出版社，2009：119.

社区矫正对象树立正面的世界观、人生观和价值观；通过小组工作为社区矫正对象重新搭建社会支持网络，协助其保持正常的家庭生活环境，促成社区矫正对象家庭的和睦；通过社区工作为社区矫正对象提供良好的社会改造环境，最大限度地减少不和谐因素，降低其重新犯罪率，维护社会的稳定。

其实，社区矫正社会工作发展的时间并不长。虽然自我国实施社区矫正工作试点以来，便有高校、社会力量探索社区矫正社会工作的服务模式，但是一直到 2012 年《社区矫正实施办法》颁布，其中明确规定“社会工作者和志愿者在社区矫正机构的组织指导下参与社区矫正工作”之后，社区矫正社会工作才算走上了一条坚实的道路。

2019 年 6 月，《中华人民共和国社区矫正法（草案）》出台，以法律的形式明确“社会工作者、志愿者在社区矫正机构组织下，协助开展社区矫正工作”。2019 年 12 月 28 日，《中华人民共和国社区矫正法》经第十三届全国人民代表大会常务委员会第十五次会议表决通过，于 2020 年 7 月 1 日实施。此法规定“社区矫正机构根据需要，组织具有法律、教育、心理、社会工作等专业知识或者实践经验的社会工作者开展社区矫正相关工作”。作为协助开展社区矫正工作的重要社会力量，社会工作者要清楚明确自己的定位和角色，从社区矫正的各个流程和环节上发挥自己的专业优势，在法律和社区矫正机构规定的范围内帮助社区矫正对象。

第二节　社区矫正社会工作的内容

社区矫正机关主要从监督管理、教育矫正、帮困扶助三大方面着手进行社区矫正，因此，社会工作者也主要围绕这三方面内容提供社区矫正服务。首先社工要熟悉社区矫正对象监督管理制度，明确社区矫正对象监督管理的各项要求，在法律规定的范围内发挥自己的专业优势，结合社区矫正对象的实际情况有针对性地开展教育矫正和帮困扶助工作。

一、对社区矫正对象的监督管理

（一）监督管理的概念

从本质上来讲，社区矫正对象是罪犯，在社区矫正期间也是在执行刑罚，社区矫正即刑罚执行活动。由于社区矫正对象是在非监禁的社区中进行服刑，可能存在各种不确定的风险，因此，必须要对社区矫正对象进行监督管理。这样既能预防社区矫正对象重新犯罪，又可以维护社区安全①。

社区矫正对象监督管理是指专门的国家机关、社会团体、社会工作者以及志愿人士，依据国家相关政策和法律法规，对社区矫正对象进行有组织、有计划的监督、管理、指导和服务等工作。社区矫正对象需要在社区矫正期间遵守司法行政部门关于报告、会客、外出、迁居、保外就医等监督管理规定以及人民法院禁止令，社会工作者作为社会力量的一部分，要协助司法行政机关做好对社区矫正对象的监督管理工作。

（二）监督管理的内容

1. 提前介入阶段

法院在对犯罪人员进行判决前，会委托社区矫正机构对拟适用社区矫正对象进行调查了解，并对其是否适用社区矫正形成评估意见进行上交。在这个阶段，社会工作者可以参与调查小组，走访拟实施社区矫正的罪犯（被告人）的家庭、工作单位（就读学校）、同事（同学）、案件被害人及其家属、社区组织、社区居民等，全方位收集调查材料（包括被告人或者罪犯的社会危险性和对所居住社区的影响等），参与调查小组集体讨论，提出专业性建议和意见，最终协助社区矫正机构形成调查评估意见书。

2. 报到接收阶段

在此阶段社区矫正工作主要包括：①社区矫正决定机关的交付执行；②社区矫正对象的报到及司法行政机关的登记、核查；③社区矫正小组成立；④社区矫正宣告；⑤社区矫正方案的制订；⑥社区矫正档案的建立。②社会工作者作为矫正小组的重要成员，可以从专业角度整理社区矫正对象的现有档案资料，结合社区矫正对象特点向矫正小组提出自己的矫正建议，协助社区矫正机构制订个别化的社区矫正方案，规范社区矫正对象的档案管理工作。

3. 日常监管阶段

首先，在这个阶段，社区矫正对象必须定期通过电话或当面的形式到社区矫正机构报到，并递交思想汇报。社工可以引导社区矫正对象进行刷脸报

① 罗书平．社区矫正工作指南［M］．北京：中国民主法制出版社，2015：41-42.

② 马辉，张文彪．社区矫正实务［M］．北京：中国政法大学出版社，2015：79.

到，接听电话，并进行电话记录。可以认真查看社区矫正对象的思想汇报及电话记录情况并作出分析整理，了解其矫正情况，给出专业建议。另外，社会工作者可以结合“智慧矫正”，利用大数据和人工智能等方法和工具及时掌握社区矫正对象的活动。还可以定期向有关人员和单位了解社区矫正对象的矫正情况，如定期到社区矫正对象的家庭、工作单位、就读学校、居住社区进行走访，听取相关意见和建议，并整理访谈记录，以此为基础协助社区矫正机构适时调整特定社区矫正对象的矫正计划。

其次，社会工作者要配合社区矫正机构完成对适用禁止令人员的监管。社会工作者要积极协助社区矫正机构，根据社区矫正对象禁止令的具体内容，结合矫正对象自身的情况特点，协助司法行政机关制订切实可行的执行方案，明确具体的监督管理措施，并根据执行情况和效果及时调整执行方案。

再次，社会工作者要配合社区矫正机构核查社区矫正对象的外出、居住地变更审批的程序和时限等内容。按照社区矫正相关法律要求，协助社区矫正机构核查社区矫正对象提交的外出、居住地变更的书面证明材料，严格执行迁居、请假、会客制度，保证社区矫正对象的行踪、矫正状态处于可控状态中。

最后，风险评估、分类管理。在矫正期间，社会工作者要对社区矫正对象在社区服刑期间再次犯罪的可能性作出评价。社会工作者可以协助社区矫正机构根据社区矫正对象的自身特点、社会关系、人身危险性、矫正期间的表现等，形成调查报告，给出建议。根据风险程度的不同可将矫正对象划分为高度、中度、低度危险，分别进行严管或普管，监管内容也有所不同，体现在汇报次数、走访次数、思想汇报、活动范围、社区服务内容与时间等方面。如济南市历下区司法局根据社区矫正对象的不同裁判内容和犯罪类型、矫正阶段、再犯罪风险等情况，进行综合评估，划分不同类别，对矫正对象实施分类管理。社区矫正对象自报到之日起至第三个月月底实行严管。从第四个月开始，根据考核结果调整管理类型。考核结果为合格的，实行普管；考核结果为不合格的，实行严管；考核结果为基本合格的，管理类型不变。社区矫正对象被警告或者接受过治安管理处罚的，即时调整为严管。实行严管的社区矫正对象每周书面报告一次，实行普管的社区矫正对象每两周报告一次。

二、对社区矫正对象的教育矫正

对社区矫正对象进行专门的教育矫正是社区矫正工作的核心环节之一。对社区矫正对象进行的教育矫正是指在社区开放的环境下，由相关社会团体、民间组织和志愿团队协助，社区矫正机构实施的一系列旨在转变矫正对象犯罪心理和行为恶习的活动。教育矫正能够促使社区矫正对象安心改造成为守法公民，促进社区矫正对象的再社会化，同时也有利于维护社会稳定。我国对社区矫正对象的教育矫正一般包括思想道德教育、法制教育和心理健康教育。

（一）思想道德教育

思想道德教育主要是要加强社区矫正对象的社会道德修养和个人道德修养，引导其从小事做起，树立正确的世界观、人生观、价值观，培养正确的道德判断能力，坚定理想信念，形成良好的行为习惯。对社区矫正对象的思想道德教育可以从以下几点入手：一是进行爱国主义教育；二是进行家庭美德教育；三是进行热爱劳动、尊重劳动教育；四是进行爱岗敬业的职业道德教育；五是进行社会公德教育。社会工作者可以通过个别教育或集中教育的方式，有针对性地从上述五点出发开展工作帮助社区矫正对象树立积极、正向的思想道德观念。

（二）法制教育

社区矫正对象大部分是由于法治观念淡薄、法律知识匮乏才走上了错误的道路，因此，对社区矫正对象进行法治教育是十分必要的。例如，2006年上海市出台的《关于加强和规范社区矫正教育学习工作的意见》规定，对社区矫正对象进行的法治教育内容有：宪法、刑法、刑事诉讼法、民法等各类法律法规。社会工作者可以链接相关资源，通过举办“法律大讲堂”等普法教育活动，对社区矫正对象进行集中教育，增强其法律意识，帮助社区矫正对象在工作和生活中做到学法、知法、守法、用法，防止其再次犯罪。

（三）心理健康教育

心理健康教育的主要内容包括：①心理学一般常识；②犯罪心理的一般常识和改造犯罪心理的途径方法；③罪犯典型的对抗监管心理的特征（抗拒矫正、逃避监管等）、危害性和调控途径；④罪犯一般消极心理的特征（报复心理、嫉妒心理、逆反心理、猜疑心理、自卑心理等）与防治对策；⑤对不健康心理进行自我调节。

社会工作者可以采用个案工作的方法为社区矫正对象提供直接服务。也可以联系专业人士为社区矫正对象提供心理咨询和辅导，解答社区矫正对象的心理疑问，社工全程参与，细心观察社区矫正对象的态度和表现。一方面积极引导社区矫正对象树立健康的心理，对出现的心理问题进行自我调节，不断提高心理素质；另一方面，形成对社区矫正对象的了解和判断，并把意见反馈到司法所，以便及时调整矫正方案，帮助社区矫正对象更好地融入社会生活。

三、对社区矫正对象的帮困扶助

（一）帮困扶助的概念及意义

帮困扶助是指在社区矫正对象监督管理、教育矫正基础上的社会适应性帮助。我国社区矫正法第三十七条明确规定："社区矫正机构可以协调有关部门和单位，依法对就业困难的社区矫正对象开展职业技能培训、就业指导，帮助社区矫正对象中的在校学生完成学业。"从我国的实际情况来看，各地司法机关都积极在就业、就学、最低生活保障、临时救助、社会保险等方面为社区矫正对象创造条件。

对社区矫正对象的帮困扶助工作直接或间接地影响着矫正对象重新犯罪率的高低，因此，此项工作意义重大。首先，社会工作者为社区矫正对象提供帮助，能够减轻他们的后顾之忧，有利于社区矫正对象认真接受改造，减少重新犯罪的可能，顺利融入社会。其次，社会工作者关心社区矫正对象，了解他们的具体困难和问题，进而通过多渠道、多层次的就业辅助工作，进行社会资源链接，动用社会力量帮助社区矫正对象，对有特殊困难的人员进行社会救济，为他们提供一个良好的社会环境，有利于社区矫正对象更好地适应社会。最后，对社区矫正对象进行思想教育和实际问题的帮助，能够将社会负能量转化为正能量，化消极为积极，调动矫正对象改造的主动性，大大降低其重新犯罪率，在帮助矫正对象远离犯罪的同时，为我国的社会稳定发挥积极作用。

（二）帮困扶助的内容

1. 最低生活保障

在社区矫正工作中，社会工作者不仅要对社区矫正对象进行管理教育，还要帮助他们协调解决生活中的困难。衣食住行是人的基本需求，如果人的基本需求都得不到满足，社区矫正也是空谈。按照规定，经济困难、家庭人均收入低于城镇居民最低生活保障的社区矫正对象，可以向民政机构申请最低生活保障待遇。除此之外，社区矫正对象有时会遇到一些突发状况，如生活变故、身体疾病等，社会工作者可以为他们提供针对性的帮扶，为其申办临时救助或提供医疗救助。这些措施都取得了良好的反响，促进了社区矫正对象顺利回归社会，维护了社会的和谐稳定。

2. 就业培训

社区矫正对象在重新就业中面临诸多问题，如部分社区矫正对象受教育程度低，缺乏劳动技能等。因此，为社区矫正对象提供就业培训尤为重要。第一，帮助社区矫正对象树立正确的就业观。社会工作者要根据社区矫正对象的受教育程度、劳动技能来帮助其选择相应的工作。第二，为社区矫正对象免费提供劳动技能培训。社会工作者要积极联系相关培训机构或学校，为社区矫正对象提供相应的培训课程，使其掌握一定的工作专长和工作能力。第三，举办社区矫正对象专场招聘会。社会工作者要联合相关部门和机构在社区内开办专场招聘会，为社区矫正对象创造就业机会，并为可以吸纳一定比例社区矫正对象的用人单位提供税收优惠的政策咨询服务。第四，帮助已经重新就业的社区矫正对象适应工作。社会工作者要帮助社区矫正对象与工作单位的负责人和同事建立良好的关系，重新搭建社交网络。

3. 社会保险

在我国，随着法制化程度逐步提高，在构建和谐社会的总体要求下，社会保障体系日趋完善。按照我国劳动法规定，社会保险项目有养老保险、失业保险、医疗保险、工伤保险和生育保险。对于社区矫正对象的社会保险内容，社区矫正法第四十三条明确规定："社区矫正对象可以按照国家有关规定申请社会救助、参加社会保险、获得法律援助，社区矫正机构应当给予必要的协助。"社区矫正法出台之前，社区矫正对象的社会保险在一些基层组织的实践中也有所涉及，如广州规定，对曾经参加职工基本养老保险或新型农村养老保险的社区矫正对象，按规定继续参保缴费或领取养老保险金等①。因此，社会工作者可参考这些经验为社区矫正对象进行权益保障方面的政策倡导工作。

---

① 马辉，张文彪．社区矫正实务［M］．北京：中国政法大学出版社，2015：184.

第三节　社区矫正社会工作流程

在了解矫正内容之后，本节主要介绍社区矫正社会工作的流程，包括建立专业关系、矫正资料的收集与分析、社区矫正对象问题的研究与诊断、制订计划与介入、矫正评估与跟进。

一、建立专业关系

与社区矫正对象建立专业关系是开展矫正社会工作的前提和基础。良好的专业关系既是开展矫正工作的基础，也是促进社区矫正对象正向改变的重要因素。专业关系是社会工作者与社区矫正对象建立的一种相互认同和信任的关系，这种认同关系以他们对自身角色的认同为基础。建立专业关系，首先需要了解社会工作者所扮演的角色和社区矫正对象的角色。

（一）社会工作者的角色①

一般来说，社会工作者担任的角色分别如下。

1. 资源整合者

资源整合者即社会工作者作为一支重要的社会力量，把社区矫正对象的需要与社会资源链接起来，满足社区矫正对象的需求，解决其问题，发挥中间人的作用。

2. 使能者

使能者是指社会工作者能够帮助社区矫正对象发现他们的现实能力、潜在能力以及所拥有的资源，并促使这些能力和资源发挥作用，从而增强社区矫正对象的社会功能。

3. 教育者

教育者是指社会工作者通过个别谈话、集中学习、公益劳动、社区服务等方式对社区矫正对象开展思想道德教育、法制教育和心理健康教育等，促使他们在思想和行为上有正向改变。

4. 调停者

调停者是指社会工作者通过个案辅导、小组工作、资源链接等方式解决

---

① 张昱．矫正社会工作［M］．北京：高等教育出版社，2008.

社区矫正对象与其他个人或组织的争议，从而舒缓社区矫正对象与外界的各种矛盾冲突。

5. 倡导者

倡导者是指社会工作者能够了解并识别社区矫正对象的需要和问题、资源的现状和改变资源的方向。不管社区矫正对象面临的问题来自社会结构还是社会政策，社会工作者都需要根据情况制定相应的改善方案，帮助矫正对象解决问题。

（二）社区矫正对象的角色[①]

实际上，社区矫正对象的角色也非单一的“罪犯”，从社会学的角度来看，社区矫正对象的角色可分为以下三类。

1. 现实的角色

现实的角色即人们一般意义上理解的角色，如“社区矫正对象”“犯罪分子”“罪犯”等，它是指社区矫正对象通过自己的活动而获得的角色，这种说法类似于自致角色。

2. 社会赋予的角色

社会总是先赋予各种社会角色以一定的社会地位、权利和义务，人们也由此形成了对这些角色的认知，这种认知在全社会得到普遍认可便成为社会认知。

3. 自我期望的角色

自我期望的角色是指除了现实角色和社会赋予的角色以外，每个社区矫正对象都会在心里形成一个自己期望的角色。他们不认同自己的现实角色和社会赋予的角色，希望通过自己的努力，获得一个新的角色。

（三）专业关系建立过程中社会工作者的工作

专业关系的建立是矫正工作的开始，与社区矫正对象建立良好的专业关系有助于促使社区矫正对象更快地进入矫正过程，专业关系的建立直接影响整个矫正工作的效果，因此，社会工作者要尽可能与社区矫正对象建立良好的专业关系。

1. 明确建立专业关系是一个过程

专业关系不是一次性的关系，社会工作者必须认识到专业关系的建立是

---

① 张昱．矫正社会工作［M］．北京：高等教育出版社，2008.

一个持续的动态的过程。在社区矫正社会工作过程中，社区矫正对象可能会持续不断地出现问题，这时就需要社会工作者及时应对，持续地与社区矫正对象保持专业关系。

2. 了解社区矫正对象的基本情况

由于社区矫正工作刑罚执行的特殊性质，社区矫正对象是由司法行政机关强制决定进入矫正系统的，因此部分社区矫正对象在开始时可能对矫正工作有一定的抵触心理。社会工作者需要对社区矫正对象的基本情况有所了解，以便建立专业关系，进而促使矫正工作的开展。这些情况主要包括：社区矫正对象的犯罪类型、家庭和社会状况等。

3. 初步评估社区矫正对象的问题和需求

社会工作者需要加深对社区矫正对象的了解，通过访谈等形式，初步评估其目前所处的状态、存在的问题和需求，以便寻求方法为之服务。如果缺乏对社区矫正对象的了解，仅凭社会工作者自己的猜测，难以准确找到解决问题的切入点，更有可能会导致社区矫正对象放弃与社会工作者建立专业关系。

4. 促使社区矫正对象进入角色

在与社区矫正对象建立良好的专业关系，并对社区矫正对象的问题和需求进行初步评估后，社会工作者需要和社区矫正对象就双方的角色和任务达成共识，通过面对面的交流，向社区矫正对象明确其在社区矫正期间的义务及责任。

5. 与社区矫正支持系统建立关系

为了更好地开展矫正工作，社会工作者需要与司法行政机关、公安机关、街道办事处、社区居委会、社区矫正对象的家属等建立相应的关系。

二、矫正资料的收集与分析

（一）社区矫正对象资料的收集

在与社区矫正对象建立了专业关系后，为了更准确地把握社区矫正对象的问题和需求，社会工作者需要收集社区矫正对象的资料。

1. 个人基本资料

包括：社区矫正对象的个人简历、生活经历、服刑经历、社会经济地位、周围重要人物、家庭背景、生理心理以及情感状况、相关的社会系统、对现状和问题的主观看法等。

2. 社会环境资料

社会环境是指社区矫正对象生活其中的重要社会系统以及可以得到各种资源支持的社会资源系统。社会系统包括家庭、社区、学校、工作单位等。在了解这些系统时，社会工作者尤其要关注那些与社区矫正对象有重要关系或对社区矫正对象有重要影响的人，因为这些重要人物可能会对矫正效果有关键作用。社会资源系统包括邻里、社区居委会、志愿者、工作单位、社会政策等。社会工作者在收集资料和后续的矫正服务中可以充分利用这些资源。

3. 个人与社会环境交互作用的资料

社区矫正对象个人与社会环境交互作用方面的资料主要包括社区矫正对象与周围环境的关系，尤其是与重要他人的关系，例如配偶、父母、子女、兄弟姐妹等。从交互作用的资料中，社会工作者可以寻求帮助社区矫正对象的有效方法。

（二）矫正资料的分析

社会工作者在收集到关于社区矫正对象的各种资料后，需要对所收集的资料进行分类整理，然后进行相关分析。矫正资料的分析过程分为资料整理、资料分析和总结三个阶段。

1. 资料整理

资料整理是把收集到的资料合理分类整理，使之系统化、规范化、有序化。首先，社会工作者要对已有的资料进行审查和核实，去除虚假、无用的资料，确保资料的准确性和有效性。其次，为了保证资料的真实性，社会工作者要对已有的资料进行复查，以防出现问题，然后再开始资料的分类工作。经过审核和复查，社会工作者已基本保证了资料的真实性和可靠性，但是这些资料仍然是杂乱零散、不系统的，这时，社会工作者要对已有资料进行分门别类的整理。根据以往经验，一般主张社会工作者将矫正资料分为基本资料和背景资料两大类。

2. 资料分析

在将社区矫正对象的各种资料分门别类整理好以后，社会工作者需要对这些资料进行深入分析。其实，初步的资料分析和资料整理是同时进行的，二者既统一又有区别。社会工作者在整理资料的同时，会对资料进行一定的分析，而在分析资料时，也会对资料进行再次整理。只不过在整理资料阶段，社会工作者主要的任务是整理资料。而在分析资料的过程中，主要任务就转变为分析资料。

3. 总结

通过对资料的整理和分析，社会工作者对社区矫正对象已形成了基本认识。此时，社会工作者需要保存这些认识，也需要将这些认识传达给社区矫正对象以及矫正小组的其他成员。因此，社会工作者要将这些认识进行合理总结，把认识系统化、有序化，并形成文字档案，适时地通过小组会议或其他形式传达给相关对象。

三、社区矫正对象问题的研究与诊断

对社区矫正对象面临的问题进行研究是资料收集和分析的结果，也是制订矫正方案的基础。因此，对社区矫正对象问题的研究与诊断在矫正工作中具有承上启下的作用。此时所研究的问题是社区矫正对象之前的犯罪问题，以及社区矫正对象在矫正过程中已经出现或可能出现的问题，如社区矫正对象的社会适应问题、就业问题等。

研究或把握社区矫正对象的问题，需要从一个或多个视角审视分析。社会工作者可以从生理、心理、行为、文化、利益、社会变迁、社会权益和综合视角等不同方面来分析社区矫正对象的问题。此外，不仅要从理论上研究社区矫正对象的问题，而且还要找到问题研究和诊断的方法，只有真正掌握社区矫正对象的问题，才能提出合理的矫正方案。

首先，进行问题分类。把社区矫正对象面临的问题进行分类是问题研究与诊断的先导。问题分类不仅有利于简化社区矫正对象存在的问题体系，而且有利于找到问题根源，从根本上解决社区矫正对象的问题。比如，心理问题、行为问题、认知问题等。

其次，明确问题性质。在明确问题的领域以后，需要明确问题的具体性质是什么。社会工作者可以将问题区分为主要问题和次要问题、根本问题和非根本问题、社区矫正对象问题和社会环境问题、有危害的问题和无危害的问题等。明确问题的性质后，根据问题性质为社区矫正对象制订专属的矫正计划和方案，从而推动社区矫正对象回归社会、融入社会。

最后，量化分析问题。通过量化分析问题，社会工作者可以明确问题的影响及其程度。此时，社会工作者要分析某一具体的问题是否已经对社区矫正对象产生影响；如果产生影响，产生了多大的影响；这些影响是正面的还是负面的；这个问题对其他问题有没有产生影响；如果有，是正面的还是负面的。社会工作者还可以将问题按照影响程度的大小进行排序，进而明确哪些是急需解决的问题，并以此为基础制订矫正方案。

通过上述过程，社会工作者就能基本掌握社区矫正对象的问题。但是，关于社区矫正对象问题的分析与诊断还未结束，社会工作者还需要继续跟进，进行深入的分析，明确每个问题的走向，为社区矫正对象提供持续的矫正帮助。

四、制订计划与介入

（一）社区矫正计划

社区矫正计划，也可称为社区矫正方案。社区矫正机构的工作人员（矫正小组）制订社区矫正计划，在对社区矫正对象被判处的刑罚种类、犯罪情况、悔罪表现、个性特征和生活环境等情况进行综合评估的基础上，制订有针对性的监管、教育和帮助措施，并根据矫正方案的实施效果，适时予以调整。

根据以往的经验，矫正计划可以分为三个部分：目标、关注对象、实施策略。目标是指矫正工作最终希望达到的结果。要实现这一最终目标，一般要把最终目标进行分化，使之成为一个个容易实现的阶段目标。目标包含了社会工作者必须要完成的任务，对矫正工作具有重要作用。明确了目标，就可以明确社会工作者和社区矫正对象一起努力的方向，有利于持续地执行矫正计划，帮助社会工作者合理地选择矫正计划和介入策略，同时为矫正工作的评估提供依据。关注对象指矫正工作要介入的客体对象，主要包括社区矫正对象及与其相关的其他对象。其他对象包括个人、家庭、社区、社会环境等。选择了关注对象后，就要明确实施策略。实施策略是指社会工作者与社区矫正对象各自的角色和任务，以及计划实施的具体步骤、方法和安排等。

（二）社区矫正社会工作介入

社区矫正社会工作介入是指矫正计划制订后，社会工作者与社区矫正对象按照矫正目标和计划付诸实施的过程。一般而言，社区矫正社会工作的介入可以从以下两方面进行。

1. 社区矫正社会工作直接介入

直接介入是指针对社区矫正对象采取直接的服务策略。直接介入包括针对社区矫正对象个人的介入和针对社区矫正对象群体的介入。针对社区矫正对象个人的矫正介入，社会工作者一般采用个案工作的方法，与社区矫正对象面对面交流沟通，运用人与环境互动的理论方法，协助社区矫正对象增强社会功能，促进其适应社会、回归社会。针对矫正对象群体的介入，社会工作者可以采用小组工作的方法，开展具有针对性的成长小组活动，安排集中学习、公益劳动、社区服务等。通过小组成员的支持和帮助，改善社区矫正对象的生活态度、人际关系、生存能力。

2. 社区矫正社会工作间接介入

间接介入是指对社区矫正对象以外的其他系统采取介入行动。间接介入主要包括针对社区矫正对象家庭的介入、针对其所处社区环境的介入、针对其所处社会环境的介入。针对社区矫正对象家庭的介入，社会工作者要注意，每个社区矫正对象的家庭环境各不相同，可能是支持型、沟通失当型、破裂型等，不同的家庭环境，对社区矫正对象的支持和影响也是各不相同的，社会工作者应根据家庭系统和家庭结构等情况，运用家庭治疗的理论方法，科学合理地开展矫正工作。针对社区矫正对象所处社区环境的介入，社会工作者主要是促进社区矫正对象在社区中关系的协调和改善，促进社区矫正对象社会功能的恢复。针对社区矫正对象所处社会环境的介入主要指落实社会福利政策，如社区矫正对象户口安置、劳动手册办理、就业岗位提供、社会保障政策争取、社会补助金发放等。

五、矫正评估与跟进

（一）矫正评估

矫正评估是社会工作者或社区矫正机构依据一定的标准，对矫正过程及绩效进行系统研究的过程，通过这个过程，社会工作者或社区矫正机构要达到评价矫正项目过程及绩效的目的。通过矫正评估可以从整体上把握矫正项目的实施过程，考察矫正项目的实际效果，增强矫正工作的实效性。矫正评估的结果不仅可以用于实施对社区矫正对象的奖励与惩罚，以激励社区矫正对象接受矫正的主动性，而且还可以提高社会工作者的工作能力，提升其服务品质。矫正评估不是为了评估而评估，从矫正项目实施过程和矫正项目实施效果中，都能找到社会工作者未来工作的改进方向，从而促进社区矫正工作的不断发展。

1. 矫正评估的分类

按照不同的标准，矫正评估可以分为不同的类型。

以矫正评估的对象为依据，可以把矫正评估分为对矫正机构的评估、对社会工作者的评估、对矫正对象的评估等。

以矫正评估的主体为依据，可以把矫正评估分为由政府实施的评估、由矫正机构实施的评估、由社会工作者实施的评估等。

以矫正评估的目的为依据，可以把矫正评估分为风险评估、需要评估、能力评估、过程评估、影响评估与质量评估等。

以矫正评估实施的时间为依据，可以把矫正评估分为入矫前评估、矫正初期评估、矫正中期评估和结矫前评估等。

以矫正评估的方法为依据，可以把矫正评估分为现场直接评估、静态工具评估、动态综合评估等。

2. 矫正评估的阶段

矫正评估是一个过程。通常来讲，矫正评估分为以下几个阶段。

（1）矫正评估的准备期。矫正评估前期准备包括：第一，确定矫正评估小组成员；第二，确定评估主体；第三，确定矫正评估资料。

（2）矫正评估方案设计。评估者在正式开展评估工作前，需要设计评估方案，明确评估问题、方法、程序等内容。评估者需要首先确定评估的问题；其次，收集与分析矫正评估资料；最后，设计矫正评估方案。评估方案的内容应该包含评估要解决的问题、解决问题的方法和程序、评估者与各方的关系、评估成果的表现形式。

（3）实施评估方案。当评估方案设计完成后，评估者进入实施评估方案阶段。实施评估方案的过程如下：第一，收集和分析评估资料。第二，制定评估指标体系。评估指标必须反映评估目的和评估对象的实质。第三，实施评估，实地调研。评估者须与有关人员进行访谈及现场勘查，在现场调查取证，了解被评估者的状况，感受社区矫正氛围。第四，评估分析及总结。评估者须对各项资料进行整理、加工、分析、讨论，最后撰写评估报告，并给出相应建议（见本章附录表一）。

（二）矫正跟进

矫正评估工作完成后，就进入结案及跟进阶段。矫正跟进是指社会工作者与社区矫正对象的专业关系结束后，社工必须对社区矫正对象进行一段时间的跟进回访，并对回访期出现的情况进行一定的处理和回应。矫正跟进是矫正工作的必要环节，它能够维持和巩固矫正项目实施后所获得的效果，同时，帮助社区矫正对象得到更合适有效的矫正服务，巩固矫正成果，成为一个被社会接受的人。

根据专业关系结束方式的不同，矫正跟进也有不同的方式。

第一，矫正项目结案后的跟进。这里的跟进是指根据社区矫正对象的某类需求或问题而建立的矫正项目计划实施完成后，社会工作者需要继续跟进社区矫正对象，以此来巩固维持矫正效果，并且根据社区矫正对象的情况对矫正方案作出及时的调整。例如，定期电话回访其家人，不定期地与社区矫正对象进行面对面沟通来巩固矫正效果。

第二，转介后的跟进。这里的跟进是指社区矫正对象从这一矫正机构转介到另一矫正机构，或者从这一社会工作者转介到其他社会工作者进行的跟进服务，包括了解转介之后社区矫正对象是否适应新的社工、新的矫正方案等。

第三，矫正关系结束后的跟进。矫正关系结束后的跟进是指社区矫正对象服刑期满，离开矫正系统进入正常的社会生活后，社会工作者的跟进服务，包括定期到社区矫正对象的家庭、工作单位、就读学校和居住社区了解、核实社区矫正对象的思想动态和现实表现等情况。

第四节　社区矫正社会工作的方法

一、个案工作方法在社区矫正中的运用

（一）个案工作的基本内容

个案工作是社会工作的三大方法之一，与小组工作、社区工作并列为社会工作的三大直接服务方法。个案工作的特点是通过一对一的直接方式为社区矫正对象提供需要的帮助。在矫正社会工作中，个案工作具有以下特点。

第一，个案工作必须回应社区矫正对象的基本需求。在社区矫正中，社

区矫正对象不仅有生活方面的需求，而且还有获得他人尊重的需要。社区矫正对象因为曾经的犯罪经历，容易被别人贴上“罪犯”的标签，受到排斥和歧视。但是大部分的社区矫正对象都希望通过努力改变这一状况，重新获得社会的认可。社会工作者要充分了解社区矫正对象的各方面需求，运用专业方法给予回应、帮助和处理，促进其顺利回归社会。

第二，个案工作作为一种专业服务方法，深受社会工作者的工作取向、价值观的影响。个案工作作为社会工作的基本方法之一，发展出很多治疗模式，如心理治疗模式、认知治疗模式、行为治疗模式、人本治疗模式、社会网络干预模式、增权模式、女性主义社会工作、优势为本社会工作等。社会工作者要清楚自己的工作取向和价值观，这对于个案工作的开展具有重要意义。

第三，个案工作是一种理论与实务技巧的结合。社会工作者需要坚持“人在情境中”的观念，把心理、行为、社会、系统等方面的理论知识，通过具体的实务技巧落实到个案服务中，将理论与实务有机结合起来，充分利用社区矫正对象所处社会环境的各种资源，调动各方力量，争取达到最理想的矫正效果。

第四，个案工作关系是一种特殊的专业关系。在社区矫正过程中，专业关系使社会工作者成为服务者，社区矫正对象成为被服务者，双方角色的权利和义务都有所规定。在整个专业关系中，社区矫正对象必须参与矫正过程，与社会工作者互动，并且这种互动贯穿在矫正过程的预估、计划、介入、评估等各个阶段。只有充分调动社区矫正对象的积极性和参与性，才能最终达到矫正的目标。因此，良好的专业关系是顺利开展矫正工作的保障。

第五，个案工作的改变目标可能包括个人和环境多方面的需求或者问题，因此，个案工作需要社会工作者与其他相关系统相互配合，人与环境的视角已经成为现代个案工作的核心要素。这就要求社会工作者以社区矫正对象为中心，将各种社会工作方法有机整合，解决社区矫正对象自身及与社会环境之间的问题。

个案工作运用在社区矫正中的理论模式主要有心理与社会治疗模式、行为治疗模式、家庭治疗模式等。个案工作在社区矫正工作中的流程主要包括：接案与建立关系、收集资料与问题判断、制订目标和计划、计划实施、结案与评估。在整个的个案工作中，社工要秉持崇高的社会责任，对社区矫正对象做到尊重、同感、真诚、接纳，与社区矫正对象建立良好的专业关系，并为其提供人性化的全程服务。

（二）个案工作在社区矫正中的运用

1. 基本情况①

社区矫正对象的信息：社区矫正对象T，男，30岁，大学文化，未婚，外籍社区矫正对象。2014年因为故意伤害被判处有期徒刑六个月，缓刑一年，在缓刑期间进行社区矫正。

背景资料：T来自英国，是一家英语培训机构的外语教师，T的女朋友小C是酒吧的驻唱歌手。2012年12月11日1时许，被害人李某和朋友在酒吧内喝酒时，上前拉扯该酒吧歌手小C，小C的男友T发现后便走上前挡在二人中间，随后双方发生推搡进而相互殴打。在这一过程中，T用拳头击打李某面部，导致李某面部多处骨折，后经法医鉴定，李某所受损伤为轻伤。双方在调解时，被害人李某向社区矫正对象T索要30余万元的赔偿款遭到T的拒绝，最后社区矫正对象T被判处有期徒刑六个月，缓刑一年。

家庭情况：T与女友小C一起居住，双方关系非常和睦，T的父母、妹妹均在英国，所以在国内没有亲属可以联络和依靠。

社会关系：T租住的小区有不少外国人，这使得T增加了不少归属感。此外，T与原来工作单位的不少朋友保持着联络，同时女友小C也与T的朋友保持着良好的关系。由于T和小C的中文水平一般，因此与社区居委会的工作人员没有任何联系。

2. 介入过程

针对社区矫正对象T的基本情况和犯罪问题，首先，根据T的性格和职业特点，社工几次约见T，与其进行深度沟通，帮助他疏导情绪，并请其家人劝解，大大改善了T对判决结果不满的情绪。其次，社工联系到T的家人、朋友和同事，给他更多的支持和安慰，帮助其建立社会支持网络，增加归属感。另外，在社区服务方面，社工通过联系区司法局的工作人员，征求他们的意见，并在他们的帮助下，决定将T的社区服务定为在社区教老年人学习英语。开展活动之前，社工制订了简单的工作计划，并将其告知T，同时联系社区确定好参加人数和时间。整个活动采取“教与学”的方式，由T负责教，

---

① 王苏．个案工作介入社区矫正对象再社会化的实证研究［D］．济南：山东大学，2016：8.

社工负责翻译和重复朗读，社区中的群众进行学习并与T进行互动。整个活动充分发挥了T的优势与长处，使其找回了自信，社区居民也在这一过程中不仅学到了知识，而且满足了与外国人交流的好奇心，活动气氛轻松活跃，达到了双向参与的目的。针对社区矫正对象T的教育学习问题，社工利用司法所成立的宣讲团到社区进行法律知识宣传的机会，组织其参与听讲，不仅达到了向社区矫正对象普及法律知识的目的，而且能够实现社区矫正对象参与社区活动的目标。最后，由于T是外籍社区矫正对象，且工作签证已经失效，为了帮助他找到一份工作，维持其基本生活，社工联系了矫正科工作人员、司法所工作人员、社区工作人员等，最终帮助其找到了一份家教工作。

3. 矫正成效评估

经过近三个月的个性化矫正，T的状况得到了改善。首先，社工秉承优势视角的介入理念，通过积极的面谈，与T建立了良好的专业关系。其次，社区矫正对象T的文化水平较高，对社区矫正工作有较为深入的理解和认识，能够自觉地服从日常管理，建立了服刑意识。同时，社工发挥社区矫正对象T的语言优势，使其为社区老年人提供外语教学服务，合理利用了社区矫正对象的能力和资源，使社区矫正对象的社区服务真正造福了社区居民。最后，社工在司法机关的帮助下，帮社区矫正对象T介绍了一份工作，保障了T最基本的生活。同时，社工利用办理相关事务的机会提升了T的社会交往能力。

二、小组工作方法在社区矫正中的运用

（一）小组工作的基本内容

小组工作是一种以小组的形式开展服务的工作方式。社会工作者通过团体中成员的相互影响和互动来协助个人增进其社会功能，更有效地处理个人、团体和社区的关系。因此，小组工作对社区矫正对象在群体层面开展治疗工作有一定的成效。

小组工作是社区矫正社会工作的重要方法之一，它可以承担很多不同的功能。通过小组活动，首先可以帮助社区矫正对象实现再社会化，改变其不良的思想、观念和行为，帮助社区矫正对象肯定自己、发展自己，并且提供成员内部互助合作的机会和资源，建立支持网络。其次可以帮助社区矫正对象恢复和改善不和谐的人际关系，重建其社交支持网络，达到组员的改变、成长与发展。最后可以帮助社区矫正对象尽快融入社会生活，减少社区和整

个社会的不稳定因素，有利于整个社会更加和谐。社区矫正中常见的小组类型有：教育小组、成长小组、支持小组和治疗小组。

（二）小组工作在社区矫正中的运用[①]

1. 背景

旭日心航工作室于2007年由华东理工大学社会工作系和上海市新航社区服务总站闵行工作站合作成立，旨在通过理论与实践的结合为闵行区青少年社区矫正对象提供专业、系统的矫正服务。某一个时期，A街道青少年犯罪率呈现上升趋势，并且主要以冲动性团伙暴力犯罪为主，此类青少年往往法律意识淡薄、行事冲动。因此，工作室希望通过举办迎新学习会，在社区矫正期前三个月对青少年社区矫正对象进行集中的法制、社区矫正等内容的学习，增强他们的法律意识和在刑意识，帮助他们顺利度过矫正期，改善他们日后的行为和处世方式。

2. 目标

（1）帮助青少年社区矫正对象加强在刑意识。

（2）对青少年社区矫正对象开展法制教育，使其对自身的行为有所反思。

（3）让青少年社区矫正对象理解社区矫正的真正含义，帮助他们更好地度过矫正期。

3. 组员招募

（1）小组对象：A街道青少年社区矫正对象。

（2）小组人数：8人。

（3）组员招募：宣传招募及街道社工转介。

4. 小组特征

（1）学习性小组。

（2）持续时间：3个月。

（3）规模：8人。

（4）聚会频率：一周至两周一次。

（5）聚会时间：每周四下午4：00—5：00。

---

① 小组活动案例来源于上海市新航社区服务总站闵行工作站旭日心航工作室服务资料。

5. 小组活动大纲（见本章附录表二）

6. 预计会出现的困难及解决方案

（1）组员出现迟到的情况时，要求该组员向其他组员作出解释，并且通过小组契约加以强调。

（2）出现冷场的情况时，积极调动气氛，鼓励组员发言，同时结合指定发言。

（3）对天气过热可能造成的如中暑之类的情况，预先做好防暑降温准备，保证饮料茶水的供应，安排有空调的学习场地。

7. 财务预算（略）

8. 评估方法

（1）评估的范围：对社工的评估、对小组目标和过程的评估、对小组成员的评估。

（2）评估的方法：小组成员反馈（小组过程中的分享、小组结束后的评估调查反馈表）、社工观察。

上述案例展示了教育类学习小组的程序设计内容。在设计理念上，社工认为，加强法制教育、规范日常行为是社区矫正工作的主要内容，同时也是犯罪青少年改过自新、健康成长的内在需要。在这个前提下，社工制定了小组目标，并以社会学习理论作为小组程序设计的理论基础，使小组设计把专业理念、专业理论和矫正目标有机地结合起来。在每节课的安排上，社工结合法制学习内容与社会学习过程，运用视频观看、案例讨论、情境模拟、角色扮演、家庭作业、讨论分析等专业手法，使小组成员逐步经历观察、注意、保持、再现、内化等学习过程，最终较好地实现了小组目标。

三、社区工作方法在社区矫正中的运用

（一）社区工作的基本内容

社区工作是以社区为对象的社会工作介入方法。它通过组织社区居民参与集体活动，厘定社区需求，发挥居民潜能，合力解决社区问题，在居民参与的过程中使其建立对社区的归属感，最终改善社区环境。在社区矫正过程中，社会工作者通过改善社区环境来促进社区关系的调整重塑，进而促进社区矫正对象社会功能的恢复。社区工作与个案、小组工作一样，存在过程性和连续性。其主要过程包括认识社区、建立社区关系、协调改善社区关系等。

每个步骤都相互关联、相互影响。

1. 建立对社区的基本认识

社会工作者开展工作之初，首先要了解和熟悉社区，如社区的历史、自然环境和设施、居民、各类组织和权力关系等，通过收集社区资料，建立对社区的基本认识，为改善社区矫正对象的社区环境而做充分的准备工作。

2. 建立社区关系

在了解了社区的基本概况后，社会工作者就要开始与社区建立紧密的合作关系。首先，通过上门拜访进行正式的自我介绍，在得到社区方面的支持后，与社区确立联系并不断跟进、保持联系。社会工作者要向已经建立联系的社区组织和居民及时传送相关信息，告诉他们矫正工作的进展，鼓励他们参与。

3. 协调改善社区环境

首先，社会工作者可以联动社区资源。例如，寻求志愿者为社区矫正对象进行一对一的服务，链接楼长、居委会工作人员、公安干警等构成帮教网络等。其次，社会工作者还可以与居委会合作为社区矫正对象组织各类活动，帮助社区矫正对象改善社区关系，更好地融入社会。最后，社会工作者可以开展帮困解难工作。通过资源配置，为社区矫正对象建立社会支持网络，帮助社区矫正对象更快地适应社会。

（二）社区工作在社区矫正中的运用

1. 案例背景

J 市某街道经常有几个正在服刑的社区矫正对象结伙在街区闲荡，他们或者出没于网吧，或者聚在小店喝酒嬉闹。最近，这几个社区矫正对象又与其他团伙有所接触并发生了争执，严重影响社区内的治安稳定，社区居民深感不满，并向附近派出所投诉。

2. 介入过程

首先，根据投诉，社工到司法所了解社区矫正对象的基本情况。其次，社工到社区矫正对象家中进行访问。在家访中发现，这些社区矫正对象大多是由于缺少父母管教而走上违法犯罪道路的。而后，社工走访了派出所、司法所、居委会等部门，以及区帮教协会和司法保护劳动基地，与这些组织商议该如何在社区构筑有效的犯罪预防和矫正工作网络。经过走访，社工发现这些组织都有很强的动机，愿意共同努力来改善这些青少年的状况，营造安全和谐的社区环境。随后，社工经过精心策划和多方联系，主持召开了第一次社区安全建设座谈会。出席会议的有家庭代表、派出所负责人、司法所负责人、居委会代表、社区服务中心负责人、帮教协会秘书长、司法保护基地主任等。半个月后，社工又多方联络沟通，接连召开了两次工作研讨会。第三次会议上，大家提出了多个方案，经过反复商讨，认为家庭、学校、社区和社会四个因素在帮助社区矫正对象方面发挥着重要作用，因此在服务方案中需要整合四方力量、形成工作合力，各方很快在社区行动计划、策略、措施等方面达成共识。

社工方面：督促家庭做好对社区矫正对象的关心和支持，增强与社区矫正对象的亲密感，使社区矫正对象有更多的融入感；及时跟进社区矫正对象的情况，提醒其定期去司法所进行报到。

学校方面：对于未成年的社区矫正对象，学校要接纳并定期进行心理关怀，关注其心理健康和行为习惯。

社区方面：要为社区矫正对象营造一个良好的社区环境，为社区矫正对象提供更多的接受度和融入感。

社会方面：社工要链接资源，为社区矫正对象提供就业培训机会，寻求社会相关机构和企业的帮助，为社区矫正对象提供工作机会，解决生存问题。就此，形成了青少年社区矫正对象的社区矫正工作机制。

3. 矫正效果评估

经过一年的多方参与和协商，社区内不稳定因素逐渐减少，居民的投诉减少了，社区矫正对象在街边闲荡吵闹的现象也不见了，社区矫正对象的矫正效果较为明显，他们的社区参与积极性和社区融入程度进一步提升。

社区矫正社会工作需要借助多种专业方法和技巧来实现服务目标。除了以上介绍的个案社会工作方法、小组社会工作方法、社区社会工作方法之外，还有社会工作行政方法，但其在实际中运用的不多，本书暂且不作介绍。

第五节　社区矫正社会工作实务案例分析

一、社区矫正社会工作个案案例

背景资料：社区矫正对象 S，男，31 岁，大学文化，未婚。因为故意伤害被判处有期徒刑 10 年，2014 年在假释期间进行社区矫正。

犯罪过程：2009 年 7 月 9 日，在居民小区内，S 开车时与路边乘凉的妇女贾某发生刮擦，S 下车后与贾某发生争吵，其间被害人贾某对 S 及其母亲进行指责，S 遂责骂贾某，贾某便打了 S 一耳光，当贾某往家走时，S 追上贾某，朝贾某面部猛击两拳，致贾某摔倒在地。2009 年 7 月 14 日，贾某经抢救无效死亡。S 被一审判处有期徒刑 15 年，经过上诉之后被改判为有期徒刑 10 年。

（一）情况分析

1. 个人情况

在被判刑之前，S 在国外读大学，出事的时间是他回国过暑假期间，经过这件事他的学业被中断，而且面临牢狱之灾。2014 年 9 月，S 被假释出狱，进行社区矫正。S 的性格比较开朗，能够进行良好的沟通和交流，但是给人一种自卑的感觉，对司法所工作人员格外客气。同时，S 面临的一个重大问题是重新适应社会。S 在狱中待了 5 年，这 5 年社会发生了很大的变化，假释出狱后这种变化让他感到不适。另外一个问题是 S 需要重新寻找工作，与其他因经济犯罪的假释对象不同，S 年龄较小，未来不可能一直不去工作，所以他必须要学会面对自己的过错或者在应聘的时候为这 5 年的时间作出合理的解释。

2. 家庭情况

S 的父母已经离婚，S 与母亲居住在一起，在出事之后 S 的女朋友并没有离他而去。

3. 社会关系

S 没有提及自己在国内的朋友的情况，社工在做判前社会调查的时候了解到，S 父母的朋友圈很广，能够对 S 重新寻找工作提供一定的帮助。同时，居委会的工作人员表示对 S 也比较了解，出事之前 S 是个挺不错的人。

（二）介入理念：优势视角

不同于传统的问题视角，优势视角下的社区矫正要求社会工作者深入挖掘社区矫正对象的优势和潜能，介入过程以社区矫正对象的优势、资源为核心。社会工作者在对社区矫正对象进行矫正和服务时，需聚焦社区矫正对象的优势和潜能，合理利用其自身的优势、潜能和资源，帮助其得到自我发展。

（三）矫正目标

1. 总目标

通过发掘S的优势及潜能，重建S的认知架构系统，提高其自我认识、自我评价、自我控制和自我调节的能力，使其建立符合社会规范的人际交往与行为模式，形成对自身的明确定位，恢复正常的生活状态。

2. 具体目标

（1）尊重与接纳，建立平等信任的专业合作关系。

（2）发掘社区矫正对象的优势，并通过鼓励等方式强化其优势，以消除自卑心理，恢复自信。

（3）纠正社区矫正对象的偏差行为，使其学会正向的行为。

（4）帮助社区矫正对象与健康的朋辈群体交往，获得家人正向的支持，形成积极向上的社会支持网络。

（四）矫正计划

1. 建立关系并收集材料

社工保持平等尊重的态度，营造温暖安全的氛围，以优势视角为主要介入理念，通过2—3次的面谈沟通，与社区矫正对象建立信任的专业关系，并进一步收集社区矫正对象的相关资料，如社区矫正对象对自身的看法、对未来的打算等，同时发掘社区矫正对象的潜能及优势。

2. 明确工作目标及工作任务

向社区矫正对象陈述本次个案服务的工作目标，以社区矫正对象的优势和潜能为基础，与社区矫正对象一起制订服务方案，确定每个阶段的工作任务。

3. 服务及介入阶段

一是帮助社区矫正对象了解并识别非理性的认知和消极、极端行为，改善和修正不良认知，促进正向行为的养成。二是从社区矫正对象所处的社区环境着手，整合其可用的有效资源，为其建立良好的社会支持网络，增强其归属感。三是结合社区矫正对象自身的优势进行资源链接及能力提升，鼓励社区矫正对象就业，以保障其基本生活需求。

4. 结案及评估

在服务目标基本达到时，与社区矫正对象协商结案时间。另外，使用单一个案研究法对服务效果进行评估。

（五）介入过程

1. 建立信任合作关系，促进沟通与表达

在接触初期，S 表现出对社工的戒备和排斥，对于社工的主动询问，常常以沉默和答非所问来应对，社工感受到 S 强烈的抵触情绪和交流沟通的被动性。因此，社工用真诚友好的态度、温和亲切的眼神、平和诚恳的语气，向 S 传递社工的尊重与友善，让他相信与社工建立这种专业关系是安全、可信赖的。社工通过各种支持性的技巧，减轻 S 的焦虑不安，与 S 建立信任关系。

S 的态度随着社工的表达发生着微妙的变化，社工尝试性地问："可以说说当时事情的经过吗？"

S："哎，冲动是魔鬼，2009 年的一天，我开车在路上，与贾某发生刮擦，然后吵起来了，后来动了手，情绪失控，一时失手，是我的错。"

社工："人都会犯错的，你也为自己的错误付出了代价，这个事情也已经过去了，我们需要向前看。"

S："可是我是有前科的人，社会还会接受我吗？"

社工："会的，人无完人，知错能改就好，现在的社会是有很高宽容度的，更何况，你的妈妈和女朋友也都是需要你的啊。"

2. 剖析问题根源，发掘优势

第一次面谈后，社工发现，S 对自己有前科这件事情耿耿于怀。于是针对 S 的自卑心理，社工采用叙事治疗的方式，在每月的谈话中除了了解现状外，主要引导 S 讲述案件发生前的学习、生活经历，找到其中的闪光点。如"S 曾在高中期间获得过英语比赛的一等奖""S 曾在大学期间多次获得奖学金""S 的女朋友一直对他不离不弃"等。通过强化这些闪光点逐渐帮助 S 找回自信，使其明白一次错误并不代表着对自己的全盘否定，自己也还是有很强的学习能力，家人的陪伴更是一笔宝贵的财富。经过几次谈话，S 由最开始的闭口不谈到逐渐接纳自己的错误，S 开始从客观理性的角度去审视自己，接受自己的优缺点，改变了"低人一等"的消极认知，形成了正向客观的评价系统，学会了以积极的心态看待现实中的挫折和困难，并尝试着规划未来。

另外，S 还存在情绪异常、本能冲动等不良情况。对此，社工针对 S 的行为偏差，采用情绪调整记录表、角色扮演等方法，慢慢提高 S 的自我管理能力，帮助其定期进行心理疏导和情绪释放，让其学会感恩回报，不断地促使其自我觉察和自我改变。

3. 搭建支持网络，加快融入社会

经过前几次的面谈，S对社工已经从疑虑排斥转为信任需要，逐渐把社工当作倾诉的对象。为了巩固矫正效果，社工从社区矫正对象的家人、朋友、社区等方面的资源着手，巩固其社会支持网络，加强其社会融合程度，避免S再次犯罪。社工先是与S的妈妈、女友，居委会工作人员、司法所负责S的工作人员一一进行面谈，从各个方面了解S的现状，然后组织他们与S进行面对面的小组沟通，让S直面自己，感恩家人和身边的朋友，重新适应社会，增强归属感和社会融入度。

4. 链接资源，提供基本生活保障

S在监狱服刑5年，出狱后要重新适应社会，因此，社工链接资源，帮助S熟悉现在的社会。另外，通过社区、司法所、人力资源与社会保障局等途径，为S提供就业指导培训机会，帮助其重新学习更多就业的技能；与就业网站和企业进行联系，争取为S提供适合的工作，保障其基本的生存需要。

（六）思考与建议

本案例的社区矫正对象S有国外留学经验，而且文化程度较高，对自己因年轻气盛犯下的错误表现出较为诚恳的悔罪态度，因此对社工的谈话和引导比较配合。同时S作为比较年轻的假释对象，必然会表现出不同于缓刑对象、职务犯罪对象等的独特特征，适合作为个案来研究。本案例的社区矫正对象S主要是由于情绪冲动而犯罪，服刑后又出现自卑心理，社工应该以优势视角为指导，鼓励和引导社区矫正对象全面地认识自己，正视自己的优势和不足，以积极的心态面对现实生活，提升其自我认同感，增强其信心。

二、社区矫正社会工作小组案例

（一）案例基本情况

社区矫正对象张某，男，35岁，初中文化。案发前是济南某出租车公司的驾驶员。2010年9月，张某驾驶出租车左转弯时，未按规定让反方向直行的一辆公交车先行，致使两车相撞，张某车内的一名乘客创伤性休克死亡。后两车又分别冲上非机动车道，导致两名路人死亡，事故还造成多名乘客轻伤。2011年7月，张某因交通肇事罪被判处有期徒刑三年，缓刑三年。被判处缓刑后张某一直失业在家。

社工在了解张某的处境后，基于对张某的基本认识，并经过与张某的沟通和讨论，设定了以下任务希望张某完成：第一，找一份临时工作暂缓目前的经济困难；第二，参加学习培训，掌握一技之长；第三，多走出家门接触社会，了解社会，多与人交流、沟通，调整心态，提高自身素质。在社工打算为张某制订一份矫正计划时，社区居委会主任主动和社工谈及该社区还有几名社区矫正对象，其中也有因交通肇事罪而进行社区矫正的人员，社工在仔细分析研究该社区所有矫正对象的案情后，决定开办小组共同帮助他们。

（二）介入过程

1. 社区矫正对象

表 4-1　社区矫正对象名单

对象	性别	年龄	罪名	行刑方式与期限	备注
A	男	35	交通肇事罪	有期徒刑三年，缓刑三年	正在找工作
B	男	56	交通肇事罪	有期徒刑六个月，缓刑一年	无工作
C	男	48	受贿罪	有期徒刑两年，缓刑两年	被原单位开除，现在在一家小型公司工作
D	女	32	交通肇事罪	有期徒刑六个月，缓刑一年	有工作（离异，和儿子一起生活）
E	男	26	诈骗罪	有期徒刑三年，缓刑三年	原为外卖小哥，现在无工作

2. 活动地点

社区活动中心。

3. 活动理念

标签理论认为每个人都有“初级越轨”行为，但只有被贴上“标签”的初级越轨者才有可能走上“越轨生涯”。一个人被贴上“标签”与周围环境中的社会成员对他及其行为的定义密切相关。因此，社会工作者要通过重新标定“越轨者”的过程来使他们恢复“正常人”的身份。在社区矫正中，社区矫正对象一般会被贴上“罪犯”的标签，这种情况下，社工要采取措施防止社区矫正对象产生心理阴影，通过行为矫正和心理教育对其进行再社会化，帮助其顺利回归社会。

4. 活动目标

协助社区矫正对象妥善处理矫正与日常生活的关系；协助社区矫正对象建立与工作人员的良好关系；增强社区矫正对象回归社会的信心。

5. 活动性质

教育小组。

6. 活动日期表

表 4-2　活动日期表

节数	日期	主题	目标
第一节	9月3日	有缘相聚	介绍社会工作，使组员对社工有进一步的认识；介绍社区矫正，使组员明确自己的权利和义务；提高组员的在刑意识，明确司法奖惩，订立小组契约；破冰，相互熟悉
第二节	9月10日	你是我的耳	组员间自我揭露，使其关系更熟悉和融洽，深刻明白遵守法律的重要性
第三节	9月17日	案例分析一	通过社工讲案例，引导组员思索与讨论，形成互动，表露自己的行为和思维模式
第四节	9月24日	案例分析二	通过对案例的深入讨论和分享，使组员能够结合案例反思自身，从而约束自己的言行，提升自身的法律意识
第五节	9月30日	法律学习	通过视频短片的观看和相关法律文献的阅读分享，增强组员的法律意识，促使组员对自己的行为做到三思而后行，预防再次犯罪
第六节	10月6日	砥砺前行	通过回顾之前的活动，组员之间相互鼓励和支持，社工引导其积极地面对生活

7. 小组活动（砥砺前行）示例表

表 4-3　活动示例表

序号	时间	内容	介入技巧和感受
1	2：30—2：35	说明本节活动内容	以介绍为主
2	2：36—2：40	组员表达感受	以倾听为主
3	2：41—2：50	组员用简单的语言和图画来表达自己接受矫正前后的一些感受。以消除紧张情绪，适当放松，同时也能达到情绪宣泄的效果	社工对组员的表达只作提问，以达到共同理解的目的，同时这也是倾听的表示
4	2：51—3：45	组员对案例进行讨论并分享，目的在于让组员表达自我的真实感受，让他们在讨论中认识到哪些做法可以借鉴	社工给予鼓励、引导，不作对错判断，更多的是让组员积极思考、发言，使他们将自己的想法和做法与别人对比，从而形成积极的做法和观点
5	3：46—4：00	每名组员对右手边的组员说一句鼓励的话语	通过鼓励，激发组员的信心，达到互动的目的
6	4：01—4：10	社工总结，处理好离别情绪	注重组员的情绪释放和表达

8. 小组活动评估

小组活动的主题是帮助社区矫正对象在日常生活中当工作时间与接受矫正的时间有冲突时，如何去协调、把握，做到既不影响社区安排的学习，又能安排好工作，不影响正常的生活。小组活动评估的内容包括：在整个活动过程中，社工是否做到注意社区矫正对象的切身感受和情绪表达。社工是否做到时刻关注社区矫正对象在活动中的表现，关注每个组员的参与度、角色扮演、小组结构和关系。社工是否做到以倾听为主，将组员带入活动的气氛，并评估每个组员的互动。最后，社工还要对自己的表现进行合理的评估。

（三）思考与建议

本案例社工主要以心理情绪和法律知识的学习为重点进行小组活动，帮助社区矫正对象进行合理的情绪宣泄，提供相互支持。以标签理论和再社会化理论为支撑，通过 6 次的小组活动，社区矫正对象能够相互认识、共同倾听、一起成长，既增加了社区矫正对象的在刑意识，也使他们认识到自己的问题，解决了社区矫正对象存在的一些困惑，促进他们顺利回归社会。另外，社工可以从社会资源方面入手，为有需要的社区矫正对象提供就业技能的培训和学习机会，帮助他们解决生存问题。只有真正参加工作，重新融入社会，社区矫正对象才能摆脱过去，重新开始。

本章小结

社区矫正是指将符合法定条件的罪犯置于社区内，由专门的国家机关在相关社会团体和民间组织以及社会志愿者的协助下，在判决、裁定或决定确定的期限内，通过思想改造和劳动改造，使罪犯消除犯罪心理结构，修正行为模式，并促进其回归社会的一种非监禁刑罚执行活动。

社区矫正社会工作是指专业人员或志愿人士，在专业价值观的指引下，在社区矫正机构的组织下，运用社会工作的理论、知识、方法和技术，在社区矫正对象服刑期间，为其及其家人提供心理辅导、行为治疗、信息咨询、就业培训、生活照顾以及社会环境改善等服务，使社区矫正对象消除犯罪心理，修正思想行为模式，从而适应社会生活的一种社会服务。

社区矫正对象监督管理是指专门的国家机关、社会团体、社会工作者以及志愿人士，依据国家相关政策和法律法规，对社区矫正对象进行有组织、有计划的监督、管理、指导和服务等工作。

教育矫正是指在社区开放的环境下，由相关社会团体、民间组织和志愿团队协助，社区矫正机构实施的一系列旨在转变社区矫正对象犯罪心理和行为恶习的活动。

帮扶助困是指在社区矫正对象监督管理、教育矫正基础上的社会适应性帮助。

社区服务是介于监禁和缓刑之间的一种非监禁措施。社区矫正对象通过为社区提供无偿或低偿的服务性劳动，作为自己的犯罪行为对社区侵害的补偿。

社区矫正计划也可称为社区矫正方案。社区矫正机构矫正小组（司法所工作人员、社会工作者、志愿者）制订社区矫正计划，在对社区矫正对象被判处的刑罚种类、犯罪情况、悔罪表现、个性特征和生活环境等情况进行综合评估的基础上，制订有针对性的监管、教育和帮助措施，并根据矫正计划的实施效果，适时予以调整。

思考题：

1. 社会发展与刑罚执行方式变化之间有什么关系？
2. 我国的社会力量是如何参与社区矫正工作的？
3. 现如今，我国社区矫正社会工作遇到了怎样的困境？
4. 了解大数据和人工智能在我国社区矫正中的具体应用。

附　录

表一　社区矫正对象矫正效果评估量表①

被评估人姓名：	性别：
年龄：	所属社区：
矫正类别：	矫正起止日期：
评估得分：	矫正效果得分：
阶段效果得分：	

类指标	二级指标	三级指标	分值	得分
个体风险（15分）	风险等级	低风险度	15	
		一般风险度	10	
		高风险度	5	
刑罚执行情况（10分）	刑法以及相关法律法规对缓刑、假释、监外执行、剥夺政治权利的规定的遵守（实际执行情况）	严格遵守法律法规相关规定，刑罚执行情况良好	10	
		偶有违反相关规定，经教育能改正	5	
		多次违反相关规定或违反后经教育拒不改正	0	
矫正期间表现（24分）	对社区矫正的认识和接受程度	认识正确，较易接受	2	
		认识模糊，有一定抵触	1	
		缺乏认识，拒绝接受	0	
	服从日常管理及遵纪守法	服从管理，严格遵纪守法	4	
		基本服从，偶有违纪经教育能改正	2	
		不服从管理或有严重违纪、违法情况	0	

① 姜祖桢．社区矫正理论与实务［M］．北京：法律出版社，2012：370-373.

续表

类指标	二级指标	三级指标	分值	得分
矫正期间表现（24 分）	接受个别教育、集中教育	按要求接受，态度认真	4	
		应付参加或有 2 次以下缺席，经教育能改正	2	
		不接受教育或基本未完成教育计划	0	
	遵守请销假制度	严格遵守	4	
		违反 1 次经教育能改正	2	
		违反 1 次以上	0	
	完成公益劳动	正常完成，态度认真	4	
		应付，基本完成或不按规定参加	2	
		未完成公益劳动	0	
	思想汇报及沟通	按规定认真完成，善于接受规劝	2	
		应付完成或很晚接受规劝	1	
		基本未完成	0	
	参加就业技能培训	积极参加或无须参加培训	4	
		被动参加且未完成培训计划	2	
		不愿参加培训	0	
矫正期间奖惩情况（15 分）	日常行为奖惩	被评为社区矫正积极分子	10	
		获得日常行为记功	8	
		获得日常行为表扬	5	
		未获得任何日常行为奖励或处罚	0	
		被处以日常行为警告	−5	
		被处以日常行为记过	−10	
	司法奖励	获得减刑	5	
		未获得司法奖励	0	

续表

类指标	二级指标		三级指标	分值	得分
矫正阶段反应（24分）	思想法制教育效果	罪错认知和法律意识	认罪悔罪态度诚恳，具有一定法律意识	3	
			罪错认知、法律意识较为模糊	2	
			不认罪悔罪、法律意识淡薄	0	
		对被害人和社会的反应	愧疚，愿意主动进行补偿	3	
			一般，可以被动进行补偿	2	
			无视，坚决不愿进行补偿	0	
		人生态度	积极乐观	2	
			消极气馁	1	
			自暴自弃	0	
	人际关系改善效果	婚姻家庭关系	和睦稳定	2	
			轻微冲突	1	
			重大冲突、纠纷或无亲属	0	
		交友状况	社交健康正常	2	
			比较孤立，无朋友	1	
			与不良人员有交往	0	
		社区邻里关系	和睦、友善	2	
			较为淡漠	1	
			紧张、存在冲突	0	
	生活状况改善效果	经济来源	正常就业收入	2	
			低保救助或家庭资助	1	
			无稳定经济来源	0	
		住房条件	有独立居所	3	
			有居住地，但不独立	2	
			居无定所	1	
		就业能力	较强，竞争上岗或自主创业	3	
			一般，推荐上岗或过渡性安置	2	
			弱，无法就业	0	
	心理矫正	心理健康状况	正常	2	
			存在较轻程度心理问题，接受心理辅导	1	
			确认存在心理障碍	0	

续表

类指标	二级指标	三级指标	分值	得分
外界综合评价（12分）	有悔改表现，认真接受矫正，能适应正常社会生活	是12分	考评组意见（权重75%）	
		不能确定6分		
		否0分	家庭意见（权重25%）	
评估小组成员：＿＿＿＿＿评估日期：＿＿＿＿＿				

表二　青少年社区矫正对象小组活动大纲

节数	日期	名称	目标
第一节	7月19日	角色澄清	1. 介绍社会工作，使组员能够对社工有进一步的认识 2. 介绍旭日心航工作室及其工作范围 3. 组员相互认识，介绍小组，使组员了解小组活动的目的 4. 使组员明确自身的在刑意识，明确司法奖惩与小组参与情况的关系，订立小组契约 5. 与组员确定家庭探访时间安排 6. 介绍详细情况汇报的内容及其规范要求
第二节	8月2日	刑法学习（一）	通过刑法学习及相关案例分析，增强青少年社区矫正对象的法律意识。程序：观看视频、描述犯罪行为、分析犯罪原因、提出矫正重点
第三节	8月9日	刑法学习（二）	通过刑法学习及相关案例分析，增强青少年社区矫正对象的法律意识。程序：角色扮演、情境模拟，布置回家作业：如何看待自己的犯罪行为
第四节	8月16日	刑法学习（三）	通过刑法学习及相关案例分析，增强青少年社区矫正对象法律意识。程序：角色扮演、情境模拟，布置回家作业：当时光倒流，犯罪情境出现时，我可以怎么做
第五节	8月23日	刑法学习（四）	通过刑法学习及相关案例分析，增强青少年社区矫正对象的法律意识。程序：总结前三节小组活动的学习收获，并制订遵法守则，以及日常行为规范。阶段学习效果评估及奖励

续表

节数	日期	名称	目标
第六节	8 月 30 日	社区矫正制度学习	通过学习社区矫正法和社区矫正制度，让青少年社区矫正对象明确自身所处境况，从而顺利地度过矫正期
第七节	9 月 13 日	新型毒品预防	通过案例、相关资料展示，使青少年社区矫正对象了解毒品的危害性，从而做到远离毒品、珍爱生命
第八节	9 月 27 日	犯罪与成本	通过案例分析，帮助青少年社区矫正对象了解犯罪所要付出的代价，从而促使青少年社区矫正对象对自己的行为做到三思而后行，预防再次犯罪。程序：案例讨论、成本分析、方案制订

第五章　监狱社会工作

监狱是国家的刑罚执行机关。依照刑法和刑事诉讼法的规定，被判处死刑缓期二年执行、无期徒刑、有期徒刑的罪犯，在监狱内执行刑罚。监狱兼有惩罚、隔绝、威慑的功能，会在罪犯心理上产生威慑作用，这种威慑作用可能导致服刑人员对监狱环境的抗拒。再加上监狱环境造成的服刑人员与社会和他人的隔绝状况，以及各种罪犯混杂居住存在的交叉感染的危险等因素。在服刑人员中开展社会工作的主要目标是在不影响监狱正常工作开展的情况下，消除或减弱服刑人员思想上和行为上的负面因素，加强其与社会的沟通，帮助其恢复、重建社会功能。

第一节　监狱社会工作概述

一、国内外监狱社会工作的发展

（一）国外监狱社会工作的发展路程

1. 监狱社会工作的形成阶段

社会工作介入监狱相关领域最早可以追溯到1841年，美国马萨诸塞州波士顿市的鞋匠约翰·奥古斯特斯在探望和参加法庭审判的基础上，恳请法官对受审人员进行暂缓处分，并将罪犯保释后进行感化教育，最终在18年内，成功保释了2000多名违法犯罪人员。随后，1879年美国马萨诸塞州率先通过法案，授权专职社会工作者参与法院刑事审判的辅助工作，调查犯罪嫌疑人的背景并提出其是否适用缓刑的建议①。19世纪后期，以社会工作领域的第一个专业协会——美国慈善和矫治大会的成立（1879年）为标志，大量社会服务已经涉及对监狱罪犯的感化和干预工作②。1921年创立的美国社会工作者协会中的“司法矫正治疗社工”更是被界定为专门为违法犯罪人员提供社工服务的专家。综上，19世纪末20世纪初，专业监狱社会工作初步形成并渐渐走向专业化，开始得到人们的认可。

2. 监狱社会工作的发展阶段

1929年，世界经济危机给司法社会工作带来重创，以美国为例，在1926年形成的175个主要城市的治安社工（警察社工）几乎在经济危机时期被全部取消③。随后，罗斯福新政进行了一系列的社会改革，使得社会工作再次活跃在公共生活和政府工作的各个领域。在这一时期，监狱社会工作的个案方法、小组方法也逐步得到了发展和改善，监狱社工开始以矫治干预服务专家的角色，运用专业知识和技能对那些受到精神困扰的监狱犯罪人员开展个案工作。1950年，在美国的新泽西开展的监狱小组社会工作也取得了较大的进展。美国Highfields开展了一个针对青少年罪犯住宿矫正的项目，每个小组15—20人，这些青少年犯罪人员在小组内接受引导性的相互小组工作——社工白天对他们进行社区工作安置，晚上组织同辈领导的小组对抗活动。这一项目成功地降低了被释放一年内青少年罪犯的再犯罪率。麦克·科克尔（McCorkle）等人指出，实验组的再犯罪率仅为18%，低于控制组再犯罪率33%高达15个百分点④。这一监狱社工活动的成功经验被迅速地复制到了美国各地。这一时期，监狱社会工作的个案方法以及小组工作迅速得到了社会的认可。

随着监狱社会工作实践经验的发展，监狱社会工作也逐渐引起了社会工作教育委员会的注意，以美国为首的欧美国家的许多学校纷纷开设了矫治社

① 熊贵彬．兴起、衰退和呼唤：美国司法社会工作百年发展历程的回顾［J］．社会福利（理论版），2015（8）．

② Tina Maschi，Mary Lou Killian. The Evolution of Forensic Social Work in the Vmited States：Imphcations for 21st Centuny Practice［J］. Journal of Forensic Solial Work. 2011（1）.

③ Albert R. Roberts，David W. Springer. Social Work in Juvenile and Criminal Justice Settings［M］. 2nd ed. Springfield，IL：Charles C Thomas Publisher，1997.

④ Lloyd w. McCorkle，Albert Elias，F. lovell Bixby. The Highfields Story：An Experimental Treatment Project for Youthful offenders［M］. New York：Holt Rineheart&Winston，1958.

会工作的课程，其中也包括监狱矫正部分。以美国为例，米尔顿·雷克托（Milton Rector）社工是美国违法犯罪委员会的执行董事，他在主导了一项全国缓刑工作后提议，所有督导和缓刑干警都必须具备社会工作硕士学历（MSW）以及两年以上的个案社会工作经历①。

3. 监狱社会工作的停滞阶段

从 20 世纪 70 年代开始，监狱社会工作迎来了长达 20 年的停滞时期。资本主义世界经济危机的到来使得新自由主义得到了迅猛发展，减少政府干预、强调个人责任之风盛行。1974 年，罗伯特·梅廷森（Robert Martinson）在其著名报告 *What Works?*② 中对矫正社会工作提出了质疑，他指出矫正项目并没有带来积极的效果，即没有充分的证据能证明矫正项目的积极效果。虽然这一结论立即受到了猛烈抨击，但是也导致了人们对整个司法社会工作的质疑，监狱社会工作也因此走入低迷。

20 世纪 80 年代，随着政府的调控，世界经济开始复苏，但是监狱社工却并没有随之复苏。这一时期各地政府对罪犯采取“强硬”措施，希望通过严厉性、强制性的量刑给予犯罪活动以沉重的打击。这一观念直接导致针对犯罪人员的矫正项目经费的大幅下降，各个地区都将精力侧重于惩罚罪犯，而不是矫正恢复。因此矫正领域的社会工作者数量骤减，特别是在监狱社会工作领域，在这种侧重惩治犯罪人员的风气下，监狱社会工作对犯罪人员进行恢复矫正的观念受到沉重打击，监狱社会工作者纷纷从以监狱为本的康复领域转向以社区为基础的证人和受害者支持项目，监狱社会工作在这一时期处于被社会主流价值观边缘化的一种状态③。

4. 监狱社会工作的复苏与发展阶段

20 世纪 90 年代，在严厉惩治之风盛行了短短几年之后，许多学者在实践中发现，这种惩罚导向的风气在震慑和降低犯罪率方面并没有起到什么效果。

---

① Albert R. Roberts, David W. Springer. Social Work in Juvenile and Criminal Justice Settings［M］. 2nd ed. Springfield, IL: Chavles C Thomas Publtshev, 1997.

② Robert Mavtinson. What Works? —Questions and Answers about Prison Reform［J］. The Public Interest, 1974（35）.

③ Robert L. Barker, Douglas M. Branson. Forensic Social Work: Legal Aspects of Professional Practice［M］. 2nd ed. Binghamton, NY: Haworth Press, 2003.

以美国为例，在严惩之风盛行的几年里，青少年罪犯的再犯罪率高达40%①，这一数据远远高于McCorkle等人运用监狱小组工作后青少年罪犯18%的再犯罪率。而且这一段时间美国的犯罪人员急剧增多，成为世界上监狱人口最多的国家。严惩之风盛行时期用“青少年训练营”和“严厉的爱”代替了原有的监狱社会工作的方法，不仅没有成功降低犯罪人员的再犯罪率，甚至还出现了青少年死于狱中的悲剧。因此许多学者发现依靠延长监禁时间，加强对犯罪人员的惩罚的措施是一个失败的尝试。正因如此，在20世纪90年代，越来越多的学者呼吁让监狱社会工作再次发挥其独有的柔性管理作用②。在学术界的呼吁和努力下，监狱社会工作再次进入了发展的黄金时期，承担了监狱警察没有时间也无法做的大量工作，对社会和谐稳定起到了重要作用。

（二）我国监狱社会工作发展现状

由于监狱系统自身的完备性和封闭性，监狱社会工作在我国未全面展开，目前仍处在试点尝试阶段。近年来，我国的监狱一直强调将对罪犯的教育转化和再社会化作为主要职能，监狱本身的矫治职能体系日趋完善，特别是硬件设施（如心理健康辅导中心、活动室等）建设达到了很高的水准。依托监狱内部的硬件设施，监狱利用社会资源开展罪犯教育改造工作取得了长足的进步。2018年，全国监狱系统社会帮教志愿者人数为94712人，监狱系统累计与社会志愿者和各有关单位、社会团体签订帮教协议509634份，全年接受社会帮助罪犯965197人次。但是，监狱矫治职能目前主要靠监狱警察实现，部分监狱也尝试在矫治体系中引入专业力量，如许多监狱里都设有心理矫正岗位，招聘专业的心理辅导（咨询）师，为服刑人员提供有针对性的辅导，也有少量监狱在监狱工作中尝试引入专业社会工作服务。但不论是在学术界还是在实践中，我国监狱社会工作实务的力量依然十分薄弱，监狱社会工作的发展任重而道远。令人可喜的是，监狱社会工作这一专业领域虽然在学术界并没有较深入的研究，但是已经被专家学者多次提及。如高巍在《社会工作在司法行政工作中大有可为》一文中，就对监狱社会工作进行了介绍，指

① Tina Maschi，Mary Lou Killian. The Evolution of Forensic Social Work in the United States：Implications for 21st Century Practice［J］. Journal of Forensic Social Work，2011（1）.

② Diane S. Young，Sara Wyckoff LoMonaco. Incorporating Content on Offenders and Corrections into Social Work Curricula［J］. Journal of Social Work Education，2001（3）.

出其调动罪犯潜能向积极方向转化的功能；罗大文在《司法社会工作推进综述》一文中，指出监狱社会工作是司法社会工作的一个领域；何明升在《司法社会工作概论》一书中更是对监狱社会工作的概念、意义和工作方法进行了较为详细的阐述。

二、监狱社会工作的概念

何明升认为，监狱矫正是以国家强制力为保障的刑罚活动，是根据权力机关作出的发生法律效力的判决、裁定或决定，依据法定程序，将确定的刑罚付诸实施的刑事司法活动，它以将罪犯教育改造成为遵守法律的公民，预防减少犯罪，维护社会稳定为最终目的。监狱矫正具有惩罚和治疗的双重功能。监狱社会工作，顾名思义，就是针对在监狱等拘禁场所中的涉法人群，所进行的辅助性社会矫正工作。监狱社会工作者为受刑人提供的服务，主要是调动罪犯自身的潜能以及（利用）社会资源，引导罪犯向积极方向转化，以达到改过自新，回归社会的目的①。

李晓凤在其主编的《社会工作——原理·方法·实务》一书中，曾明确将监禁场所中的社会工作介入对象定位为服刑犯人②。而在司法判决前，社会工作的服务对象主要为犯罪嫌疑人及犯罪嫌疑人的亲友两部分。就服刑人员而言，矫正对象具有其特殊的需求，主要表现为基本生存条件的需求、接受教育的需求、就业技能训练的需求、再社会化的需求等几个方面。另外，监狱社会工作在避免警犯冲突、构建良好矫正关系上具有独特优势。

新时期，我国监狱对服刑人员采取“三个像”（像父母对待儿女、像老师对待学生、像医生对待病人）与“六个字”（教育、感化、挽救）的原则及方法。通过狱政管理、劳动改造及教育改造开展监狱改造。我国港台地区的监狱矫正工作借鉴了英国的感化制度，社会工作者承担起“感化官”的角色，为不同年龄段的犯人提供辅导和支持。

我国台湾学者黄永顺、邱明伟③在将监狱社会工作的服务对象与司法社会

① Diane S. Young, Sara Wyckoff LoMonaco. Incorporating Content on Offenders and Corrections into Social Work Curricula［J］. Journal of Social Work Education, 2001（3）.

② 李晓凤. 社会工作——原理·方法·实务［M］. 武汉：武汉大学出版社，2008.

③ 黄永顺，邱明伟. 监狱社会工作角色定位与模式建构之刍议［J］. 社区发展，2006（3）.

工作的服务对象作对比的基础上指出，监狱社会工作的服务对象仅仅局限于监狱以及戒治所等机构性场所的收容人员，监狱由于其封闭性和对人身自由的限制，形成了独特的监狱次文化和价值观，在封闭环境下实施的社会工作虽然也具有帮助犯罪人员向善的作用，但是监狱社会工作与其他社会工作在技术和模式方面还是有很大的区别。

上述定义，大都侧重于从工作展开的场所、主要服务对象、服务目的、使用的技术和方法等方面界定监狱社会工作，因此，综合以上观点，监狱社会工作可以定义为：

监狱社会工作是司法社会工作的重要组成部分，是社会工作者遵循社会工作专业的价值理念，灵活运用社会工作相关的专业知识和技术方法，为在监狱等拘禁场所服刑的服刑人员提供心理支持、资源整合和适应性训练等方面的服务，从而使服刑人员能够正确认识自我、顺利度过服刑期、成功进行再社会化的专业服务领域。在这些常规工作之外，监狱社会工作还包括帮助服刑人员应对突发事件，如遭遇家庭变故等突发情况、发生疫情等重大公共卫生事件时，监狱社工要做好心理疏导、情绪支持、资源链接等专业服务，建立社会工作参与重大公共危机事件的机制。

综合上述关于监狱社会工作的定义来看，监狱社会工作的内涵至少包括三点：

第一，监狱社会工作的服务对象。现阶段学者们对监狱社会工作服务对象的界定并没有形成统一的结果。有的学者将监狱社会工作服务对象仅仅界定为在监狱中服刑的罪犯，而有的学者对监狱社会工作服务对象的界定还包括了在监狱中服刑的罪犯的亲友、监狱中的警察、受害人及其家属等。基于上述观点，本书将监狱社会工作的服务对象划分成广义和狭义两种。广义的监狱社会工作服务对象涵盖所有与监狱工作相关的主体，包括服刑人员和工作人员，而狭义的监狱社会工作服务对象仅限于在监狱中服刑的罪犯，本书中所提及的监狱社会工作是狭义的监狱社会工作。

第二，监狱社会工作的目标。一方面是运用社会工作的专业知识和价值理念，最大限度地帮助服刑人员树立改变自我的信心，发掘其改变的潜能，调动服刑人员解决问题的积极性，从而达到受刑人再社会化的最终目的；另一方面监狱社会工作的目标不在于执行惩罚，而在于运用社会工作的专业知识与技巧，帮助服刑人员自我了解，协助其接受教育和改造，最终达到降低服刑人员出狱后的再犯罪率的效果。就现阶段讲，教育转化服刑人员的主要责任主体还是监狱警察，社会工作者居于辅助地位；未来随着司法工作的发展，社会工作应当作为教育转化链条的一个重要的延续环节存在，而不再是辅助作用。目前的司法实践中，监狱社会工作虽然已经形成制度设计，但发展还不成熟。

第三，监狱社会工作的主体及中间人。监狱社会工作的主体即经过专业化训练，拥有专业知识技能，恪守专业价值理念的社会工作者。监狱社会工作的中间人包括在监狱中服刑的罪犯的亲友、受害人及其家属、律师等，监狱中的警察、心理医生、医护人员等。而两者之间的共同目标则是，通过合作帮助服刑人员顺利完成矫正任务、重新对自己进行认识、开展深入的再社会化学习，从而明确其出狱后的目标和计划，避免再次走上犯罪的道路。

三、监狱社会工作的特征

（一）非自愿服务对象与服务对象自决的冲突关系

首先，基于“每个人都具有独特性和具有潜在的发挥自己优势实现自己价值能力”的价值理念，社会工作的一个重要原则为服务对象自决[①]。服务对象自决原则，即社会工作者在尊重服务对象的价值和尊严以及确信服务对象具有能够改变的能力的前提下，提供给服务对象认识自身潜能的机会，帮助服务对象对当下情境作出分析，鼓励服务对象自我做主和自我决定的工作伦理原则[②]。但是监狱社会工作的矫正对象大多数是非自愿服务对象，因身份的特殊性，他们不能主动地与社会工作者接触，两者关系的建立在一定程度上是被迫的、无奈的，从接受矫正的动机来看就与服务对象自决原则相悖离。其次，在对非自愿服务对象进行矫正的过程中，由于中国社会助人行为的性质，即施助者与受助者在助人行为中的不同角色关系与心理期望，服务对象自决原则失去了主体性环境。施助者不可能不加评判，完全尊重受助者的个人意愿，受助者也不希望自己在助人过程中起主要作用，完全靠个人潜能的发挥来解决问题。再加上中国长期受儒家思想影响所形成的公众利益大于个

---

① 陈莹．从个人与社会的关系看社会工作价值观及其冲突［J］．社会，2004（12）．

② 焦金波，王超，李绍伟．专业社会工作者伦理价值选择之优先序列［J］．中国矿业大学学报（社会科学版），2005（2）．

人利益的价值观念，社会工作者很容易在服务过程中不自觉地替服务对象作决定①，而面对非自愿服务对象的监狱社工更容易出现这种倾向。另外，出于工作和社会安全的需要，对于监狱矫正对象，要体现强制性，并不能完全遵照服务对象的意愿，在其许可后再采取行动②。但是要想让监狱矫正对象这一类非自愿服务对象能够真正接受矫正，服务对象自决原则的遵循又是重中之重。

（二）以惩罚为导向和以治疗为导向的冲突关系

美国学者扎斯特罗（Zastrow）认为，目前的矫治体系存在着许多冲突的目标，有的内容是以惩罚为导向的，而另一些则是以治疗为导向的，把这两种内容结合起来会产生危害③。由于监狱社会工作对象的特殊性，以及监狱特殊的封闭性环境，监狱社会工作与一般的社会工作具有本质的区别。出于工作和社会安全的需要，对于监狱矫正对象，要体现强制性，并不能完全遵照服务对象的意愿，在其许可后再采取行动。而监狱社会工作者的专业素养和专业理念又要求监狱社工秉承助人自助的社会工作理念，关心人、尊重人，反对残酷野蛮的刑罚制度，给犯人以人道的待遇和自新的机会，推行行刑社会化，强调监狱工作的最终目的不是“以牙还牙”的惩罚，而是对受刑人的治疗和矫正，帮助受刑人形成良好的社会认知和自我认知，最终可以顺利再社会化，降低受刑人的再犯罪率。监狱社会工作的出现，虽然打破了传统监狱工作中的“监狱行刑悖论”④，促使受刑人更好地融入社会，但是也不可避免地陷入了以惩罚为导向和以治疗为导向的冲突中。在坚持社会工作价值伦理的同时，兼顾监狱环境及矫正对象的特殊性，是对一线监狱社工的一种挑战。

（三）辅助地位与主导地位的冲突关系

正如范燕宁、席小华对司法社会工作定义的阐述一样：司法社会工作也

---

① 王健．社会工作“服务对象自决”原则在中国本土实践中的困境［J］．社会工作，2010（6）．

② 罗大文．司法社会工作推进综述［J］．社会工作（学术版），2011（8）．

③ 扎斯特罗．社会工作与社会福利导论［M］．孙唐水，等译，北京：中国人民大学出版社，2005.

④ “监狱行刑悖论”指：监狱矫正的基本特点是使犯罪人隔离于正常社会之外，但其目标却是要让他们重新回归社会，这便使监狱矫正的手段与目标、过程与效果产生了尖锐的矛盾。

称司法矫正社会工作，其基本内容是社会工作者运用社会工作的专业理念与方法，配合司法行政人员和其他志愿人员，对监狱服刑人员、社区矫正对象、严重违反治安管理处罚法人员、刑满释放人员、社会矛盾激化者等各种特殊工作对象，开展心理疏导、行为矫治、社会救助、专业服务工作①。

监狱社会工作也是一种运用专业理念和方法配合监狱警察对受刑者进行心理疏导、行为矫正的工作。因为监狱监禁的惩戒性和刑罚性，在监狱工作体系中，监狱社会工作处于一个相对辅助的位置。许多其他领域的学者在呼吁社会工作参与监狱发展的同时，也提出要进一步明确界定监狱社会工作在监狱工作体系中的辅助者角色，但是社工界却担忧这样很有可能会导致监狱社工在监狱矫正体系的日常工作中被边缘化②。这种冲突与监狱社会工作服务对象和服务场域的特殊性相关，监狱警察在监狱中执法具有法定性，而社会工作参与监狱工作目前还没有明确的法律和文件支撑。

为了解决这一问题，有学者提出了如下构想。在监狱矫正体系内，可分为惩罚和治疗两个模块，这两个模块相辅相成。在惩罚方面，由监狱警察处于主导地位，对监狱矫正工作负责。但是在治疗方面，基于监狱社会工作者在治疗方面所拥有的专业的理念和知识技能，可以考虑使监狱社会工作者居于主导地位，对那些在心理、适应、人际交往等方面有特殊困难的服刑人员，通过运用多层面介入策略，帮助他们解决自身面临的问题，在保证监禁效果的同时回应服刑人员的基本需求。

四、社会工作参与监狱矫正的必要性

（一）实现监狱工作与社会工作的结合

监狱是国家维护统治秩序的重要刑罚执行机关，是社会对付犯罪必不可少的国家机器。从监狱的发展来看，它经历了从野蛮到文明，由落后到进步的曲折演化过程。由早期的将犯罪行为视为个人对社会整体利益的侵害，国家代表受害者给予罪犯应有的惩罚的刑罚执行模式（又被称为“正义模式”），发展到现代将个人犯罪行为归根于政治、经济、社会等环境因素，将

---

① 范燕宁，席小华．矫正社会工作研究（2008）［M］．北京：中国人民公安大学出版社，2009.

② Barbara Oberhofer Dane，Barbara L. Simon. Resident Guests：Social Workers in Host Settings［J］. Social Work，1991（3）.

重点放在对受刑人的矫正治疗，帮助其更好地重归社会的惩罚与矫正相结合的模式（又被称为“康复治疗模式”）。也就是说，现代监狱的最终目的不是惩罚犯罪，而是在于化解已经发生的矛盾冲突，修复被犯罪行为所破坏的社会秩序，最终价值取向是维护社会关系的和谐稳定。社会工作参与监狱的发展，正好发挥了社会工作的专业特点，有效地推动整个司法工作更加具有社会性、服务性，更能体现出它的专业性。同时还大大丰富和改善了原有生硬的监狱工作系统（每一个监狱都设置了丰富的教育和心理辅导专有设施，配备了专业人员，相较于传统的监狱管理，现代监狱的教育矫治设施条件更加充分），使整个监狱工作进展更加体现出一种实际的人文主义情怀，体现对于人本身的高度重视。相对于监狱工作人员而言，拥有专业技能和知识的监狱社会工作者更懂得如何通过对罪犯实施矫正活动，改变罪犯的犯罪意识，培养其健康的人格和心灵，提高其生活技能，使罪犯顺利地回归社会。

（二）整合社会资源，弥补法律制度的不足

监狱警察受到知识体系、工作环境等因素影响，与社会交流较少，且因监狱内服刑人员数量众多，监狱警察常常忙于日常管理和行政事务很难分身，监狱社会工作者便能够在此时分担监狱警察的帮教压力，协调多学科团队提供服务。监狱社工通过服务过程的协调和管理，与其他专业人员（例如心理学家、精神病专家、律师、医护人员）、法律执行人员一起开展工作。甚至，在监狱工作实践中，监狱社工还可以把其他工作人员作为服务对象，同他们协商各自的角色。精通政策法律和服务方法的监狱社工，能够更加自信、熟练地运用多层面介入策略。而单纯通过法律手段，对于服务对象的潜在影响可能是消极的，传统警犯关系所带来的监狱工作人员及受刑人的彼此不信任、受刑人对监狱工作人员角色认同的偏差等往往会对受刑人的矫正效果造成消极影响。社会工作视角下开展的监狱矫正不同于传统监狱矫正，其基本目标在于消除或减弱服刑人员在思想和行为上的负面因素，加强服刑人员与社会的联系沟通，以达到其社会功能的恢复及重建。一般来讲，监狱警察承担大量的行政管理事务，因时间和精力的限制，很少能够对犯罪人员开展矫正性的个案工作①。而监狱社工则经过系统培训，能够熟练运用认知行为理论和方

---

① David S. Tanenhaus. Juvenile Justice in the Making［M］. New York：Oxfird University Press，2004.

法去满足犯罪人员的各种需求。

（三）促进监禁工作中的人道主义，保障监禁人员基本权利

监狱社会工作是人们漫长的监狱工作实践的结晶。在这一过程中，人们发现不能单纯只依靠惩罚而不向受刑人提供矫正服务；同样的也不能单纯只向受刑人提供矫正服务而不考虑他们对社会的危害性及他们真正的需求。监狱社会工作是监狱工作与社会工作相结合的产物，也是监狱工作的结晶，是监狱工作历史发展的趋势和必然结果。监狱社会工作吸收了社会工作助人自助、服务对象自决的基本价值理念，提倡在尊重服务对象的价值和尊严以及确信服务对象具有能够改变的能力的前提下，提供给服务对象认识自身潜能的机会，帮助服务对象对当下情境作出分析，鼓励服务对象自我做主和自我决定。社会工作者深信人性具有丰富的潜藏性和高度的可塑性，只要给予支持，服务对象定会重新回归主流社会，这种特有的价值理念提供了与传统监狱工作不同的切入视角和服务方式。监狱社会工作首先考虑的是矫正而不是惩罚，罪犯有重新融入社会的权利。监狱社会工作理念使监狱工作更趋人道化，满足了人道主义使人成为人、实现自我实现的最高价值追求，完成了受刑人从“监狱人”到“社会人”的转换。

（四）有助于刑释人员顺利回归社会，降低重新犯罪率

传统监狱工作在报应惩罚主义根深蒂固的影响下，较为强调对罪犯的惩罚和威慑。监狱改造环境封闭隔离、改造突出惩罚性与强制性、亚文化泛滥等特点，使得罪犯出现了“监狱化”人格，而忽略了罪犯由“监狱人”向“社会人”的转化。从社会学和社会心理学的角度来讲，犯罪是一种社会偏差行为，是由社会化过程中的缺陷或障碍造成的。现代社会学的研究表明，许多人违法犯罪很重要的原因就是社会化过程的弱化或阻断造成其社会适应能力的降低甚至消失，他们无法通过被社会公众认可的途径和方法维持在社会中的正常生活。因此，要让在监狱服刑的罪犯回归社会，就必须让他们接触和了解社会。监狱社会工作的出现克服了传统监狱矫正工作无法回避的“监狱行刑悖论”，使得刑罚执行具备了前所未有的开放性。监狱社会工作的目标不在于执行惩罚或报复，而在于运用社会工作的专业知识与技巧，帮助罪犯自我了解，激发罪犯的潜能，协助其接受教育，获得向上流动的机会，同时为受刑人提供人道的矫正服务，引导其重新回归社会，完成再社会化的历程。这些专业化的监狱社会工作不仅对于犯罪人的回归社会具有积极的作用，而且对于降低受刑人的重新犯罪率具有巨大意义。1950年在新泽西开展的监狱小组社会工作项目有效降低了被释放1年以内的青少年罪犯再犯罪率（再犯罪率为18%）[①]，与美国20世纪八九十年代严厉惩罚导向的司法风气下（监狱社会工作处于停滞时期）飙升的青少年违法犯罪的重犯率（高达40%）[②]对比，这两件同样发生在美国的惊人反差事件就是监狱社会工作有效降低罪犯重新犯罪率的最好的实例。

（五）符合刑罚执行经济性原则的价值追求

刑罚执行是否经济，标志着行刑的科学及文明程度，也决定着行刑的效果。经济行刑是商品经济的要求，也是社会发展的必然。所谓经济性，是指用较少的人力、物力、时间获得较大的成果。刑罚执行的经济性，是指以较少的实际执行获得较大的执行效果[③]。美国里根主政时期，发起了“对犯罪强硬”政策。到20世纪80年代中期，针对受刑人的矫正恢复项目的支持经费大幅下降。这些“强硬应对犯罪”的措施导致了更严厉的量刑法，如“三次服刑制”（即第三次暴力犯罪将失去假释的机会），其结果是监狱服刑人员急剧增长，项目经费捉襟见肘，1994年美国联邦用于惩罚犯罪的司法预算约为230亿美元（其中97亿美元用于新监狱建设），1995年美国矫正监管下（监狱、缓刑或假释）的成人罪犯超过了500万[④]。由此可见，惩罚导向的监狱矫正模式不仅没有起到抑制或者威慑犯罪的作用，还极大地增加了监狱的管理成本。监狱社会工作的出现扭转了传统监狱工作高成本低效率的困境，实现了以较小的成本达到最大的改造效果。在经济效益方面，监狱社会工作者不仅可以通过服务过程的协调和管理，与其他专业人员（例如心理学家、精神病专家、律师、医护人员）、法律执行人员一起开展工作，以最小的成本达到最大的资源整合效果，还可以运用其专业的知识技能，帮助受刑人自我了解，激发受刑人的潜能，协助其接受教育，引导其重新回归社会，完成再社会化

① Lloyd w. McCorkle，Albert Elias，F. lovell Bixby. The Highfields Story：An Experimental Treatment Projelt for Youthful offenders［M］. New York：Holt Rineheart&Winston，1958.

② David S. Tanenhaus. Juvenile Justice in the Making［M］. New York：Oxfird University Press，2004.

③ 周红梅. 论刑罚执行的经济性原则［J］. 法学评论，1992（6）.

④ Albert R. Roberts，Ppatricia Brownell. A Century of Forensic Social Work：Bridging the Past to the Present［J］. Social Work，1999（4）.

的历程，通过减少罪犯的再犯罪率来降低监狱服刑人数进而降低监狱管理成本。在执行效果方面，相较于传统的监狱工作人员，监狱社会工作者拥有专业的社会工作方法和理念，他们可以最大限度地帮助罪犯树立改变自我的信心，发掘其改变的潜能，调动受刑人解决问题的积极性，从而达到受刑人再社会化的最终目的。因此相较于传统监狱工作，监狱社会工作以最少的投入获得了最大的效果，符合刑罚执行经济性原则的价值追求。

第二节　监狱社会工作的工作内容

根据本书对监狱社会工作的定义，监狱社会工作者的工作内容不仅仅包括针对监狱内服刑人员的社会工作，还包括对监狱环境及氛围的营造等方面。因此，本节将从针对监狱内服刑人员的工作、以监狱文化营造为代表的工作着手介绍监狱社会工作的工作内容。

一、针对监狱内服刑人员的社会工作

社会工作的本质是关于人的工作，其主要目标是实现助人自助，因此，助人方法应当根据人的特性来具体实施。监狱作为一个封闭陌生的环境，从新入监到中途改造到临近释放到刑满释放，服刑人员均具有不同的心理和行为上的表现，社会工作者应当从不同的维度和角度进行介入。

（一）适应期罪犯

1. 适应期罪犯的特征

监狱具有威严和封闭的特征，服刑人员在新入监阶段表现出对于陌生环境的恐惧和严格管理的不适应，以及对于自由的渴望。新入监的罪犯需要进行集中的教育，即规则学习。在入监教育中，新入监罪犯需集体学习《监狱服刑人员行为规范》，该规范分为基本规范、生活规范、生产劳动规范、学习规范、文明礼貌规范五部分。

处于该阶段的罪犯在心理上多为谨慎、恐惧、多疑，行为上服从监管，部分新入监罪犯会伺机潜逃，但均表现为对自身的真实想法和真实意图进行刻意的隐瞒。

2. 适应期社会工作的介入

在这个阶段，社会工作者的目标就是帮助服刑人员调整心理上的认知，包括对新环境的接纳和对监狱规则规范的认知。在行为上社会工作者应以教育者的身份，向服刑人员推广法律法规知识，普及由于不正确的认知进行的越轨行为带来的负面影响。由于新入监人员无论是心理还是行为上具有一定的警惕性和挫折感，社会工作者可在介入的过程中由监狱警察陪同，以确保人身安全。

社会工作者在这一阶段的介入能够减轻由“制服压制”带来的压力，社会工作者本身具有的专业敏感度和专业性使其在与服刑人员的初次接触中可以通过尊重、积极倾听等技巧的运用，与服刑人员建立较为稳定的专业关系，通过深入访谈和观察发现监狱管理人员所忽视和不能发现的一系列问题。传统的对服刑人员的接触停留在了解其犯罪动机、犯罪过程和犯罪结果上，社工通过介入可以从服刑人员的性格特征、心理特质、成长环境、支持网络等方面了解服刑人员，使其摆脱定式思维，避免过度污名化带来的认知偏差。

社会工作者在这个阶段既要具备运用专业知识了解服刑人员多元化信息的能力，同时也要具备对于信息的辨别和筛选的能力，如此才能将自身了解的相对真实、可靠的信息与监狱管理人员共享，针对各个类型的服刑人员采取特定的管理模式，也便于后期从心理和行为矫正上的直接干预。只有了解服刑人员的真实内心，社会工作者才能做到“对症下药”，才能促使其改变错误的认知和偏差行为，融入社会。

（二）改造期罪犯

1. 改造期罪犯的特征

进入改造期的服刑人员，已经开始适应监狱的环境和管理模式。这个阶段的服刑人员会对监狱的规则和制度保持高度的警惕和遵从，经过来自监狱的思想引导和制度讲解，他们能够形成正确的认知，逐步克服陋习，避免做适得其反的事情，对于制度的重视度高，积极配合监管人员的工作，严格服从监狱的日常规则安排。

这个阶段的服刑人员，对规章制度的遵从度最高，是最好管理的。经过上一阶段的思想教育，这一阶段的服刑人员开始参加日常的生产和教育活动，时间的安排和活动的安排都是规律的。服刑人员一旦适应了监狱规则化的日常安排，很快就能形成习惯。

2. 改造期社会工作的介入

这个阶段的服刑人员性情较为稳定，对于环境基本适应，并且开始进入监禁环境的规则化节奏中，社会工作者的介入相对刚入监阶段应当有所减少，并安排在日常生活的空闲时间。服刑人员在监狱中接触的无非就是监狱严格约束的环境、监狱的管理人员和其他的服刑人员。经过上一个阶段的思想和规则教育，服刑人员已经对监狱的环境和监管人员的管理较为熟悉，并安于接受和适应。这一阶段，社会工作者可以在服刑人员之间的同辈关系上进行研判和干预。

监狱作为对服刑人员进行惩戒的场所，注意防范服刑人员之间的交叉感染是必需的，因此社会工作者在开展服务时应当有一定的警觉性和敏感度，既要积极支持作为特殊群体的服刑人员，又要避免一些负面的效应。涉及多群体参与时，可以按照犯罪类型和矫正程度将其聚合。同时在此阶段，社会工作者也要避免服刑人员对其的依赖和亲近，保持自身相对中立的立场。

（三）巩固期罪犯

1. 巩固期罪犯的特征

巩固期的服刑人员已经对监狱的规则十分清楚，对日常的生活安排十分适应，监狱的奖惩制度和减刑制度也带给服刑人员正向的激励作用。这一阶段的服刑人员大多态度安分稳定，动机明确，希望通过对监狱管理人员的配合和对规则的遵守获得奖励，实现减刑的处遇。

2. 巩固期社会工作的介入

基于上一阶段社会工作对于同辈关系的处理，在这个阶段，良好的群体内部关系建设的方法和目标已经得到确立，因此社会工作者可以减少服刑人员对自己的依赖，通过培养同辈群体中具有感召力的人，进行同辈的协助互长。一方面可以促进形成群体内部融洽的气氛，培养服刑人员独立处理事情的能力，使其实现基础性的增能；另一方面，也可以使社工慢慢脱离，培养服刑人员自身的独立性，培育其自我管理、自我约束的体系。另外，在这一阶段要特别关注服刑人员的思想和行为特征，及时纠正其错误思想和不良行为，避免服刑人员之间不良嗜好的交叉感染。

（四）回归期罪犯

1. 回归期罪犯的特征

处于回归期的服刑人员，多因为刑期即将结束而产生心理上的松懈和对刑满释放后出路的困惑。他们认为在前几个阶段已经通过一系列良好的表现获得刑罚上的减免等奖励，最后一个阶段刑期的长短也不会出现实质上的变动，因此在认知上产生散漫和惰性，不追求进步，行为上循规蹈矩；同时由刚入监时对自由的渴望转变为回归期对即将到来的自由的恐慌。监狱虽然是封闭性的军事化管理的场所，但是满足了他们基本的衣食住的需求，出狱一方面意味着自由，另一方面也意味着他们即将面临来自生存的挑战。

2. 回归期社会工作的介入

社会工作的一切实务活动都遵循服务对象的需求而制定，当前服刑人员的需求一方面来自心理上的松懈，另一方面来自对未来不可预知的恐慌。社会工作者首先应该对其进行心理上的疏导，积极引导服刑人员在最后阶段服从监狱管理，配合监狱的工作，顺利结束刑期，并向他们讲述社会的就业现状，鼓励其积极就业、积极向社会寻求帮助，向他们宣传出狱后维护权益和利益的平台和方式，使其在心理上得到一定的宽慰。同时，为了避免服刑人员出狱后因生存障碍再次犯罪，社会工作者可以了解其在监狱内已经学习掌握的技能，以及对出狱后的相关想法，为其安排一定的技能培训，使其掌握一定的技能，出狱后便能解决最基本的生存问题。社会工作者也可以在其家属探监阶段，与家属安排短暂的会见时间，引导家属谅解服刑人员的犯罪历史，鼓励家庭接纳、尊重他们，完善服刑人员的家庭支持系统。家庭是最基本的社会细胞，家人是服刑人员最亲密的陪伴者，只有家人的陪伴和不放弃，他们才能更快地重新燃起对生活的信心和希望，才能不被社会所抛弃。

二、监狱社会工作的重要介质：监狱文化建设

监狱文化建设在监狱矫治管理中占有重要地位，发挥着重要作用。近年来，许多地方的监狱系统加大了监狱文化建设的力度，通过营造积极、向上的监狱文化，实现对服刑人员的“软改造”。

（一）监狱文化的内涵

《罪犯教育概论》一书明确指出：“监区文化就是监狱这一特定环境中的文化现象，是相对于监狱亚文化的监狱主文化。”而一般教科书述及监狱文化或者监区文化时，也多在此意义上使用这一概念。分析其概念的提出背景，明显带有价值判断的色彩，也就是说，其中暗含着“监狱文化有价值”的预设，因而需要大力倡导和建设。监狱学界影响甚大的《监狱学总论》对监区

文化的解释分为广义和狭义两种。“广义的监区文化指监狱在长期的发展过程中，根据统治者的意志并接受传统文化的影响所形成的组织、纪律、制度、法规、价值观念、道德规范、行为方式和精神面貌。”广义的监区文化又称为监狱文化。狭义的监区文化是指监狱在对罪犯的管理教育过程中为促进犯人改造，丰富他们的精神生活所创造的含有文化因素的精神环境和改造氛围。在本教材的论述中，监狱文化的含义以狭义的范畴为准。

监狱文化在监狱理论界还没有一个公认的定义，但在现实实践中，已呈现出百花齐放的局面。一般而言，监狱文化分为警营文化和教育文化两大类。警营文化主要包括组织文化和队伍文化，教育文化主要包括矫治文化和劳动文化。警营文化的内涵博大而深厚，已经形成了丰富的实践体系，并具有鲜明的独特性，本书所涉及的主要是教育文化层面。

简单地说，监狱文化就是指存在于监狱之内的，以监狱警察为主导，以服刑人员为主体的一种特殊的，以公正、文明的执法价值观来教育改造罪犯的文化的总和。具体来说，监狱文化建设就是监狱警察在相关法律法规的指导下，通过对监狱大环境的干预，在监狱中为罪犯营造的精神环境和文化氛围，包括价值理念、群体意识、行为规范、治理理念等。

（二）监狱文化改造模式

监狱文化改造是在监狱这一特定的行刑领域中形成的以改造罪犯为主要内容的一种特殊的监狱文化现象。文化改造的模式受政治的、经济的、社会的主流文化影响，受监狱警察对行刑理念认识水平的影响，受监狱特定物质条件与精神环境的影响。因借助文化载体的不同，文化改造主要涉及以下三种模式。

1. 制度文化改造模式

制度文化改造模式，是以监狱的法律、法规、制度为特征的文化改造模式。依据制度文化的内涵，制度文化改造的模式可细分为：法治文化改造模式、和谐文化改造模式、行为文化改造模式和荣辱文化改造模式等。

2. 劳动文化改造模式

劳动文化改造模式，是以劳动的方式以及劳动的组织形态为主要特征的文化改造模式。依据监狱组织罪犯劳动的实践，劳动文化改造模式可细分为：工业化劳动文化改造模式、农业化劳动文化改造模式。在我国制造业产业链的影响下，伴随着监狱生产结构的调整，农业文化改造模式正积极地向工业文化改造模式转化，工业文化改造模式正在取代农业文化改造模式。

3. 精神文化改造模式

精神文化改造模式，是以监狱的价值理念、价值取向和精神追求为主要内涵所构建的文化改造模式。依据精神的着重点，精神文化改造模式可细分为：恢复性文化改造模式、回归性文化改造模式、人格性文化改造模式、安全性文化改造模式等。

在监狱工作中，三种模式相辅相成、互为补充。在监狱社会工作中，社会工作者主要可以承担起监狱的精神文化改造，从微观到宏观层面，逐步改进监狱的整体精神文化氛围。微观层面，社会工作者可以通过个案辅导等形式，帮助服刑人员正确认识自我、纠正其不正确的价值观念、内化符合社会主流文化的价值观；中观层面，社会工作者可以通过小组活动、历奇辅导等方式，在小组或特定群体范围内，培育服刑人员的特定能力，如沟通能力、自控能力、关心他人的能力等，增强服刑人员间正向、积极的相互支持；宏观层面，社会工作者可以在整个监狱系统内部开展集体教育宣讲、集体竞赛活动等，在整个系统内营造自尊自信、积极健康的监狱文化，指导监狱内部人员的交往互动。

第三节　监狱社会工作的工作模式和方法

监狱社会工作需要借助专业方法和技巧，来实现服务的最终目标。一般来说，社会工作有三大工作方法，由于监狱社会工作的特殊性，本节仅介绍个案工作方法和小组工作方法及其主要工作模式。

一、个案工作方法在监狱社会工作中的运用

个案工作是目前司法社会工作领域内运用最多和服务最深入的一种实务方法，监狱社会工作作为司法社会工作的一个重要分支，个案工作的开展应得到采纳和挖掘。个案工作在监狱社会工作中具有一定的优势，由于服刑人员的问题更具个体性和特异性，个案工作一对一的个别化空间可以满足罪犯的多方面需求，更具有私密性和可操作性。

个案社会工作者在监狱社会工作领域的介入要严格秉承社会工作的价值

观，避免对服刑人员的“标签化”和歧视，该群体的特殊性同样要求社会工作者坚持平等性。由于社会工作者的认同度低，服刑人员群体的异质性又比较高，在服务过程中，服务对象可能会出现抗拒或者不配合的状态，缺乏对社会工作者的信任，这为专业关系的建立造成一定的难度。

（一）监狱个案工作的工作流程

尽管面临的服务对象和情境不同，在监狱内开展个案工作还是要遵循接案、收集资料与预估、制订服务计划、实施服务计划、转介与结案、评估与追踪等一般个案工作的基本工作流程，只是其中的内容有所不同。

1. 接案

由于服务对象的特殊性，大部分服务对象并非自愿接受帮助，大多是司法部门或机构感觉或发现罪犯存在一定问题时才来求助社会工作者，因此，服务对象的被动性给后续工作的开展带来了极大挑战，社会工作者需要利用优势视角来看待服务对象，与服务对象建立相互信任的专业关系，以便了解服务对象的真实需求，实现其增能。

2. 收集资料与预估

在建立专业关系后，社会工作者应该尽可能地收集与服务对象有关的资料，进行资料的筛选与整合，根据服务对象的情况作出初步的预估。社会工作者可以通过访谈监狱警察、服务对象等①，了解其过往犯罪记录、家庭背景和成长环境，对服务对象作出生理、心理和社会等方面的全方位评估，为制订服务计划奠定基础。

3. 制订服务计划

根据前期的评估，社会工作者与服务对象一起制定满足相互需求的目标，包括总目标和具体目标，围绕目标制订具体的可操作的计划，并签订服务协议。由于服务对象的特殊性，个案干预方案及实施计划的制订大多要与监狱警察等相关负责人进行沟通，以为服务计划的实施提供支持与保障。

4. 实施服务计划

在这一阶段，社会工作者运用科学的方法和专业的技能为服务对象开展

① 如果在制度上实现授予社会工作者查阅罪犯卷宗的权利，社会工作者能够更好、更全面地收集资料，但现行制度下社会工作者无权随意查阅罪犯卷宗。

一系列的具体服务，帮助服务对象认识到自己的问题，采取科学的方法激励其进行有效的改变，激发其改变的动力，促使其纠正原先错误的认知，形成新的认知，实现制定的目标，并且与服务对象不断地交流感受和改变，及时更新需求和目标。这一阶段社会工作者要与监狱警察通力合作，防止服务对象在服务过程中出现一些过激行为，社会工作者与服务对象之间良好关系的建立和维持对于服务目标的实现是十分重要的。

5. 转介与结案

当服务对象所面临的问题大部分比较复杂，并非一次性就能够解决时，社会工作者需要对整个服务过程进行回顾、总结和评估，并在此阶段决定如何结束服务以及为有特别需求的服务对象提供转介服务。

6. 评估与追踪

在结案之后，为了对服务效果有更好的跟进，社会工作者要及时了解服务对象的最新动态，对其进行一定时间的追踪，以确保个案工作的有效性。

（二）监狱个案工作的主要模式

个案工作方法是社会工作三大方法中出现最早的工作方法，在个案工作的实践中，整合总结出很多的工作模式。在监狱个案的介入中，既可以采取必备的心理社会治疗模式、认知行为治疗模式，又可以充分发挥危机干预模式和增能模式的作用。以下将对监狱个案工作领域内的几种模式加以阐述和介绍。

1. 心理社会治疗模式

1930 年美国史密斯学院的汉金斯（Hankins）首次使用“心理社会”这个概念。1937 年美国哥伦比亚大学的汉密尔顿（Hamilton）系统地阐述了心理社会治疗模式的有关理论。美国哥伦比亚大学的学者霍利斯（Hollis）在 20 世纪 60 年代综合各种相关的理论把心理社会治疗模式加以发展，使之成为个案工作的一种重要服务模式。

心理社会治疗模式依据生理医学模式，把服务过程分为研究、诊断和治疗三个实施阶段。这三个实施阶段相互影响、紧密关联，形成心理社会治疗模式自身的特点。

心理社会治疗模式注重从人际交往的场景中了解服务对象，认为在收集服务对象资料的过程中，只有把服务对象放到具体的人际交往的场景中，并把服务对象目前的内心冲突与以往的经历联系起来，才能准确揭示服务对象困扰产生的真实原因。运用综合的诊断方式确定服务对象问题的原因，诊断包括三个方面：心理动态诊断、缘由诊断和分类诊断。心理动态诊断是对服务对象各部分人格的相互关系进行评估；缘由诊断则是对服务对象困扰产生、变化的过程进行分析；分类诊断是对服务对象问题的生理、心理和社会三个方面的影响因素作出判断。心理社会治疗模式采用多层面的服务介入方式帮助服务对象，对服务对象的心理困扰和人际关系失调的各方面因素进行调整和修补，主要用于五个方面的治疗工作：一是减轻服务对象的不安，二是减轻服务对象系统功能的失调，三是增强服务对象的适应能力，四是开发服务对象的潜在能力，五是改善服务对象的人际交往关系。

2. 认知行为治疗模式

认知行为治疗是根据认知过程影响情感和行为的理论假设，通过认知和行为技术改变矫正服务对象不良认知和行为的治疗模式。认知行为治疗模式认为引起人们情绪和行为问题的原因不是事件本身，而是对于该事件的评价与解释。认知、情感、行为互相联系和影响。负面的认知、情感、行为互相加强彼此的影响，形成恶性循环，是造成情感、行为障碍的重要原因，因此，打破这种恶性循环才是改变偏差行为的关键。服务对象往往存在较大的认知曲解，这些认知上的曲解是痛苦的真正原因，一旦认知曲解得到识别和矫正，服务对象的情绪障碍将获得消除。认知疗法的策略，在于帮助服务对象重新构建认知结构，重新认知自己，定位自己，重建信心。

在监狱中服刑的罪犯，其对事物、他人和自身的认知可能会存在一些偏差，社会工作者可以通过及时的评估、筛查，发现适宜用认知行为治疗模式进行介入的服务对象，按照该模式的工作程序进行干预。

3. 危机干预模式

危机是个体将事件或情境视为超过个人资源和应对机制所承受的一种困境。除非危机能够得到及时缓解，否则将会导致当事人情感、认知和行为方面的功能失调。危机干预作为一种实务模式一般适用于服务对象经历危机后6—8周的时间，是一种短暂的治疗形式。在服刑人员刚刚进入监禁环境时，由于人格缺陷或者意外事件的压力而产生的严重的紧张、焦虑、抑郁、悲观、愤怒等负面情绪，都有可能引发自杀、行凶、逃脱等行为。目前监狱中很多恶性事件都是由罪犯心理危机爆发，未能及时发现和采取措施引起的，因此，该干预模式在监禁服刑人员监禁初期出现危机时适用。

危机干预领域的开拓者吉利兰（Gilliland）和詹姆斯（James）提出了危机干预的六步模型，分别为定义问题、确保服务对象安全、提供帮助、寻找替代方案、制订计划和获取承诺。在对罪犯进行危机干预中，社工首先要通过心理测量、日常观察等综合性的测评确定服务对象的问题所在，然后激发服务对象求助的动机，给予其释放消极情绪与能量的机会，提供干预方案，特别要注意让服务对象积极加入自我救助的行列，提高自己处理危机的能力，社工要跟踪观察，以巩固成效。

4. 赋权模式与倡导模式

价值观是社会工作的灵魂，社会工作的核心价值观在于强调对人类尊严的认同和对他人的尊重，社会工作者在维护这些价值观时要把服务对象的自决放在首位。对于大部分罪犯来说，犯罪记录和监禁的历史会使他们终身被“污名化”，服刑人员很容易因为这样的社会现状而产生自卑、无能和无助的感觉。赋权模式可以帮助服务对象开发他们的潜能，促使环境和社会政策的改变以促进社会公正。赋权模式要求社工帮助服务对象提高自主性，而不是作为服务对象的代表行动，强调服务对象自我认可，消除“污名化”的心理负担，从而增强对生活环境的驾驭感。

当已有资源不能充分解决服务对象的问题或者服务对象不能通过有效的倡导而获得自我满足时，社会工作者可以作为服务对象的代理人为谋求服务对象及其家人的利益而做一些服务和努力。但对于监禁中的服刑人员来说，这一切必须以服务对象的自决为前提。

（三）可借鉴的其他方法

1. 个案管理

个案管理是提供给那些正处于多重问题且需要多种助人者同时介入的服务对象的协助方法。个案管理强调两个重点，一是它着重发展或强化一个资源网络；二是除了增进服务对象使用资源的知识、技巧及态度，更着重于强化服务对象个人取得资源及运用资源网络的能力。个案管理源自个案工作，是传统个案工作的完善与发展。其具有满足复杂需求、提供持续服务、整合资源以及低成本、高效率的特点。

个案管理有一套科学系统的工作程序，美国学者瓦雷克斯（Vourlekis）和格林（Greene）将之概括为八大步骤：服务对象的确认和外展；个人和家庭的判定及诊断；服务计划和资源确认；与资源的提供者沟通，链接服务对象与资源，协助服务对象建设内外在能力；促使资源提供方达成共识，加强各方的沟通与协调，支持各方所做的努力；服务输送的监督；为服务对象争取权益，并鼓励服务对象争取自己的权益；结束关系与评估。在监狱社会工作中，社会工作者需要具备个案管理的基本技能，通过与监狱警察、心理咨询师等其他专业人员合作，为服刑人员提供全面的帮助，鼓励其实现自我发展。

2. 人生回顾疗法

人生回顾，顾名思义是指服务对象在社工的指导和帮助下，重温自己的生命过程，处理一些在早期生命中还未妥善处理的问题，以及成长过程中的一些正面事件和负面事件。一方面，通过回顾人生中的重要成就，社工帮助服务对象重塑对自我的认知，发掘自身的长处，并从中找出适用于现状的方法和技巧；另一方面，通过模拟经历的负面事件，社工让服务对象基于当下的经历和经验再次作出选择，从而改善其处理问题的能力，增强其自尊和自信。

人生回顾最重要的组成部分是评估与总结。通过系统的回顾与重温，为服务对象提供一次自省的机会，通过把各个人生阶段的事情整合到一起，使服务对象形成对自己目前发展阶段的看法。一旦过去的事情整合完毕，社会工作者就能够协助服务对象进一步讨论在接下来的时间希望成就什么、如何实现这个目标，从而帮助服务对象树立正向、积极的发展方向。

二、小组工作方法在监狱社会工作中的运用

小组工作方法在社会工作实务中的应用晚于个案工作，其也是目前在司法工作领域中运用较多的一种实务方法。

（一）监狱小组工作的特点

一般来说，小组工作过程可分为准备期、开始期、转折期、工作期以及结束期。在监狱社会工作中运用小组工作时，也要遵循这一基本流程，只是由于面对的服务对象不同而每一阶段都呈现出新特点。

首先，参与小组工作的服务对象是在监狱服刑的服刑人员，因此大多是非自愿的、强制性的参加。适合通过小组工作来解决的问题有很多，比如抑郁、焦虑、紧张、药物成瘾等，每个服务对象面临的状况和严重程度也有所不同。因此，社会工作者要通过全方位的评估最终筛选并确定服务对象。

其次，介入方案的制订一定要符合服务对象的身份和特点。服务对象是触犯法律的服刑人员，活动开展的地点、时间以及活动的选择都要经过深思熟虑，同时，一些较为特殊的服务对象的服务方案，应与监狱警察等监狱工作人员协商。

最后，社会工作者与服务对象专业关系的建立是小组工作成功的关键。社会工作者要相信服务对象具有的理性和潜能，不能戴着有色眼镜来看待服务对象，对服务对象要积极地关注。特别是在转折期，社会工作者要理解服务对象出现的各种心理冲突甚至抗拒心理，充分尊重服务对象，秉承服务对象自愿、自主的原则。

（二）监狱小组工作的模式

小组工作的模式是引导小组活动开展的理论指导，随着实践的检验和更新，小组工作模式得到不断的壮大和广泛的应用，其主要有以下三种模式。

1. 社会目标模式

社会目标模式认为，人们往往可以通过集体的力量达到社会行为，强调民主的作用和组员的社会责任感，通过“发展和提高组员的社会意识和潜能”，提高组员应对环境的能力。服刑人员这一身份使得服务对象处于社会资源的边缘地位，致使其不能获得或很少得到一般民众可以拥有的经济、物质、社会保障资源，因此生活面临更大压力，更为艰难。社会目标模式更为偏重于社会事务，依托监狱这个较为特殊的社区开展工作，为促进服务对象待遇公正、协商解决共同问题而设计程序并策划行动。社会工作者作为榜样人物努力倡导提升服务对象的社会责任感，是各方资源的提供者。

2. 互惠模式

互惠模式强调组员之间为满足共同需要而产生的互动过程。小组成员在归属和依从中得到满足，追求人际关系的和谐。互惠模式强调人与环境的相互作用，重视组员身边诸如监狱、家庭、社区等环境体系，注重改善服务对象与相关环境的关系。因此，在这种模式下，社会工作者要找出互动关系的范围，为组员提供未曾利用的资源，挖掘工作情境的限制和需要。社会工作者在工作过程中不断影响服务对象也受到服务对象的影响，成为调解者和使能者，注重服务对象在过程中关于感受和想法的分享。

3. 治疗模式

治疗模式以治疗个人为目标，帮助个人借助团体活动的过程和形式达到心理、社会和文化的适应。这一模式干预下的服务对象一般具有比较严重的人格问题、情绪问题和偏差行为。该模式对于社会工作者的专业性要求比较高。

（三）监狱小组工作的分类

1. 教育型小组

教育型小组通过帮助参与小组的服刑人员学习新知识、新方法，或补充相关知识的不足，促使组员改变其原来对于自身问题的不正确看法及解决方式，从而实现其发展目标。在监狱社会工作中，社会工作者可以组织技能类学习或培训小组、新知识课堂等，帮助服刑人员学习新技能，更新知识系统，从而为出狱后的谋生奠定基础。如，美国的监禁制度规定，对没有获得高中文凭或普通教育发展证书的服刑人员开展文化课教育①，完成后，服刑人员获得普通教育发展证书。

2. 支持型小组

支持型小组主要是通过小组成员彼此提供的信息、建议、鼓励和感情上的支持，达到解决某个问题和实现组员改变的效果。在开展行为矫正类小组（如以戒酒为目标的小组）时，可以通过小组成员成功经验、所遇到困难的分享，让其他小组成员了解到，他人在这个问题的矫正方面有哪些经验以及这些经验是否适合自己，了解到他人在这个过程中也有自己的困难，通过小组成员的相互支持，为每名小组成员提供继续矫正该行为的动力。在服刑人员中开展支持型小组，能够帮助服刑人员建立在监狱矫正系统中的同辈群体支持网络，使面临相似困难的矫正对象能够获得感情上的鼓励和支持、学习他人的经验，实现相互的支持和扶持。

3. 治疗型小组

在该类型的小组中，组员一般是那些具有明显心理或行为等问题的人群。治疗型小组以治疗为主要目标，将具有相同问题的服刑人员聚集起来，通过小组的力量，帮助他们了解自己的问题及产生的原因，不断发挥小组动力，实现组员之间的经验分享，并辅之以必要的资源链接和社会支持网

---

① 雍舰．美国监狱行刑制度的主要特征及发展趋势［J］．中国司法，2006（4）．

络建设，从而使组员能够更好地应对他们所面临的问题。

不同的小组类型在实施的过程中，并没有严格意义上的范围划分，在小组实施过程中，可能会综合体现不同的小组类型。

（四）可借鉴的其他方法：戏剧疗法

戏剧疗法是以戏剧为手段、工具，介入相关人员的心理治疗，最终实现被治疗者情况好转、康复和自我发展的一种治疗手段。在这种治疗手段中，服刑人员可以参与相关戏剧的创作及展示，通过角色扮演的方式体悟生活，在舞台上安全地表达与宣泄，放下顾虑与戒备，通过对角色的理解和塑造，重新审视自己的生活和行为方式。同时，也可以通过观看戏剧，借由舞台上的“镜像”进一步剖析自己，发现自己难以看见或不愿承认的真实的自己，思考自身在现实生活中社会角色的塑造，发现自身现有的不足，并在接下来的活动中进行有意识的学习和训练。在监狱社会工作中使用这种方法，能够利用“戏剧化”的手段，引导服刑人员树立正确的价值观、反思自身在言行方面存在的问题和不足，通过小组化、团队化的方式帮助参与其中的服刑人员剖析自己、发展自己。

当下，被业界广为接受的戏剧疗法主要分为五个阶段：暖身、聚焦、主要活动、闭幕和去除角色、结束。暖身是治疗的准备阶段。聚焦是治疗中比较重要的阶段，在这一阶段，社工要准确而敏锐地把握服刑人员的问题，引导其将注意力聚焦在自身的问题或想表达的问题。主要活动即表演开始阶段，是戏剧治疗的主体阶段，在该阶段，所有的参与者通过集体讨论等形式，探讨表达自身对相关问题和角色的看法，分享自我体验，从生命创作中获得启示，反思自身，并从团队中体验分工合作与彼此支持。闭幕和去除角色是结束前的准备，可同时发生，但是闭幕有明确的时间节点，在此节点后，服刑人员不再进入戏剧空间；去除角色指服刑人员要在心理上脱离戏剧中的任务角色，将自己对戏剧材料的投射转移，脱离戏剧情景。最后是结束阶段，一般社工需要安排仪式性的环节来结束治疗。

第四节　监狱社会工作案例分析

从狭义的角度而言，监狱社会工作的主要服务对象为监狱内服刑人员。在监狱封闭的环境下，服刑人员要经历新入监—中途改造—临近释放—刑满释放的不同阶段，监狱社会工作者需要有差别地向服刑人员提供服务，以帮助其实现再社会化，顺利回归社会。本节介绍不同阶段的监狱社会工作案例以供读者学习和研究使用。

一、社会工作介入新入监罪犯的案例分析

（一）案情介绍

徐某，男，1996年生，汉族，家中独子，身体状况良好。父亲在其10岁左右时因与其母亲感情不和离婚。父亲由于忙于工作，对儿子疏于管教，母亲离婚后也没有给予徐某过多的关爱，徐某经常和父亲吵架，不愿意与他人过多交流。由于缺少管教，徐某的学习成绩十分不好，经常逃课到网吧玩游戏。徐某在2015年辍学，刚开始在网吧工作，认识了一些社会上的不良青年，经常混迹于酒吧、KTV等娱乐场所并有寻衅滋事的行为。2017年，徐某在一家超市打工，工作时和顾客发生冲突，两人动起手来，顾客被打至肋骨骨折。法院最后判处徐某有期徒刑两年。入狱后，徐某不适应监狱生活，情绪消极，并且觉得那件事并不都是自己的错，不应该判这么重。觉得自己年纪轻轻就进监狱，以后肯定没有什么发展前途了。

（二）问题的陈述和分析

第一，家庭问题：徐某从小家庭破裂，父母感情不和，对其疏于管教，导致徐某从小缺乏来自家庭的关爱与支持，性格孤僻，不愿意与人沟通，并且学习成绩不好，最后辍学。

第二，人际关系问题：徐某由于不愿意与人沟通，没有榜样引领，在学校期间没有什么朋友，缺乏朋友之间的交流和关爱。进入社会后，在网吧认识了社会上的不良青年，受不良朋辈群体的影响，经常混迹酒吧、KTV甚至寻衅滋事。

第三，情绪行为问题：徐某遇事易怒易冲动，因导致顾客轻伤而被判刑入狱。入狱后，对监狱生活不适应，情绪消极，对未来不抱有希望。

第四，认知问题：对于自己的不良行为有错误的思想认知，法律知识缺乏，法律意识淡薄。

由此可见，徐某首先需要做到的是适应监狱生活，调整自己的心态，缓和消极情绪带来的不良行为，改变错误的认知。其次需要改善的是家庭和人际关系问题。根据徐某的问题，社工采用危机干预的方法，为徐某提供服务。

（三）理论基础——危机干预理论①

危机干预假设，人们生活在一个稳定的状态中，能够应对生活中的变化。危机扰乱了这种稳定状态，也给人们提供机会，去发展更好的技巧来处理问题；危机也会增加失败的风险，使人们管理生活的能力降低。

“情境性危机”是由特定事件引发的。当个人的环境和关系产生变化发展时，“情境性危机”会定期在其生命周期中出现。

危机是人们生活中的转折点，当人们突如其来地遇到危险事件时，痛苦会激增，稳定状态会被颠覆——而以前处理问题的应对机制就是在原稳定状态中运作的。这一过程导致一个激发危机状态。

危机干预首先关心的是人的安全；然后，测评当事人对事件的情感反应、认知反应和行为反应。先处理强烈的情绪反应；然后开展实务，以增强服务对象应对危机的能力。

（四）方案设计

1. 目标

总目标：使徐某适应监狱生活，建立正确的自我认知，进行再社会化。

具体目标：使徐某适应监狱生活，调整心态，改变错误的认知以及不良的情绪和行为问题，发现自身的价值和潜能，对未来充满信心。学习法律知识，保持与家庭和社会的联系。

2. 方案执行

（1）与服务对象建立关系，说明自己的工作目的和对服务对象的期望，阐述自己的工作性质不同于监狱的看守，而是帮助他解决问题，渡过难关，使服务对象对社工产生信任感。然后针对徐某情绪低落、对生活感到无望的情况进行危机干预，并对其进行心理疏导，使徐某正视自己在监狱中的生活。在整个疏导的过程中，可以加入几名在监狱生活中改造不错的朋辈群体给徐某作经验分享，帮助他尽快适应监狱生活。

（2）邀请徐某参与监狱中法律知识的课程，学习法律知识，改变自己的错误认知。同时，建立契约，为徐某设计行为量表，并有奖励和惩罚措施，使徐某改掉之前错误的行为方式。

---

① 派恩．现代社会工作理论［M］．第3版．冯亚丽，叶鹏飞，译．北京：中国人民大学出版社，2008.

（3）了解服务对象的兴趣爱好，帮助其建立正确的自我认知和自我定位。在与徐某的交流过程中，社工发现徐某喜欢唱歌，于是引导徐某将空余时间与爱好相结合，并推荐徐某去参加监狱文化节的演出。

（4）介入服务对象的家庭。与徐某的父亲和母亲交流，缓和亲子之间的矛盾，安抚家人情绪，使父母理解徐某，给予徐某关爱，降低对徐某的抱怨，并告知亲子之间的交流和沟通技巧，加强徐某与家人的联系和交流，使其不至于脱离家庭。

（5）针对徐某的人际关系问题，为其讲授交流和沟通技巧，使其学会恰当地选择交往人群，建立正常的人际交往关系。

3. 方案评估

内容包括服务对象的改变情况、工作目标的实现程度、服务介入的投入；方法包括服务对象的满意度调查、同行的评估和服务机构的评估。

（五）总结

青少年是一个人走向成年的关键时期。在这个发展阶段，身体逐渐发育成熟，但情绪还存在不稳定的一面，很有可能无法有效地控制自己的行为。家人、朋辈群体、学校、社会等都对青少年的发展起到至关重要的作用。如果没有一定的法律知识和法律意识，很容易遇事冲动，失去理智，最终酿成大祸。

在监狱社会工作中，服刑人员在入狱初期，一般会出现情绪不稳定、心理恐惧、多疑等现象，社会工作者要保持专业敏感性，对其进行积极干预，为服刑人员提供专业的服务，帮助他们顺利完成再社会化。

二、社会工作介入出监罪犯的案例分析

（一）案情介绍

刘某，男，汉族，45 岁，初中文化，年轻时脾气暴躁，经常与妻子吵架，早年离婚。离婚后生活十分没有规律，整日喝得酩酊大醉，结交了一帮狐朋狗友。某日酒后，刘某将别人打伤，最终因故意伤害罪被判处有期徒刑 5 年。刘某还有三个月就要刑满释放，他表现出极度的焦虑和厌烦，在狱中的这几年，他也没有和家人、亲戚联系过，刘某表示自己不知如何踏入社会，不知怎么在社会上生活、找工作、交朋友，对未来生活没有信心。

（二）问题陈述与分析

第一，家庭问题：夫妻关系破裂，没有来自家庭的关爱和支持。

第二，人际关系问题：结交狐朋狗友，没有良性的同辈群体的引导。不知如何结交朋友，担忧自己被同伴排斥。

第三，个人问题：脾气暴躁，易冲动，有暴力行为。缺乏适应社会的能力，自我否定与怀疑。

第四，就业和经济问题：没有稳定的工作和持续的收入。

针对这些问题，首先最急需解决的就是即将刑满释放，刘某的经济和就业问题。其次就是刘某在建立人际关系和家庭关系方面的问题。并且要考虑到刘某现在的焦虑情绪，通过对刘某的服务介入，增强其回归社会的信心，使其正视自己目前的生活。

（三）研究证据

对出狱人的保护这一福利措施起源于美国费城。1776 年美国宾夕法尼亚州市民理查德·怀斯特（Richard Wister）创办的费城出狱人保护协会是世界上第一个出狱人保护组织。出狱人保护工作在促进出狱人再社会化和保卫社会方面起到了重要作用。其不仅符合市民的利益，而且符合国家的利益，因此很多国家不仅肯定了出狱人保护的合法性，而且在可能的范围内给予大量的支持①。

我国有关出狱人保护工作的规范，在法律层面有 1994 年颁布实施、2012 年修正的《中华人民共和国监狱法》，该法第三章第五节用了四个条文对罪犯的释放和安置作了原则性规定：

第三十五条　罪犯服刑期满，监狱应当按期释放并发给释放证明书。

第三十六条　罪犯释放后，公安机关凭释放证明书办理户籍登记。

第三十七条　对刑满释放人员，当地人民政府帮助其安置生活。刑满释放人员丧失劳动能力又无法定赡养人、抚养人和基本生活来源的，由当地人民政府予以救济。

第三十八条　刑满释放人员依法享有与其他公民平等的权利。

---

① 斯特法尼．法国刑法总论精义［M］．罗结珍，译．北京：中国政法大学出版社，1998.

（四）方案设计

1. 目标

（1）总目标：激发服务对象潜能，提升服务对象能力，使其顺利回归社会。

（2）具体目标：增强服务对象就业技能、沟通技巧，缓解其内心的压力，促进其正常融入社会。

2. 方案执行

（1）针对服务对象个人，介入方案主要分为以下几个方面：首先，与服务对象建立专业关系，阐释自己工作的性质，了解服务对象的诉求。其次，针对服务对象的整体状况作预测性评估，对比服务对象之前暴力、嗜酒的行为及易冲动的性格预测评估其改善程度。社工针对评估结果，有针对性地开展矫正工作，并帮助刘某建立一份新生活规划表，严格监督其按照表中的内容来执行。然后，对目前服务对象产生的心理压力和消极情绪进行疏导，使其客观地看待自己的过去、现在和未来，合理定位自己在未来生活中的角色地位。另外，社工应向服务对象讲解沟通技巧并帮助其树立正确的生活理念，改变以往错误的交往方式，增强服务对象的文化知识能力和劳动技能。最后，梳理服务对象拥有的社会资源，为其顺利融入社会做衔接。

（2）根据刘某的能力和兴趣，采用优势视角理论，激发刘某潜能，发现其价值，并为他开展职业技能培训。

（3）联系刘某的家人，帮助他与家人恢复联系，告知刘某在狱中的表现和改造状况，增进彼此的理解。

（4）联系刘某所在的社区，争取得到社区的支持，充分挖掘社区资源，为刘某找一份合适的工作。

（5）在刘某出狱后，为其申请经济援助，暂时缓解其经济压力。

3. 方案评估

内容包括服务对象的改变情况、工作目标的实现程度、服务介入的投入；方法包括服务对象的满意度调查、同行的评估和服务机构的评估。

（五）总结

一方面，通过运用专业的技术和科学的理论，监狱社会工作有助于缓解罪犯与社会的对立，缓和二者的矛盾，促进社会公平正义。另一方面，刑满释放人员，尤其是刚从监狱释放的人，往往缺乏社会适应能力，再次回归社会难免会受到社会的歧视、家庭的拒绝和同伴的疏远，也有可能面临就业问题。如果这一部分人在释放前得到社会工作者的矫正和帮扶，将会更加顺利地回归社会，这对社会稳定和谐有着重大的意义。

本章小结

监狱社会工作的工作对象有广义和狭义之分。从广义上讲，包括监狱中的服刑人员、服刑人员亲属、监狱警察、受害人及其亲属。从狭义上讲，其工作对象为监狱中服刑的犯罪人员。

监狱社会工作的目标不在于执行惩罚，而在于运用社会工作的专业知识与技巧为服刑人员提供服务。一方面，帮助服刑人员树立改变自我的信心，发掘其改变的潜能，调动服刑人员解决问题的积极性，从而达到受刑人再社会化的最终目的；另一方面，帮助服刑人员自我了解，协助其接受教育和改造，最终达到降低服刑人员出狱后的再犯罪率的效果。

监狱社会工作的特征表现为：非自愿服务对象与服务对象自决的冲突关系、以惩罚为导向和以治疗为导向的冲突关系、辅助地位和主导地位的冲突关系。

监狱作为一个封闭陌生的环境，从新入监到中途改造到临近释放到刑满释放，服刑人员均具有不同的心理和行为上的表现，社会工作者应当从不同的维度和角度进行介入。

监狱社会工作的工作模式和方法为司法社工开展服务提供指导。其中个案社会工作模式包括：心理社会治疗模式、认知行为治疗模式、危机干预模式、赋权模式与倡导模式以及个案管理和人生回顾疗法。小组社会工作模式包括：社会目标模式、互惠模式和治疗模式。

思考题：

1. 国内外监狱社会工作的发展包括哪几个阶段？
2. 监狱社会工作的定义是什么？
3. 监狱社会工作的特征是什么？
4. 社会工作参与监狱发展的必要性有哪些？
5. 司法社工为监狱内服刑人员提供的服务内容有哪些？
6. 监狱社会工作的工作模式和方法是什么？

第六章　刑满释放人员的社会工作介入

我国每年都有大量刑满释放人员回归社会，由于其特殊性，他们在出狱回归社会后会面临来自自身、环境及社会等方面的挑战。将出狱后的安置帮教与监狱等场所的改造衔接起来，对于巩固刑满释放人员的改造成果，避免或减少其重新犯罪的可能性，维护社会治安秩序具有重要意义，社会工作可以介入这一领域的诸多方面。本章主要阐述刑满释放人员的概念、特征，分析社会工作介入刑满释放人员工作的必要性、可行性，通过介绍国内外对刑满释放人员开展的教育、帮扶、保护工作，探索在我国目前的情境下，社会工作可介入刑满释放人员服务中的具体内容，并提供模式与方法的指导和借鉴。

第一节　刑满释放人员社会工作介入的概述

刑满释放人员作为司法社会工作的一类重要服务对象，在不同国家或地区、不同历史时期有不同的概念和定义，明确刑满释放人员的概念和特点，有利于帮助社会工作者梳理介入重点及内容。

一、刑满释放人员及其相关概念的界定

（一）出狱人

刑满释放人员在国外通常被称为“出狱人”，如 18 世纪美国费城创立的出狱人保护协会等。出狱人可以简单理解为离开监狱重返社会的人，但这一概念在我国的研究中被采用得较少。

（二）刑释解教人员

刑释解教人员包括刑满释放人员和解除劳动教养的人员。劳动教养即劳动、教育和培养，这一制度从苏联引进。劳动教养并非依据法律条例，从法律形式上亦非刑法规定的刑罚，而是依据国务院劳动教养相关法规实施的一种行政处罚，公安机关无须经法庭审讯定罪，即可对嫌疑人投入劳教场所实行最高期限为 4 年的限制人身自由、强迫劳动、思想教育等措施。在 2013 年 11 月《中共中央关于全面深化改革若干重大问题的决定》公布后，这一制度已经废止，此后便很少使用这一概念。

（三）刑满释放人员

本书中采用的刑满释放人员这一概念，是指根据人民法院判决或裁定确定的刑期，通过执行刑罚和改造，服刑期满，由刑罚执行机关依法解除其监禁状态，恢复其人身自由和其他相关权利、回归社会的人员①。包括监禁刑（监狱、看守所）和非监禁刑（社区）服刑期满的人员。刑满释放意味着刑罚的终止，也是由罪犯身份恢复公民身份的重要标志。

二、刑满释放人员的特征

刑满释放人员作为一种特殊的、较为复杂的社会群体，具备多种特征。根据王操力等学者的观点，刑满释放人员这一群体具有以下特征。

（一）刑满释放人员客观上具有弱势性

刑满释放人员由于长期受到监禁，获释后难以很好地适应社会，重新社会化的过程很困难。一方面，其在社会交往及就业等方面往往会受到诸多歧视和限制；另一方面，就其本身而言，其综合素质较差，在目前形势严峻的社会环境中不具备竞争优势，这也对其重新社会化造成了更大的障碍。

（二）刑满释放人员存在风险性

由于在服刑期间受到监狱亚文化以及“交叉感染”现象的影响，对刑满释放人员来说，刑罚对其威慑感降低，刑满释放人员在回归社会后面临生存困境，犯罪心理更易被激发，在一定程度上具有再犯罪的风险。

（三）刑满释放人员在一定程度上具有危险性

刑满释放人员常被标记为社会危险群体的一部分，不可否认的是，基于

---

① 夏宗素．矫正教育学指导［M］．北京：法律出版社，2002：66.

先前的犯罪心理结构和犯罪行为模式，这一群体更易诱发犯罪行为，并且可能导致比之前更加严重的犯罪，成为大案要案的主体。如果不对其心理、行为进行矫正，可能导致刑满释放人员长期具有危险性。

三、刑满释放人员社会工作介入的必要性、可行性

（一）刑满释放人员社会工作介入的必要性

1. 和谐文明社会发展的必然趋势

随着文明社会的发展，社会工作的功能已经从单纯的扶贫济困手段转变成了一种社会协调和社会控制手段，其专业价值理念与方法能够促进人与社会的和谐发展，进而维护社会的稳定。加强专业司法社会工作者队伍的建设，推进家庭、社区、社会各界参与刑满释放人员的帮扶、教育工作，促进其融入社会，预防再犯罪，是和谐文明社会发展的必然趋势。

2. 弥补政府在刑满释放人员安置帮教工作中的不足

预防和减少刑满释放人员重新犯罪、促进其顺利重返社会是一项庞大且复杂的系统工程，仅靠国家和政府的力量是远远不够的。而社会工作在救济、帮扶、助困等服务领域起到的重要作用，使得其参与刑满释放人员的服务工作已势在必行。司法社会工作介入刑满释放人员的服务工作，是文明社会发展的必然趋势，是能够弥补政府帮教工作缺陷的有效手段，是延伸政府社会公共服务职能的有益途径，也是降低预防重新犯罪运行成本的必然途径①。

（二）刑满释放人员社会工作介入的可行性

1. 政府部门与相关政策的鼓励与支持

近年来，我国部分地区积极动员社会团体、民办非企业单位以及城乡社区社会组织等，参与刑满释放人员的教育帮扶工作，帮助他们解决出狱后在就业、生活、社会交往中遇到的各种问题和困难，促进了刑满释放人员顺利融入社会。党的十八届四中全会提出要建立健全社会组织参与帮教特殊人群的机制和制度，鼓励、引导和支持社会组织参与帮教工作。2016 年 10 月，司法部、中央综治办、民政部、财政部联合制定印发《关于社会组织参与帮教刑满释放人员工作的意见》，为社会组织参与帮教刑满释放人员工作提供了指

---

① 刘阳．司法社工参与未成年刑释人员再犯罪预防的新探索［J］．预防青少年犯罪研究，2012（8）．

导。参与帮教是一项长期的、专业性较强的系统工程，需要具备教育学、犯罪学、心理学、社会学等学科的综合性专业人才。这些相关政策文件为刑满释放人员的社会工作介入提供了指导和可能。

2. 社会工作专业价值与科学方法的优势

社会工作作为一种重要的社会服务手段，其独特的价值观和专业方法，可以在解决社会问题、化解社会矛盾、维护社会稳定等方面发挥重要作用。社会工作介入刑满释放人员的安置帮教、社会融入等工作，一方面可以采用社会工作的以人为本、助人自助的价值理念，运用专业理论、方法和技巧，为刑满释放人员提供优质的福利服务；另一方面在运用社会工作的专业理论、方法和技巧的过程中，不仅可以为刑满释放人员提供物质上的援助，还能为他们提供行为矫正、心理辅导、技能培训、就业咨询等多方面的综合性服务，不局限于帮助他们解决眼前的困难，而是更进一步关注能力建设，帮助他们实现自我增值，重新被社会接纳和认可，促进其实现人生价值。

第二节　刑满释放人员社会工作介入的内容

西方国家于18世纪70年代就出现了对刑满释放人员教育、帮扶、保护制度，称为“更生保护”，其中以日本为典型。本节将分别介绍日本的更生保护制度以及我国刑满释放人员安置帮教工作的具体内容，进而探索、发现社会工作在我国刑满释放人员安置帮教工作中可以介入的具体领域，明确刑满释放人员社会工作介入的工作内容。

一、国外的更生保护制度

（一）更生保护制度的起源

更生保护（Rehabilitation）是指对于出狱犯人、曾受过某种刑事司法处分的犯罪人以及其他有不良行为的人，在社会上给予适当保护与辅导，帮助其彻底改变不良的性格、习性和心理，克服生活上的困难，使其自力更生、顺利适应社会生活，不致重新犯罪的制度[①]。更生保护也被称为“出狱人保护”“司法保护”等，本质上是一种社会福利措施，与重新犯罪控制有着密不可分

---

① 李学斌．重新犯罪控制研究［M］．石家庄：河北人民出版社，1999：44.

的联系。

更生保护制度发源于1776年的美国费城。美国宾夕法尼亚州费城的理查德·怀斯特（Richard Wister）在目睹出狱犯人悲惨的生活状态后出于恻隐之心，组织建立了费城出狱人保护协会，为出狱犯人的生活与就业等问题提供帮助，被认为是世界更生保护组织的开端，怀斯特也因此被尊称为“更生保护之父”。随着这类民间组织和个人团体的发展，更生保护在预防出狱犯人再犯罪的方面发挥着越来越显著的作用，也引起了美国政府的重视，随后由政府提供经费，先后在各地成立了具有官方性质的出狱人保护机构，帮助出狱人解决生活和就业等问题。1862年，英国颁布了出狱人保护法，随后日本、法国、意大利等国家也相继建立了更生保护制度。日本刑满释放人员的更生保护体系中，社会及个人参与完整，形式多样，并通过立法加以规范。因此，相比于其他国家，日本的更生保护制度更为典型。

（二）日本的更生保护制度

1. 日本更生保护制度的起源

日本的更生保护起源于1879年，为了解决由于全国大赦出狱人激增从而造成的出狱人的社会生活和工作问题，政府、企业家以及民间团体和公民个人纷纷为其提供援助。早在1883年，神道教的神职人员池上雪枝就在大阪开设了一所名为雪枝的感化院，即日本最初的“非行少年感化院”。而金原明善于1888年设立的静冈县出狱人保护公司，是成年人出狱保护的先驱，专门帮助从监狱释放后回到社会的人员。随着组织的发展和体制的成熟，日本法务省专门设立了“出狱人更生保护局”，统管全国的更生保护工作。

2. 日本更生保护制度的内容

（1）更生保护对象。根据1995年《更生保护事业法》的规定，日本更生保护的对象主要包括以下几类：一是被法院直接处以保护观察的人；二是被法院判决执行缓刑，而需要予以保护观察的人；三是假释或者保外就医者需要予以保护观察的人；四是刑满释放或赦免出狱后，需要继续实施保护观察的人；五是其他法定规定应予保护观察的人①。

（2）更生保护的主体。日本政府设置更生保护委员会、保护局等部门。更生保护委员会主要负责审查对地方更生保护委员会的决定有异议的案件，

---

① 王珏，鲁兰．日本更生保护制度［J］．中国司法，2007（11）．

还要向法务大臣提出关于特定者的恩赦申请；保护局则负责更生保护相关政策的制定和实施、法令的制定和修缮、预算决定等与制度相关的事务。在民间实施更生保护事业的人士称为保护司，保护司在具有社会奉献精神，帮助曾经犯罪者改过自新的同时，努力进行预防犯罪宣传，肩负净化地域社会，为个人和公共福利作出贡献的任务①。

（3）更生保护的内容。1949 年，日本政府颁布的《犯罪者预防更生保护法》是出狱人更生保护的基本法律。该法规定了改造保护的机构及其权限、所管辖的事务、假释及保护观察的方法和手续、对刑满释放者的新生教育。该法第三十六条规定，可以采取以下几种保护观察措施：①鼓励修养情操方面的学习训练；②确保一定条件的医疗保健；③确保住所安定；④就业辅导、帮助就业；⑤改善调整环境；⑥帮助到适合更生的地方居住；⑦为适应社会生活进行必要的生活指导；⑧采取为帮助本人更生有利的措施。第四十条规定："在对象受伤或者疾病，没有适当的临时住所、没有居所或者职业，可能妨碍更生的情况下，必须让该人住进公共卫生福利设施或者其他设施，接受医疗、食宿、职业方面的救助。"②

（4）更生保护的方式。日本的更生保护在实施时，需要由保护观察官决定具体的更生计划。具体来讲，首先，保护观察官与保护对象进行面谈，了解保护对象案情的具体情况，并由保护观察官制订更生计划，为其选择合适的保护司；其次，保护对象在家人的陪同下拜访保护司，频率约为每月一次。保护观察官在为其提供帮助和保护的同时，通过与其保持适当的接触，使其感受到如果不遵守相关规定就会被取消保护的震慑，以发挥监督作用。

（三）日本更生保护制度的优势及其对我国的借鉴意义

在长期的发展中，日本更生保护制度形成了由政府机关领导民间志愿者和保护司开展更生保护的工作体系，在促进出狱人回归社会、预防再犯罪进而维护社会稳定中发挥了重要的作用。具体来讲，其优势主要如下。

1. 实施更生保护的机构比较健全

日本更生保护事业由政府部门的公职人员和民间志愿者共同负责。法务

① 姬素兰．浅谈日本的更生保护制度［J］．公安大学学报（社会科学版），1998（6）．

② 刘晓梅，张智宇．日本更生保护制度及其对中国的启示［J］．社会工作，2010（7）．

省设立保护局，下设与矫正管区相对应的 8 个地方更生保护委员会、50 个保护观察所，以及 5 万名从事更生保护观察的志愿者即保护司，具有“政府主导，官民结合”的特点。

2. 人员配备专业、充足、多元

日本更生保护制度在人员配备方面的优势主要体现在以下方面：一是法务省从社会学、心理学等专业的国家公务员考试中录用“保护观察官”作为专职官员；二是招募大量志愿者是日本更生保护制度的重要特征；三是建立更生保护设施，即建立非营利机构，为缓刑犯、假释犯等提供食宿等物质帮助。

3. 经费充足，来源多元

日本更生保护设施所需经费的 70% 由政府财政支出负担，其余依靠经营性收入或募捐收入，多元的经费来源为实施更生保护提供了重要保障。

日本更生保护制度来自民间，有着广泛、坚实的社会群众基础，因而比较容易广泛推广。虽然与我国存在较大差异，但依然值得我国学习和借鉴。例如，我国也可以尝试设立专门机构，或在现有机构下设立专职部门，配备专业素质高且数量充足的专职人员，以开展刑满释放人员的安置帮教工作，并充分调动社会组织、社会工作者等社会力量，发挥其在开展具体服务和资源链接中的积极作用。发达国家更生保护制度在保护刑释人员和预防重新犯罪方面的成熟经验和方法，对探索适应我国国情的刑释人员保护制度具有重要的借鉴意义。

二、我国对刑满释放人员的安置帮教

（一）刑满释放人员安置帮教的起源

与其他国家不同，我国与出狱人保护有关的制度是安置帮教。安置帮教是指在党委、政府的统一领导下，依靠各有关部门和社会力量对服刑完毕回归社会的人，进行的引导、帮助、扶持、管理的工作，是一种非强制性的制度[①]。从历史上看，安置帮教的萌芽开始于清末时期。我国第一部完整的监狱法典——《大清监狱律草案》中，出现了对刑满释放人员进行妥善安置工作

---

① 高巍．社会工作对司法行政基层工作的意义及问题研究［J］．中国司法，2011（11）．

的雏形。而真正意义上的安置帮教制度的形成是在改革开放后，国家政治、经济和社会环境都经历了深刻变革，伴随着我国的经济发展和政治体制改革，安置帮教制度也随着时代的进步而不断完善发展。1983 年《关于犯人刑满释放后落户和安置的联合通知》和 1984 年《关于做好犯人刑满释放后落户和安置帮教工作的通知》两个文件的颁布施行，标志着我国的安置帮教工作向规范化方向转变，开始进入法制化建设时期。

（二）刑满释放人员安置帮教的内容

1. 安置帮教的对象

安置帮教的对象是刑满释放 5 年内、解除社区矫正 3 年内的人员，其主要措施是对没有生活出路（通常是指无家可归、无生活来源、无业可就的“三无”人员）和有重新犯罪倾向的人员所进行的教育和帮教。

2. 安置帮教的主体

根据有关规定，安置帮教的实施主体包括刑释人员所可能接触的各个职能部门，包括但不限于司法、公安、民政、工商、劳动、财政、税务、工会、妇联、关心下一代委员会、共青团、综治办等。它们各有分工，各司其职，共同维护安置帮教工作的开展。如司法部门发挥引领作用，负责制订安置帮教的计划，协调各部门参与，并负责对工作开展情况进行检查和改进；公安部门负责与户籍、身份有关的业务，也为防止刑释人员再犯罪提供警示作用；民政部门负责给予其临时救助和最基本的生活保障；等等。显然，与日本更生保护制度不同，我国的刑满释放人员安置帮教工作的实施主体是以政府为主导的。而且，目前没有专门法律对安置帮教工作进行规定，安置帮教工作多是各级司法行政机关在专门的工作会议上进行商讨并作出决议。

3. 安置帮教的具体内容

我国对刑释人员的安置帮教工作经历了一个长期的发展变化过程，但始终围绕着保护刑满释放人员的法定权利，促进其融入社会、回归正常生活，预防其再犯罪等目标和任务。总的来看，我国对刑满释放人员的安置帮教工作主要包括以下内容。

（1）安置就业、就学。刑满释放人员回归现实社会后，首先面临的问题就是如何维持生存，解决最基本的生活需求。无法就业、没有收入会直接危及他们的生存。但是在我国目前严峻的就业形势下，刑满释放人员本就已隔绝社会多年，知识、技能都相对落后，再加上其曾经犯罪的负面标签，他们的就业一般会面临一定的困难。因此，为刑满释放人员开展文化、技术、就业培训和指导，是安置帮教工作的重要内容。值得注意的是，通常就业培训在释放前就已经开始了，释放后的工作重点在于安置就业。安置就业从过去由国家包办逐渐发展成为国家、集体协助和个人自谋职业相结合的方式。具体来讲，安置方式主要有六种：一是创办过渡性安置经济实体；二是依托现有企业开办的多种形式的刑满释放人员安置基地；三是引导刑满释放人员自谋职业与社会多渠道安置相结合；四是为农村籍的刑满释放人员划分责任田，安置其务农；五是原单位继续接收安置；六是进一步发展社区服务，挖掘社区服务中的就业机会，为刑满释放人员提供合适的岗位。另外，对有受教育需求的刑满释放人员，国家已有明确的复学、升学不受歧视的相关规定，保障其受教育的权利。但就现实情况而言，刑满释放人员由于年龄或个人原因不能或不愿意继续就学，因此为他们提供的主要是社会教育，包括思想教育、职业培训等，帮助他们融入社会，重新做人。

（2）社会救济。刑满释放人员的社会救济和物质帮助方面，主要由监狱和民政福利部门承担。刑满释放人员长期脱节于现实社会，重返社会会遇到诸多困难，特别是有些年老、患病、残疾的刑满释放人员，都需要国家和社会给予其帮助和救济。一方面是生活救济，即对那些生活难以为继、走投无路的刑满释放人员，民政部门会联合其他相关部门给予其物质上的救济，来保障其最基本的生活；另一方面是住房安置，即为那些无家可归、无亲可投的刑满释放人员提供暂时的居住场所，避免其走投无路，再次走上犯罪的道路。

（3）社会帮教。社会帮教是对刑满释放人员的一种权利保障，也是维护社会稳定的一种社会管理教育措施。是指依靠社会和群众的力量，对刑满释放人员给予关心、帮助和教育，使他们踏上新的人生道路①。多数刑满释放人员虽然属于改造态度较好者，但可能依然存在思想素质不稳定、情绪波动较大、心理问题严重等问题。因而社会帮教主要是从思想指导上对其提供帮助，包括：一是指导刑满释放人员形成健康稳定的心理机制，帮助他们正确认识社会、正确对待舆论、正确看待自己，树立重新做人的勇气和信心，自觉抵

① 薛瑞麟．法大刑法学研究文集［M］．北京：中国政法大学出版社，2002：287-300.

制不良诱惑，防微杜渐；二是做好刑满释放人员行为上的督导和辅导，强化其新生意识，消除不良影响；三是帮助其稳定婚姻家庭关系，婚姻家庭关系是每个人重要的社会关系之一，良好、稳固的婚姻家庭关系，可以提高刑满释放人员对社会的归属感和回归社会的信心；四是营造正确的舆论氛围，主要是指减少社会公众对刑满释放人员的歧视、冷漠和偏见，提高社会公众对刑满释放人员的接纳。

三、社会工作介入刑满释放人员安置帮教的具体领域

近年来，党和政府一直十分重视社会力量参与刑满释放人员安置帮教，2016年10月，司法部、中央综治办、民政部、财政部四个部门联合制定下发《关于社会组织参与帮教刑满释放人员工作的意见》，鼓励、引导和支持社会组织参与帮教刑满释放人员工作。而社会工作者正是一种具备专业优势的社会力量，能够在安置帮教工作的环节中发挥重要作用。结合该意见与安置帮教工作的内容，社会工作可以在以下方面发挥作用。

（一）参与制订安置帮教方案

安置帮教方案需要针对每个刑满释放人员的具体情况来制订，由司法行政部门制订安置帮教方案，在刑满释放人员数量较多的情况下，会增加司法行政部门的工作压力和成本，可能会影响安置帮教效果。而社会工作者可以发挥擅长制订服务方案的优势，按照安置帮教方案的要求，通过司法行政部门了解掌握刑满释放人员基本信息、改造表现、家庭状况等情况，注重个体需求，有针对性地制订帮教方案，为开展帮教工作奠定基础，减轻司法行政部门的压力，降低行政成本。

（二）链接政府与社会资源

1. 政策资源传递

政府部门为刑满释放人员提供了很多政策帮助和支持，但并非所有的刑满释放人员都能知晓、了解，甚至不少刑满释放人员在自己遇到困难，需要得到政府的救济时，也不知道如何去申请。针对这一情况，社会工作者可以发挥引导和链接资源的作用。一方面，社会工作者可以向符合社会救助条件的刑满释放人员介绍社会救助相关政策和申请的条件、程序等，还可以协助“三无”、老弱病残等生活困难的刑满释放人员，向有关部门提出社会救助申

请；另一方面，社会工作者可以在帮助刑满释放人员解决就业问题时，向就业困难且有劳动能力和就业需求的刑满释放人员提供职业技能培训、推荐就业岗位，帮助其了解政府申请就业、创业扶持等相关政策，协助办理工商登记，落实税费减免、信贷支持政策等。另外，社会工作者还可以协助有关部门，为符合条件的刑满释放人员链接法律援助资源等。

2. 筹集资金，为各项工作的开展提供物质支持

安置帮教工作的开展需要投入大量的人力、物力、财力，各个环节都需要资金支持才能保障运转。政府部门划拨的资金毕竟是有限的，社会工作者可以通过动员爱心人士、慈善机构开展爱心捐赠等方式，为刑满释放人员安置帮教工作提供资金支持。资金来源的多元化，能够为安置帮教工作的开展提供更好的物质保障。

（三）社会适应性帮扶

社会工作者可以针对刑满释放人员的具体情况，通过开展社会交往能力培训、社区公益活动等方式对其进行社会适应性教育和训练，提高刑满释放人员适应社会的能力。社会工作者还可以通过多种方式，帮助刑满释放人员增进与家庭成员和亲友邻里、受害人及其家属的沟通，改善他们之间的关系，使刑满释放人员得到受害人及其家属的谅解以及家庭和社会的包容，帮助重构良好的社会支持网络。

（四）心理咨询与辅导

社会工作者可以通过开展心理测试与评估、心理咨询与治疗等工作，帮助刑满释放人员正确处理重返社会时的心理障碍，减轻重返社会的心理负担，帮助他们克服消极情绪，引导他们走出心理阴影，进而培养健全人格，促进他们的心理健康发展。

（五）宣传教育

社会工作者可以采取多种方式，协助政府有关部门为刑满释放人员开展遵纪守法、社会公德、家庭美德、个人品德教育、形势政策宣讲等宣传教育工作。如与普法教育有机结合在一起，开展刑满释放人员的普法与形势政策宣传教育工作，引导他们学法、知法、守法，了解与其自身相关的最新的形势政策；开展传统文化宣传教育活动，使刑满释放人员通过学习传统文化感悟优良传统与美德，提升个人品德与素质；还可通过开展其他社区活动，加强其与亲属及社区群众的沟通交流，改变周围人对刑满释放人员的态度，使

社会减少歧视，提高接纳程度，进而提升刑满释放人员重返社会的信心。

四、社会工作介入刑满释放人员安置帮教的困境与展望

虽然社会工作在刑满释放人员安置帮教工作中可介入的领域有很多，但实际上在目前我国的社会背景下，安置帮教工作的开展并不尽如人意，社会工作介入刑满释放人员安置帮教工作也存在一定的困境，其主要表现在以下几个方面。

（一）从安置帮教的角度来讲

1. 社会群众基础比较薄弱

美国、日本等西方国家的更生保护发源于民间，社会认可度较高，而我国安置帮教是由政府主导的，社会力量参与不足。在我国的社会文化背景下，社会公众往往对刑满释放人员安置帮教工作的接受和配合度不高。一方面是因为刑满释放人员曾为罪犯的经历，使普通公众难以接纳、平等对待他们；另一方面是很多普通公众生活尚不容易，也面临着就业、住房等生存困境，依然只能通过自己的努力去奋斗，而曾经犯罪的刑满释放人员却能够得到政府和社会的安置、帮扶，可能引起部分普通公众的不满、不理解、不支持。

2. 刑满释放人员自身的不配合

安置帮教是非强制性的，要征求刑满释放人员的同意。虽然安置帮教是为刑满释放人员提供帮助和救济，但一定程度上也对刑满释放人员进行管控，不乏有些刑满释放人员并不愿意配合。

（二）从社会工作的角度来讲

1. 社会工作介入刑满释放人员工作才刚起步

社会工作这一西方舶来品，在我国刑满释放人员以及普通公众中的认可度不及西方国家。他们可能难以理解社会工作专业的价值、理念，对社会工作者为他们提供的帮助持怀疑态度，很难建立良好的信任关系。这对社会工作者介入刑满释放人员的安置帮教造成了一定程度的阻碍。

2. 社会工作者自身的能力有待提高

要想使政府和社会重视社会工作专业的作用，社会工作更好地介入刑满释放人员的安置帮教，首先社会工作者自身的素质、能力要过硬。因此社会工作者要认真学习专业知识、方法和技巧，以及国家相关政策法规，着力提

高自身专业能力。另外，由于我国刑满释放人员的安置帮教是以政府相关部门为主导的，社会工作者在介入的过程中还应当明确自己的角色定位，即社会工作者在安置帮教工作中是一种配合、协助政府相关部门工作的角色，社会工作者应在认清角色定位的前提下去发挥专业的作用与优势。

与司法社会工作其他领域的服务对象不同，刑满释放人员是已经恢复自由的普通公民，如此更能体现社会工作者与服务对象的平等关系，更有利于社会工作专业精神的发挥。并且，相比于社区矫正或其他领域，安置帮教基本上各个方面都有社会工作者可以参与的部分，相对来说所受的限制较少，因而社会工作者能够发挥作用的空间很大。虽然目前政府已有相关政策倡导，但具体工作的开展仍有待进一步探索。一方面，司法社会工作在我国仍是一个新生事物和新兴职业，需要政府具体政策的引导和支持，如出台减免税收、财政支持等激励政策，以及职业规范和从业标准等规定。还应明确政府与社会组织的运作机制，如由司法职能部门提出需求，由职业社会工作者或机构提供专业服务，由政府管理部门或社会公益团体购买服务的运作机制。即政府通过“项目委托、项目管理、项目评估”规范政府职能部门与司法社会工作工作职能、业务范畴等①。另一方面，社会工作专业内部也应加强专业司法社工人才的培养，针对社会工作专业的在校生，除加强理论知识和专业方法的学习外，还应为其提供充足的实习时间以能够持续跟进某项服务；针对现职司法社工则需加强职业培训，不断提高其专业知识水平和能力素质。总之，司法社会工作介入刑满释放人员服务工作，还需政府与社会工作者的共同推进与持续探索。

第三节　刑满释放人员社会工作介入的工作模式与方法

刑满释放人员在重返社会时，通常会难以适应社会，存在心理冲突、行为偏差以及社会关系失调等问题，及时对其开展治疗、辅导等服务，能够帮助他们解决问题、纠正偏差行为，提高适应社会的能力，促进其顺利回归社会。一般来说，社会工作者在开展服务的过程中会用到针对个人的个案工作

---

① 刘阳．司法社工参与未成年刑释人员再犯罪预防的新探索［J］．预防青少年犯罪研究，2012（8）．

方法、针对环境的社区工作方法等。具体来讲，有以下工作模式和方法。

一、针对刑满释放人员个人的社会工作模式

针对刑满释放人员个人的问题，一般采用个案工作方法，通过接案、预估问题、制订计划、开展服务、评估与结案等步骤开展服务。具体来讲，针对刑满释放人员个人的服务可根据实际情况采用以下模式。

（一）心理社会治疗模式

心理社会治疗模式是个案社会工作的传统治疗方法之一，1930 年美国史密斯学院的汉金斯首次使用了“心理社会”这个概念。心理社会治疗模式最初受精神分析理论的影响很大，后来一些学者不断加以修正，逐步吸收了社会学的角色理论、人类学理论、沟通理论、学习理论、家庭理论、系统理论、危机理论等，在此基础上，提出了该模式的一些基本假设和原则。

1. 心理社会治疗模式的基本假设

（1）对人的成长发展的假设。该模式认为人生活在特定的社会环境中，其成长和发展会受到生理、心理和社会三方面因素的共同影响。

（2）对服务对象问题的假设。该模式认为有三方面的因素可能导致服务对象问题的产生，即不良的现实生活环境、不成熟或有缺陷的自我和超我功能以及过分严厉的自我防卫机制和超我功能①。

（3）对人际沟通的假设。该模式认为人际沟通状况是人与人进行有效沟通的基础，也是影响个人人格发展的重要因素。

（4）对人的价值的假设。该模式认为每个人都是有价值的，目前陷入困境的人依然拥有值得被发掘的潜能。

2. 心理社会治疗模式的治疗目标

采用心理社会治疗模式为刑满释放人员提供服务、制定目标时，应当考虑到以下几点：降低服务对象的焦虑不安；降低“人在情境中”系统的功能失调；增强服务对象自我适应能力和“人在情境中”系统的功能；增强服务对象的自我实现和满足感；改善服务对象所处的环境②。

---

① 全国社会工作者职业水平考试教材编写组．社会工作综合能力（中级）［M］．北京：中国社会出版社，2016：120-122.

② 沈光辉．社会工作概论［M］．北京：中国社会出版社，2014：346.

3. 心理社会治疗模式的技巧

心理社会治疗模式把治疗分为直接治疗和间接治疗两种类型。

（1）直接治疗技术。①非反映沟通动力技术。一是支持，支持包括减轻服务对象的不安和焦虑情绪，激发与增强服务对象的自信及其面对困难的勇气和改变自我的动机等。社会工作者可以通过专注的聆听、点头示意、微笑等方式表达对服务对象的支持。保证也是重要的方式，即在对实现目标的能力作出预估的前提下肯定服务对象的某些行为，作出必要的治疗效果的承诺等。二是直接影响，指社会工作者通过直接或间接的方式向服务对象表达自己的立场与态度，推动或劝阻服务对象的某些行为。三是“探索—描述—宣泄”，探索即由社会工作者引导服务对象叙述与其问题有关的情况，而只有通过服务对象的描述以及描述中的情绪反应，社会工作者才能了解服务对象的具体情况，并且协助服务对象宣泄自己的负面情绪。

②反映沟通动力技术。反映沟通动力技术是应用评语、问题和解释等技术来探讨服务对象的处境和心态的过程，目的是发展服务对象的洞察力。反映讨论包括“人在情境中”反映讨论、心理模式动力反映讨论、人格发展反映讨论三种类型①。一是“人在情境中”反映讨论，以协助服务对象了解其现状，了解服务对象对其现状的反映。二是心理模式动力反映讨论，了解服务对象内心的反映模式和倾向。三是人格发展反映讨论，由于早年经历对个人发展具有重要影响，在治疗过程中应着重帮助服务对象认清并及时修正其对早年经历的反映。

（2）间接治疗技术。间接治疗技术作为一种曲线治疗方式，并非直接对服务对象开展治疗，而是将重点放在服务对象所处的环境中，通过环境的改变进一步促成服务对象本人的改变。特别是重要他人（父母、亲戚朋友等以感情联系为主的人）与并行者（邻居、房东、教师等以工作关系为主的人）对服务对象的态度、了解程度以及帮助程度，都会对整个治疗过程产生重大影响。

4. 心理社会治疗模式的治疗过程

一般把心理社会治疗模式的治疗过程分为开始接触、心理社会研究、诊断与治疗四个阶段。

---

① 沈光辉．社会工作概论［M］．北京：中国社会出版社，2014：346.

（1）开始接触。首先是初次会谈。初次会谈的主要目的是了解服务对象前来求助的动机，明确服务对象面临的问题，并根据实际情况衡量能否给予其帮助。其次是建立关系。社会工作者能否与服务对象建立良好的关系取决于社会工作者能否取得服务对象的信任。在建立关系与治疗的早期阶段，社会工作者的态度、方法、技巧是十分重要的。最初接触时，服务对象往往会受到其早期经历与现状的影响，根据心理分析学派的理论，社会工作者要留意自己和服务对象所发生的“移情”和“反移情”的现象。最后是签订服务协议。服务协议的主要内容包括制订治疗计划，明确服务方法与性质，澄清服务对象、社会工作者、机构各自享有的权利和义务等方面。

（2）心理社会研究。心理社会研究的第一步是资料的收集。即全面收集与服务对象有关的心理、社会等各方面的资料，包括了解服务对象对自身问题的看法、是否尝试处理过这些问题，追溯服务对象的童年及成长过程中的经历、价值观念及如何看待自己等。第二步是了解服务对象各种意识和无意识状态上的满足和不满足的不同感受。第三步是协助服务对象进行自我发现，了解自己在行为方面可能存在的缺陷及这些缺陷对面临问题的影响。

（3）诊断。根据美国学者霍利斯（Hollis）的观点，诊断是指整理、归纳、分析研究中所收集的资料以便对问题的性质作出一些评估和推理的过程①。霍利斯强调诊断并非只是给服务对象一个标签，而应该是一个科学化的过程。诊断分为三种类型：一是心理动态诊断，研究形成服务对象性格的三大动力即超我、自我和本我之间的互动，是一种平面诊断方式。二是病原诊断，即在服务对象过去的经历中挖掘形成问题的原因。三是分类式诊断，即将服务对象的功能按生理、情绪和社会功能进行分类，并分别作出临床评估。

（4）治疗。心理社会治疗模式下的治疗是指结合服务对象成长过程中的生理、心理、社会等各方面的因素及其互动作用，运用专业技术和方法，促进服务对象问题的解决以及个人的全面成长和发展。

刑满释放人员之所以曾经走上犯罪道路，往往与其不良的现实生活环境、人际交往状况，以及有缺陷的自我与超我等因素有关，其在重返社会时会存在焦虑和不适应。采用心理社会治疗模式为其提供治疗和服务，可以从生理、

---

① 李勇，李卫华，张金俊．个案工作［M］．合肥：合肥工业大学出版社，2005：154-157.

心理、社会等各个方面改善其现状，促进其恢复正常生活。

(二) 任务中心模式

任务中心模式是20世纪60年代中期，由里德（Reid）和爱波斯坦（Epstein）在美国倡导、发展的一种社会工作模式，通过将需要解决的问题确定下来，明确问题的意义，将其转化为可以采取行动的任务，对服务对象提供短期的、有效的服务。

1. 任务中心模式的基本假设

任务中心模式将介入的焦点放在为服务对象提供简明高效的服务上，帮助服务对象在有限的时间内实现自己所选定的明确目标。而高效服务必须达到以下基本要求：一是介入时间有限，二是介入目标清晰，三是介入服务简要，四是服务效果明显，五是介入过程精密。该模式认为服务对象有能力也有权利和义务解决自己的问题，因而非常重视提高服务对象自身的能力与参与程度。

2. 任务中心模式的技巧

任务中心模式把沟通视为社会工作者与服务对象进行交流的工具，社会工作者只有通过具体的沟通行动，才能把自己的想法与良好的服务传递给服务对象，促进服务对象问题的解决。任务中心模式认为，有效的沟通行动必须具备两个要素与五种功能。

（1）有效沟通行动的两个要素。一是有系统，社会工作者需要根据所处的介入阶段的目标和任务与服务对象进行沟通，这种沟通既要集中焦点，又应与整个服务介入过程紧密相连，做到层次分明、循序渐进。二是有反应，社会工作者应当鼓励服务对象积极表达自己的想法，并给予服务对象及时、积极的回应，使服务对象体会到社会工作者对自己的关心和尊重，使其愿意与社会工作者分享经验与感受。

（2）有效沟通行为的五种功能。一是探究，明确服务对象的问题和需要承担的任务。在确定了服务对象的任务之后，还需要进一步明确如何执行任务。二是组织，规划与服务对象沟通的方式和目标，包括介入目标的解释、介入时间的安排、行动的规划和服务对象的参与方式等。三是意识水平的提升，通过提供相关的资料，帮助服务对象提高对自身以及周围环境的认识和了解。四是鼓励，强化或者激励服务对象有助于完成任务的行为和态度。五是方向引导，为使服务对象了解完成任务的有效途径而向其提供建议和忠告①。

刑满释放人员在离开监狱重返社会的初期，急需解决其面临的心理上、生活上的问题，采用任务中心模式可以在有限时间内，以清晰的目标，着力解决当前的紧要问题，在达到明显的服务效果的同时，提高刑满释放人员自身解决问题的能力。

（三）现实治疗模式

现实治疗法是20世纪50年代由威廉·格拉瑟（William Glasser）创立的。1965年，格拉瑟出版了《现实治疗法》一书，对现实治疗法进行了详细的介绍。现实治疗模式能够帮助服务对象有效地控制自己的行为，并在现实生活中重新作出选择，是在控制理论的基础上假设人们能够对自己的感受、思想、行为负责。

1. 现实治疗模式的理论基础

现实治疗模式认为人是自主和自决的，因为人有自由意志，人的行为与生活方式主要是由人自己选择的。控制理论认为行为源自人的内在，是为满足个人基本需求的有目的的行为。人的基本需求包括生存及繁衍的需求、归属的需求、权力的需求、自由的需求以及乐趣的需求。而大脑是支配人类行为的控制中心，有四部分与人类行为相关，即内在世界、比较中心、知觉系统、行为系统，这四部分是驱动行为的强大力量②。

2. 社会工作者的素质

一是有能力和意愿对服务对象提出较高的要求，并对服务对象的需求高度敏感；二是愿意公开分享自己的奋斗过程；三是允许服务对象对其个人价值观发起挑战；四是拒绝接受服务对象逃避责任行为的借口；五是保持面质服务对象不负责任的行为的勇气；六是具备与服务对象建立真挚关系的能力。

3. 现实治疗模式的实施过程

（1）与服务对象建立关系，了解服务对象的需求。对服务对象而言，与社会工作者建立一个个人化、被接纳和受支持的关系是一种特殊的经验。社

---

① 社会工作者职业水平考试试题研究组编 . 2015 社会工作者职业水平考试考点精讲·真题自测（中级）社会工作综合能力［M］. 北京：中国法制出版社，2015：95.

② 刘淑娟，张海娜 . 社会工作概论［M］. 长春：吉林大学出版社，2015：237.

会工作者应协助服务对象表达其真实想法与合乎现实的需要。在这个过程中，服务对象可能会有不合作的态度，社会工作者可以凭借自己已建立的良好关系，运用面质的技术。一旦服务对象能够清楚说明其真实需求，治疗就可以进入第二步。

（2）询问及了解服务对象目前的行为。在这一阶段，社会工作者的主要任务是引导服务对象注意其当前的行为。社会工作者应询问服务对象在第一阶段时采用了什么方法去满足自身需求。目的是要引导服务对象了解其曾经采取过什么行为以试图满足自身需要或导致某些情绪。现实治疗法强调人们对自己的行为及后果负责。倘若服务对象能了解其行为所带来的后果，就可以进行下一步的治疗。

（3）协助服务对象进行行为评估。服务对象的自我检讨及自我改过是现实治疗法的基础，服务对象在进行任何改变时，必须要对自己的行为作出评估并愿意对自己的行为负责。在这一阶段，社会工作者应协助服务对象对其行为的意义和有效性作出评估，并鼓励服务对象对自己的行为负责。

（4）协助服务对象制订行动计划。当服务对象对自己不负责任的行为及其后果进行反省，并已有初步认识后，下一步就是制订计划，以便将不负责任的行为改变成负责任的行为。这一阶段是现实治疗法的核心。社会工作者在这个阶段的工作重点是协助服务对象制订一个合乎服务对象兴趣和能力的计划。社会工作者协助服务对象制订计划时应注意计划的具体可行性、渐进性、灵活多变性，同时还应注意社会工作者只是计划制订的引导者，而非决定者，要特别注意避免服务对象对社会工作者产生依赖。

（5）承诺。承诺是现实治疗法的基石。服务对象正是通过承诺来证明自己是一个负责任的人。社会工作者要协助服务对象对计划作出承诺，督促服务对象履行计划。

（6）不接受任何借口。社会工作者不能接受服务对象的任何借口，也不应追究失败的原因，更不能因为计划失败而责怪服务对象。因为现实治疗法关注的重点不是寻找计划失败的原因，而是协助服务对象根据实际情况制订新的计划或修改原来的计划。

（7）排除惩罚。惩罚不单指一般的惩罚或剥夺服务对象某些个人权益的措施，还包括向服务对象进行口头责备、说贬抑性的话。现实治疗法基本上否定惩罚的作用。社会工作者应对服务对象的改变充满信心和耐心，不允许对服务对象进行惩罚。

(8) 拒绝放弃。社会工作者在服务对象提出放弃时，应继续保持对服务对象改变自己的能力的信心。社会工作者如果放弃服务对象，就等于是在服务对象仍需要帮助的情境下向其表示无人能够提供帮助，将使服务对象陷入更深的绝望之中。

4. 现实治疗模式的技巧

现实治疗模式强调服务对象能力与潜能的发挥，为促进服务的顺利开展，社会工作者可以采取以下技巧①：与服务对象进行角色扮演；使用具有幽默感的语言进行沟通；协助服务对象制订特殊的行动计划；担任教师与示范者的角色；采取口头震撼协议，或者以挑战的方法面对服务对象不现实的行为。

现实治疗模式尊重服务对象的自主和自决，能够帮助刑满释放人员实现自我行为的控制，通过治疗和服务，促进其在今后的生活中能够自主作出正确的选择，并对自己的思想、行为负责。

(四) 社会网络干预模式

社会网络干预模式的目的在于对人的社会资源进行强化，以增强个人的社会整合度并协助个人解决生活中的问题。

1. 社会网络干预模式的理论要点

社会网络指的是一组个人接触，通过这些接触，个人维持其社会身份并获得情绪支持、物质援助和服务信息。从社会层面看，社会支持隐含个人和社会环境的联结，分为社区、社会网络、亲密伴侣三层。社区是最外层的一般关系，个人与社区的关系反映了个人与社区的整合度，个人对社区的归属感以及个人对社区的认同与参与；社会网络是更接近个人的一层，乃是个人可以直接或间接接触的一些个人，关系的来源包括亲属、同事、朋友；最接近个人的是亲密伴侣，关系中的人期待彼此互惠与互相交换，并且对彼此的福祉有责任感。从支持层面看，可分为工具性支持和表达性支持。工具性支持是指运用人际关系作为手段达到某种目标，如找工作、借钱等；表达性支持则包括心理支持、情绪支持、情感支持、自尊支持等。

2. 社会网络干预模式的基本假设

(1) 人类的生产需要与他人共同合作，以及依赖他人的协助。

---

① 刘淑娟，张海娜．社会工作概论［M］．长春：吉林大学出版社，2015：238.

（2）人类在生命发展历程中会遭遇一些可预期和不可预期的生活事件。

（3）人类在遭遇生活事件时，对个人的内在资源与外在资源也会产生影响。

（4）社会支持网络属于外在资源，可分为正式支持和非正式支持两类。

（5）虽然社会网络也可能对个人造成负面影响，但一般来说，人类在与他人进行联结的过程中，感受到自己属于社会的一部分，以建构社会整合感。

（6）经历压力事件时，可以通过社会支持网络来缓解压力带来的负面影响。

（7）社会网络中可以提供个人压力因应的方法，或者是直接参与压力因应的过程，有助于个人问题的解决。

（8）社会工作专业人员应协助强化一些特殊群体的社会支持网络。

3. 社会网络干预模式的介入目标

社会网络干预模式除了要为服务对象提供正式支持外，还要帮助服务对象重新建立过去的联结与建立新的联结，并使关系网络中的人都能发挥支持功能。社会网络干预模式的功能还包括预防、治疗和复建。在预防方面，来自社会的支持可以增加个人的福利和功能，以及减少负面影响带来的压力。在治疗方面，非正式支持体系可以协助正式支持体系的专业人员进行治疗工作。复建是指社会工作者可以运用非正式资源来解决服务对象的问题，以提高服务对象适应社会生活的能力。

刑满释放人员重返社会，仅从个人入手解决其面临的问题是不够的，他人、社区、社会对其提供的支持也是十分重要的。采用社会网络干预模式可以帮助刑满释放人员重新建立起社会支持网络，促进其融入社会。

二、针对刑满释放人员生活环境的社会工作方法

除了从个人角度入手促进问题的解决之外，社会工作还注重环境的改善，采用的方法包括社区工作、社会工作行政等方法。

（一）社区工作

社区工作以社区和社区居民为工作对象或服务对象，通过专业社会工作者的介入，旨在确定社区的问题与需求，发掘社区资源，动员和组织社区居民实现自助、互助和社区自治，化解社区矛盾和社区冲突，预防和解决社会

问题，从而促进社区服务质量、福利水平的提高和整个社会的进步①。在对刑满释放人员开展服务的过程中，使用社区工作方法，通过改善社区环境来促进社区关系的重塑，促进刑满释放人员社会功能的恢复。具体来讲，可以从以下方面入手：一是动员社区资源，联合居委会、志愿者等构成帮教网络，使刑满释放人员在社区中得到相应的支持。二是协助政府部门（如综治办、司法行政部门等）宣传相关政策，筹集物质资源，将社区作为开展刑满释放人员教育、帮扶活动的场所。三是联系社区就业、社保机构，为刑满释放人员提供职业技能培训与就业机会。四是组织社区服务与公益活动，使刑满释放人员通过参与服务活动，改善其在居民心中的形象，促进刑满释放人员的社会融入，提高其归属感。

（二）社会工作行政

在为刑满释放人员开展服务的过程中，既有直接的社会服务，也有间接的社会服务。社会工作行政正是间接方法的一种。社会工作行政是依照行政程序，妥善利用各种资源，实施社会政策，以向有需要者提供社会服务的活动②。社会工作行政的核心内涵是实施社会政策，即把社会政策变为对社会成员的社会服务，这要经过不同环节的连续努力，需要自上而下地推动和落实社会政策，需要各级社会行政部门、社会服务机构、社会福利提供者等各方的积极参与和配合。社会工作要真正发挥作用，需要进行政策倡导，影响社会政策。如把相关政策法规变成具体针对刑满释放人员的活动，以及把服务过程中的经验上升到理论进而影响相关政策的制定等行动。另外，社会工作服务一般都是依托社会服务机构及组织体系的，机构内部的管理程序和服务项目的规划、组织、人事管理、督导、财务、评估、研究等，都是服务过程涉及的内容。

刑满释放人员社会工作介入的方法、模式并不限于以上几种，社会工作中常用的认知行为治疗模式、理性情绪治疗模式、生态系统理论、优势视角与增能等理论、方法、模式都能够发挥一定的作用。社会工作者应在具体的服务中，根据实际情况，选择适合、有效的方法与模式。

---

① 徐永祥．社区工作［M］．北京：高等教育出版社，2004：20.

② 王思斌．社会行政［M］．北京：高等教育出版社，2006：8-14.

第四节　刑满释放人员社会工作介入案例[①]

一、案例背景

（一）基本资料

服务对象：阿平（化名）。

性别：男。

年龄：35 岁。

服务对象来源：因涉黑、涉毒、抢劫等犯罪入狱，回归社会后纳入司法所安置帮教对象。

（二）个案背景资料

服务对象家庭早年生活较为优越，在事业奋斗上亦有所成就，但因误交损友，生活放纵，染上了毒瘾，数年之中将祖上传承和自己经营所得的家产挥霍一空，为筹集毒资，逐步涉黑、涉黄并从事毒品交易。因此被北江监狱收监羁押。面对回归社会洗心革面、重新走上正常生活的重任，服务对象一筹莫展。

二、问题分析

（一）经济收入

服务对象目前无职业、有少量股份分红和相关的财产性收入，名下也没有房产，在郊区老村中与父母相依为命。据社会工作者观察，服务对象目前居住的房子为数十年前修筑的老宅，市价较低，且不在服务对象本人的名下。服务对象有一兄一弟，目前俱已成家，与父母分家单独居住。根据服务对象的线索提供和村委会的说明，社会工作者得知服务对象目前维持生计的经济来源主要靠父母资助，而父母的退休金也为数不多；服务对象因有过吸毒史，身体欠佳经常去医院。依靠父母不是长久之计，社会工作者需要帮助服务对象开辟新的工作渠道，促进其自力更生。

---

① 方连香．浪子回头金不换——安置帮教对象的重生之路[EB]．社工中国网．http：//practice. swchina. org/case/2015/0610/22374. shtml.

（二）社会行为

服务对象的行为问题既是对社会工作者的挑战，也是对服务对象本人的重大困扰。服务对象口述，回到社区后为了维持生存，时常与过去长期有过交往的社会涉黑人员来往，通过参与聚集斗殴、讨债等换取更多的收入。这种行为对其本人来说是一个危险的因素，对社会来说更是一种危害。因此，社会工作者全面介入服务对象的生活势在必行。

（三）心理困境

个人生活状态由辉煌到极度低落的巨大反差深刻影响了服务对象对社会和人际交往的偏见。服务对象言谈和举手投足之间，“天下人皆负我”的语气油然而生；服务对象对平静而文明健康的生活既羡慕又怀疑，这使其一方面不断地通过各类渠道希望改善自己的生活，另一方面又混迹于各类群体，以达到维持自尊和生活的双重需要，深陷其中而无法自拔。

（四）职业问题

心理困境深刻影响服务对象对于未来职业的规划。服务对象自认为有过当老大的经历，个人的工作应该有一个很好的起点，所以不愿从事村委会给他推荐的保安等一系列工作。但是，离开村委会的帮助，服务对象因为知识水平的限制不可能从事更好的工作，又只得混迹于黑社会从事危险性高的涉黑活动。同时，服务对象对于自己的未来也没有很好的定位，更不知道自己应该将什么作为人生的重点，浑浑噩噩，终日无所事事，不是四处上访，就是游手好闲，对自己、对社会都没有交代。

（五）健康问题

注射式吸毒给服务对象留下后遗症，表现为腿部大动脉硬化、血管纤维化和破裂，目前问题已经比较严重。服务对象在北江监狱的时候由监狱提供治疗，出狱后无所依傍，四处求医，迫不得已重操旧业，靠帮老板讨债等活动为生。

三、服务计划

（一）服务目标

1. 总目标

社会工作者运用社会工作专业技巧和社会资源网络，使服务对象发掘个人潜能、实现个人价值，恢复社会功能。

2. 具体目标

（1）帮助服务对象获得基本生活保障。

（2）陪伴服务对象通过交友、就业获得自我接纳和社会认同。

（3）引导服务对象以积极的心态、正确的方法求职、择业、开启职业规划及人生规划。

（4）帮助服务对象发掘个人潜能，促使其人生走上正轨。

（二）介入模式

1. 理性情绪治疗模式

该模式认为情绪问题是人的非理性信念造成的。治疗的重点在于影响和改变服务对象的非理性观念和思想，从而达到转变服务对象沮丧情绪的目的，使服务对象正视及渴望更积极上进的生活。

在开启社会工作服务之前的交谈中，服务对象有一些诸如“要不是某某我就不会被抓去坐牢”“我以前公司业务很大，都怪谁谁谁搞黑我”“我坐牢了现在一无所有，亲戚都躲着我怕我连累他们，反正生活就那样子了”这样的非理性信念，影响着服务对象的情绪。社会工作者需要通过努力影响和改变服务对象的非理性信念，使服务对象建立起正确、积极、理性的信念。

2. 任务中心模式

社会工作者帮助服务对象寻找“一个可处理的问题”，并与服务对象并肩作战，一起寻找社会资源解决这一问题。问题被解决后服务对象感受到困难是可以被解决的，感受到社会工作者是可以被信任的，感受到社会工作者与他同在。

服务对象现在面临多重困境，这些困境不可能在短时间内被迅速地解决掉，需要与社区生活和家庭关系互动结合起来，形成服务对象扭转生活轨道、转向正常生活的巨大力量，因此建立起服务对象解决困难的信心和勇气是至关重要的。

四、介入过程

（一）第一阶段：前期评估，界定阻碍服务对象正常生活的困境

从经济收入、社会行为、心理困境、职业问题、健康问题等方面，完成对服务对象的评估，界定阻碍服务对象正常生活的困境。

（二）第二阶段：建立双方信任关系，正式开启专业服务

此阶段重点是建立信任关系，社会工作者运用开放式提问技巧，以服务对象倾诉为主，向服务对象表达同理、尊重并澄清问题，适时给一些正面意见和建议，让服务对象感到社会工作者的真诚和可信任。

（三）第三阶段：针对问题所在，运用专业知识开展服务

一是服务对象的生活保障问题，解决衣食的燃眉之急是解决所有问题的基础，协助服务对象向村委会、街道社会事务部门申请困难救助金。

二是服务对象的情绪问题，服务对象由原来的家境优越、事业有成，到抢劫、吸毒、锒铛入狱，再到出狱后一无所有，生活上巨大的落差，形成了自身对社会及社会交往的偏见，言谈与举手投足之间，浮现“天下人皆负我”的情绪。社会工作者运用社会工作专业知识及心理学知识消除服务对象这一消极的情绪。

三是服务对象对所犯罪行的认识问题，引导服务对象正确地面对过往经历，正视自我的历史，总结教训、吸取经验，去除“罪犯”标签。

（四）第四阶段：调整服务策略，明确服务方向

为服务对象争取到社区的临时性经济补偿，以暂缓目前的经济困难，杜绝服务对象继续从事涉黑性质活动的动机，使服务对象就断绝目前从事的“歪门邪道”的活动进行表态，推动服务对象自决，激发服务对象创业的动机。社会工作者与服务对象讨论其兴趣爱好及特长，服务对象自述希望从事挖掘机的工作，社会工作者与服务对象一起寻找社会资源，并运用专项培训扶持项目，帮助服务对象报名参加挖掘机的学习，为服务对象以后找到一份合法且合适的工作打下基础。

（五）第五阶段：持续关注服务对象的状态

社会工作服务的短期目标基本达成后，社会工作者还要随时观察服务对象的表现，为服务对象的个人职业生涯发展给予持续的指导，并准备好在必要时再次为其提供服务，不断关注并回应服务对象的需求，避免服务对象再次误入歧途。

五、评估

社会工作者主要以 AB 设计法（前后测评估）对该个案进行评估，在接案与快结案时针对服务对象填写相应的问卷调查，对比其前后的表现，发现服务对象在与社工建立信任关系、清晰个人问题与需求、应对困难的程度、重建人际系统等方面均有较明显的改善。个案计划中各项目标在实施中得到服务对象的配合，该个案的各项服务目标基本达到。

六、服务成效

服务对象能够与社会工作者保持常态化互动，对社会工作者的服务表示认可，每次能够按时、友好地与社会工作者见面，并饶有兴致地跟社会工作者谈论目前的生活，还能用自嘲式的幽默说起自己的过去。社会工作者感觉到服务对象对生活充满着积极和热情，充满了正能量。

在杜绝服务对象继续从事涉黑性质活动的动机，使服务对象就断绝目前从事的“歪门邪道”的活动进行表态，推动服务对象自决，激发服务对象创业的动机。一段时间后，社会工作者陪同服务对象在医院进行了尿检，没有发现服务对象有毒品复吸的痕迹；派出所排查及社区其他工作人员亦没有发现其与涉黑人员的来往。

服务对象目前已经完成了挖掘机培训，并且通过了测试，正式获得了挖掘机的驾驶技能，并根据朋友的介绍，在某工地从事驾驶挖掘机的工作。获得朋友的帮助和信任，服务对象很兴奋和激动，赶紧打来电话告诉社会工作者，社会工作者借此机会向服务对象说明“只要自己改过自新，走上正道，朋友和亲人是不会在意你的过去的，过去的经历都是财富”。同时，服务对象的月薪和生活保障均有稳定来源。

服务对象已从自暴自弃的情绪低谷中走了出来，重拾了对生活的信心，对未来的生活有憧憬和自己的规划。

七、结案

服务对象取得了挖掘机的驾驶资格，并且经朋友介绍在工地上驾驶挖掘机，有了稳定的生活来源，生活逐渐走上了正轨，个人心态也变得积极、乐观。

根据服务对象的上述情况，涉及本个案的几个突出问题得到基本解决，个案目标基本达到，服务对象的潜能得到充分发掘。在后期的工作中，社会工作者在与服务对象的联系和接触频率上将间隔时间拉长，用电话联系的方式代替面谈。社会工作者在征求服务对象关于结案的意见后，决定结案，并告知服务对象以后碰到问题也可联系社会工作者，同时社会工作者也会不定时联系服务对象，了解其以后的表现。

本章小结

本章首先界定了刑满释放人员的概念，介绍了其弱势性、风险性、危险性的特点，以及刑满释放人员社会工作介入的必要性与可行性，说明了当前政府对社会工作介入这一领域的提倡与支持，以及社会工作专业所具有的优势。其次，介绍了日本的更生保护制度与我国的刑满释放人员安置帮教工作，以及日本先进经验对我国的借鉴意义，进而探索社会工作可以介入的具体领域，即参与制订安置帮教方案、链接政府与社会资源、社会适应性帮扶、心理咨询与辅导、宣传教育等，并分析了目前刑满释放人员社会工作介入面临的困境。然后，列举了心理社会治疗模式、任务中心模式、现实治疗法、社会网络干预模式等几种可采用的社会工作介入模式与方法，为具体服务的开展提供指导和借鉴。最后，以深圳市社联社工服务中心社工开展的实际服务为例，介绍了社会工作介入刑满释放人员的安置帮教工作的具体过程。就目前而言，刑满释放人员社会工作介入的发展空间很大，政府也有相关政策支持和倡导，但具体工作的开展仍有待进一步探索。

思考题：

1. 试述西方更生保护制度与我国刑满释放人员安置帮教工作的区别与联系，以及对我国的启示。

2. 试述我国刑满释放人员安置帮教工作的内容以及社会工作可介入的具体领域。

3. 试述我国刑满释放人员社会工作介入面临的困境与解决措施。

4. 试述刑满释放人员社会工作介入可以采用的模式与方法。

第七章　禁毒社会工作

禁毒社会工作者在专业理论和技术方法的指导下，同吸毒人员建立较好的专业关系，寻找他们吸毒的背景和诱因，进而从根源入手，帮助他们改变不合理的认知和态度，使吸毒人员重拾生活的信心，顺利回归社会。本章主要围绕禁毒社会工作，阐述其在国内外的发展和现状以及一些基本的概念，并介绍一些禁毒社会工作常用的模式和方法，如同伴教育、家庭治疗等，且附有实务案例，以供读者讨论和分析。

第一节　禁毒社会工作概述

一、禁毒社会工作的相关概念

（一）毒品与吸毒现象的产生

1. 毒品及其特性

根据《中华人民共和国禁毒法》第二条规定，毒品是指鸦片、海洛因、甲基苯丙胺（冰毒）、吗啡、大麻、可卡因以及国家规定管制的其他能够使人形成瘾癖的麻醉药品和精神药品。人们大多认为大麻、鸦片和古柯等是万恶的毒品，但作为自然界无意识的植物生物体本身，它们并没有善恶之分。起初，人们发现这些天然毒品时，它们都是可造福人类的药物，但当被发现具有“超额”的经济价值时，它们就被迅速传播①，并发展至令人“谈毒色变”。但毫无疑问，毒品自身所具有的药理作用、毒理作用、依赖潜力（包括生理依赖性和心理依赖性）、耐受性这四大特性是导致吸毒行为发生的重要客

① 苏亚玲，等．吸毒梦魇［M］．武汉：湖北人民出版社，2003：27.

观原因。

2. 吸毒现象的产生

吸毒现象并不是伴随着毒品的出现而产生的，尽管鸦片、大麻、古柯叶及其他能引起神经特殊效能的有机物为人所知已有几千年的历史，但是，这些有毒物质的大量滥用，特别是用于消遣娱乐目的而滥用的时间还是相当晚的，仅仅两个世纪左右。大约在18世纪中后期，吸食毒品才开始显现为一种社会问题。最初，毒品问题主要是对鸦片的滥用，滥用的范围主要是亚洲地区。此后，随着鸦片衍生物吗啡、海洛因以及可卡因的问世，可吸食毒品的种类增多，流行的范围也日益扩大，从而使得毒品问题渐趋复杂化，新的人工合成毒品的出现更加助长了吸毒现象的泛滥。

（二）禁毒社会工作及禁毒社会工作者的内涵

1. 禁毒社会工作的内涵

在我国，禁毒社会工作是指专业社会工作者在社会工作的专业理念支持下，运用社会工作专业方法对戒毒人员进行干预，促使他们戒毒成功、回归社会的职业性助人服务活动。即专业社会工作者通过综合运用个案辅导、家庭辅导、小组工作、学校活动和社区活动等方式，将政府、市场、社会的各方力量综合调动起来运用于戒毒中，为吸毒人员提供诊断性、康复性、教育性、发展性等多元服务，以协助吸毒人员摆脱心瘾、重建自信、链接社会资源、与社会无缝接轨、重建人际网络、获取社会支持等①。

2. 禁毒社会工作者的内涵

禁毒社会工作者是指具备一定的禁毒和社会工作的学科知识，能够运用个案工作、小组工作、社区工作等专业方法，在服务过程中注重人与环境的互动，通过与系统、环境等多方互动链接相关资源，为服务对象提供预防性、治疗性和发展性的服务②，从而引导服务对象正确认识毒品及其危害、预防毒品滥用，协助服务对象戒除毒瘾、回归家庭、融入社会的专业社会工作者。

（三）禁毒社会工作的服务对象

明确服务对象的基本范围，是禁毒社会工作者提供服务的前提。禁毒社会工作的服务对象大致可被分为三类。

---

① 潘泽泉．禁毒社会工作基础知识［M］．北京：中国社会出版社，2016：103.

② 刘静林．禁毒社会工作理论与方法［M］．北京：中国社会出版社，2016：2.

1. 预防教育的重点对象

禁毒预防教育的重点对象主要有以下两类人员：一是容易受到毒品侵害的高危人群。从年龄来分，以青少年为主；从文化结构来分，文化水平较低的人群占多数；从职业来分，以无业人员、失业人员、个体户、外出打工者和流动人口居多。向易吸食毒品的高危人群进行禁毒预防宣传教育，是开展禁毒预防宣传教育工作的重点，也是整个禁毒工作要解决的重点问题。二是医务人员。医务人员在毒品、药物等相关方面具有权威性，他们的工作和言行直接影响人们对药物、毒品的认识和使用。吸毒成瘾者的各种健康问题也主要由医务人员来处理。医务人员宣传有关毒品的基本知识，效果往往会胜过宣传部门，甚至禁毒部门。因此，在医务人员中普及有关毒品的常识、向医务人员开展禁毒预防教育具有重要意义。

2. 吸毒人员

禁毒社会工作的服务对象主要是吸毒者。吸毒者的人口学特征因调查方法、调查地区和毒品流行时间的不同而有所差异，但综合各地的调查数据，我国目前的吸毒人员有以下几个方面的特点：①吸毒人数仍在继续攀升；②吸毒者以青壮年为主，青少年吸毒者占较大比例；③女性吸毒者有不断增长的趋势；④吸毒者的受教育程度大多在初中以下；⑤隐蔽吸毒者占一定比例。

3. 吸毒人员家属

家庭成员中出现吸毒成瘾者，会让家庭中的成员产生很多心理、行为问题，例如羞耻、自卑、愤怒、无能为力、自责、焦虑、抑郁、交流障碍等。当戒毒康复治疗过程出现挫折、失败时，这些心理行为问题将更加严重。在吸毒者进行康复治疗的过程中，社工也需要对戒毒康复者的家庭成员进行心理行为干预，治疗其心理问题，帮助戒毒者争取家庭成员的支持，走向康复。

（四）禁毒社会工作的服务领域

禁毒社会工作作为禁毒工作重要的一部分，在进行禁毒教育及宣传、提供戒毒康复服务、开展帮扶救助以及进行禁毒管理等相关服务上都发挥着不可或缺的作用，有助于创新禁毒社会服务方式，提升禁毒社会服务水平。禁毒社会工作的服务领域主要有以下几个方面。

1. 禁毒教育及宣传服务

社会工作向来重视问题的预防，学校和社会机构的社会工作者都注重那些潜在的导致吸毒的因素，并采取必要的措施加以改善。禁毒社会工作重视毒品问题的相关教育，为社会大众提供预防性禁毒教育及宣传服务。

社会工作者在毒品预防和教育中的作用有以下几个方面。

一是在学校层面。在校学生的心智发展尚未成熟，易误入歧途，其可塑性又较强，因此对在校学生尤其是对在校青少年的预防教育是尤为重要的。社会工作者可以与学校开展合作，开展禁毒知识课堂，组织学生参观禁毒机构、观看禁毒影片和宣传片，利用宣传栏、滚动屏等进行禁毒宣传教育，提升在校学生对于毒品危害的认识，加强毒品预防，防微杜渐。

二是在社区层面。社会工作者借助社区的平台，向社区居民宣传禁毒的相关知识，有助于遏制新生吸毒人员的滋生。社会工作者可以通过开展禁毒知识讲座，利用社区中的宣传栏、横幅及宣传海报或是派发禁毒小册子等形式对社区居民进行禁毒知识的宣传和教育，提升居民的禁毒意识，创建无毒社区。

三是在社会层面。社会工作者在社会中积极地链接资源，对于禁毒知识进行形式多样的宣传和教育，有助于形成一种良好的全民禁毒的氛围。可以与新闻媒体、报社、出版社合作，通过电视、网络、报纸、图书等媒介进行禁毒知识的宣传教育，使公众了解毒品的危害与预防方式，对他们形成潜移默化的影响。协助禁毒办、戒毒所等相关部门和组织，积极参与禁毒宣传教育"进家庭、进学校、进企业、进社区"等各类活动，广泛宣传，提升公众的禁毒意识。

2. 戒毒治疗及康复服务

社会工作参与治疗吸毒是把社会服务与毒瘾戒除治疗相结合。治疗性服务有心理治疗、家庭治疗、社区服务，以及个人和小组辅导。社会工作者在为吸毒人员制订个性化的治疗方案时，需要对吸毒者的社会和家庭关系进行评估，结合个人的特点，再决定哪种方法更适合其需要。社会工作者积极了解社区资源，为吸毒者提供相关信息，让他们知道可以利用哪些类型的治疗设施，社会工作者也可以调动各方面资源为吸毒人员提供帮助。具体服务内容如下。

首先，定期对服务对象进行心理辅导和家访。在一周内对刚从戒毒所完成戒毒治疗和康复的吸毒人员第一时间进行家访，了解他们的思想动向、生活情况，为其提供心理疏导、家庭关系辅导等服务，排除戒毒者在戒毒和康复过程中因心理和生理反应而产生的不良情绪，做好稳定工作。引导他们抵制毒品的诱惑，帮助他们建立良好的人际关系，提高其适应社会环境、处理问题的能力，从而降低复吸率。

其次，定期检查，预防、矫治戒毒人员复吸的情况。根据社区戒毒（康复）工作小组的要求，督促帮教对象定期或不定期进行尿液检查和吸毒检测。对有复吸倾向的戒毒人员进行深入细致的调查研究，分析原因并及时做好帮教解困工作。

最后，向社区居民及社会公众普及戒毒知识，提升他们对于戒毒人员的正确认识，减少公众对于戒毒人员的歧视、误解和偏见，帮助戒毒康复人员调整自身与社区及社会的关系，营造有利于戒毒康复的社会环境。

3. 开展帮扶救助

戒毒人员存在着社会融入难、社会支持薄弱、对生活的信心不足等困难。社会工作者通过为戒毒人员链接生活、医疗、就学、就业等方面的资源，与相关单位和部门开展合作，根据他们的个别化需求，为戒毒人员提供生活上的关心和支持，帮助他们解决生活、学习、社会交往中的突出问题，帮助他们建立远离毒品的信心和决心。

对于处于失学、失业、失管状态的戒毒青少年，社会工作者为他们提供心理辅导、就业服务、行为矫正等服务，帮助这些失足青少年重新步入社会正轨。对于社区戒毒康复人员，积极帮助他们链接就业资源，提供就业技能培训，帮助他们重新融入社会。通过走访调查，社会工作者及时了解戒毒人员的家庭状况和日常表现情况，关心服务对象的就业、生活情况，对生活困难的戒毒人员家庭，组织志愿团队和其他专业力量，协助解决就业、生活困难，扩大其社会支持网络，依法帮助其获得相关的社会救助，促使服务对象树立生活信心并及时融入社会，从而转变为对社会有用的人。

4. 参与禁毒管理

在禁毒管理服务中，首先，需要协助有关部门，开展吸毒人员的摸底排查工作，掌握戒毒人员的个人背景资料，建立戒毒人员档案，并对工作对象的戒毒康复情况进行定期评估。档案内容应包括姓名、性别、年龄、疾病史、法定监护人的情况，是否有传染病，是否被强制戒毒及次数，曾经吸食的毒品种类及时间等。其次，协助做好强制隔离戒毒人员出所衔接，对于社区戒毒人员和戒毒药物维持治疗人员，需要督促、帮助其履行协议，若发现社区戒毒人员拒绝报到或是严重违反协议，参加戒毒药物维持治疗人员严重违反治疗规定的情况，及时向禁毒工作机构报告，并协助收集、提供相关资料。

二、国内外禁毒社会工作概况

毒品问题向来是一个全球性问题，据联合国毒品和犯罪问题办公室公布的2018年《世界毒品报告》，2016年，全球每年至少吸毒一次的人数保持稳定，约有2.75亿人，约占全球15—64岁人口的5.6%。由于国情等因素，国内外的禁毒情况和禁毒工作大不相同。本节主要介绍国内外禁毒工作的发展和现状，以期对国内、国外禁毒工作进行较为直观的比较和概述。

（一）国外禁毒工作的经验与探索

毒品问题已经蔓延至全球各地，为管控毒品问题，各国结合本国国情与实际情况，所采取的禁毒政策有所差别，但在降低毒品供应和减少毒品需求上的态度是一致的。

1. 瑞典禁毒政策

瑞典坚持建立以“无毒社会”为主要目标的“零容忍”毒品管制路径，奉行高压的毒品政策。在瑞典，毒品从生产到流通再到使用的环节均被定为犯罪。凡是涉及毒品各环节的，无论是生产商、小商贩还是吸食毒品者，均面临着相应的司法惩戒措施，禁毒政策十分严苛。

瑞典的禁毒策略如下：

（1）采取“零容忍”态度。为达到“彻底根除社会中的毒品问题，创建一个没有毒品的社会”的目标，瑞典禁毒工作采取“零容忍”态度，拒绝将毒品问题分等级处理。自1980年起，瑞典国内每一起持有毒品的案件都会被起诉，毒品的生产、走私、销售和使用都被视为犯罪，严重的毒品犯罪可判处2—10年的监禁，持有毒品的最高刑期为半年。在瑞典没有软硬毒品的区分，认为凡是毒品都有可能使人上瘾，极易产生危害。

（2）流程化的戒毒服务。对于帮助吸毒者戒除毒瘾的工作，瑞典出台了相关法律，规定了政府的责任与权力。这有利于保证戒毒服务的顺利开展，也具有一定的流程化的特点。当青少年或成年人出现吸毒情况时，他（她）的朋友、家人或是警察会通知社会服务机构，社会工作者得知情况后通知社会福利委员会，由社会福利委员会对吸毒人员的基本情况（如社交状况、家庭成员、身体和心理健康等）进行调查。调查出具的调查报告需要含有医学证明报告，表明吸毒者在某种程度上存在着健康隐患。随后社会福利委员会将调查报告交由行政法庭审核，审核通过后将吸毒人员安置在专门为治疗准备的寄宿机构，吸毒人员也可以在家中进行开放式治疗的形式接受戒毒治疗。在瑞典，强制监护期为 6 个月，强制服务结束后，社会服务部门为戒毒人员提供支持并采取干预措施，促进戒毒人员的持续性发展①。

2. 荷兰禁毒政策

荷兰倡导“公共卫生导向”的禁毒模式，其基于实用态度预防、减低使用毒品带来的风险与危害，以减少毒品对吸毒者的伤害为主要目标，这种模式被称为“荷兰体制”。与瑞典不同，荷兰对于毒品的流通与使用持较为宽容的态度。

荷兰的禁毒策略如下：

（1）采取容忍的态度。荷兰政府认为将毒品从社会中根除是不可能的。荷兰禁毒政策主要的目标是降低毒品使用的危害和风险，一方面降低使用毒品造成的健康伤害，另一方面减少吸毒带来的社会风险。因此，荷兰的禁毒政策采取的是容忍态度，禁毒环境较为宽松。荷兰政府推出了一系列措施，如为吸毒者提供吸毒室、为吸毒者提供美沙酮、免费为摇头丸检验纯度以及针具交换项目等，一度被称为吸毒者的天堂。

（2）施行“市场分离制度”。在荷兰，毒品分为“软毒品”和“硬毒品”。大麻和哈希什属于“软毒品”，或称“第二类毒品”，危险性较低。而包括可卡因、提纯可卡因、海洛因等在内的毒品被归为“硬毒品”，或称“第一类毒品”，危险性较高。荷兰实行“咖啡馆体制”，由政府发出许可，设立部分政府严格管控的、半合法的“咖啡馆”以出售大麻。通过此举措一方面能够控制吸食毒品者所使用大麻的剂量和质量，另一方面将“软毒品”市场和“硬毒品”市场分开，在一定程度上得以遏制毒品黑市的发展②，这也是荷兰禁毒政策的特色之处。为了加强对这些“咖啡馆”的管

---

① Tom Palmstierna, et al. Drug Addicts with Severe Mental Disorders can be Helped by Programs Using Moderate Means. Good Results when Psychiatric, Social and Drug Abuse Services Cooperate [J]. Laekartidningen, 2000, 97 (18).

② 张勇安. 荷兰禁毒政策的源起与流变——以“咖啡馆体制”为中心 [J]. 欧洲研究, 2006 (2).

理，司法部规定虽然“咖啡馆”贩卖少量毒品属于犯罪，但在特定情况下不予起诉，如不做公开广告、不出售“硬毒品”、不向未成年人出售大麻制品、未引发妨害秩序行为等[①]。

3. 美国禁毒政策

美国是全球最大的毒品消费市场，美国施行以“司法惩治”为导向的禁毒模式，严格控制、打击毒品的供应，限制毒品的使用，提倡通过国际合作拦截国外毒品的流入，打击毒品的跨国交易，运用强制性手段严格限制毒品的扩散。奥巴马上台后，将禁毒政策的重点由“惩治”转为“治疗”，提倡“治疗为主，惩治为辅”，通过对吸毒者的治疗来遏制毒品需要，减低毒品犯罪率和风险性。

美国的禁毒策略如下：

（1）实施严格的管制措施，打击贩毒网络。大型贩毒集团往往支配着贩毒的所有环节，从制造、运输、贩卖、洗钱等均有所涉及，势力范围很大。一方面，美国通过使用监听、监视、诱惑侦查、控制交付等侦查手段，改善情报系统，集中力量、重点打击大型贩毒组织，从而有效地阻断贩毒网络，遏制毒品蔓延[②]；另一方面，通过打击毒品销售窝点，阻断毒品销售终端，切断毒品供应链，使贩卖毒品者和吸食毒品者难以建立联结，从而在一定程度上遏制毒品流通。

（2）联合社区遏制毒品的危害。美国警方通过与社区合作，能够更准确地获取毒品犯罪情报。因而加强对社区闲置场所的管制和巡逻，整顿长期被毒品销售者和毒品吸食者占据的窝点，以期有效切断贩毒组织的终端网络和温床，进一步打击毒品活动。美国成立社区法庭，通过要求吸毒者进行社区服务、接受社会公益服务、缴纳罚款、赔偿等，来代替监禁的制裁措施。吸毒者可以通过社区司法中心，接受社会公益组织或人员提供的短期、长期的服务，如心理治疗、毒瘾治疗以及各种培训、课程等[③]，以更好地戒毒、学习技能和融入社会。美国采用邻里模式，帮助初次吸毒者建立和社区的联结，

---

① 李晓凤．禁毒社会工作的“精细化”标准研究［M］．北京：中国社会出版社，2017：242.

② 高巍，刘刚．美国禁毒政策初探［J］．云南警官学院学报，2006（3）．

③ 王建林．美国社区法庭的实践及其启示［J］．中共浙江省委党校学报，2015（5）．

协助社区居民接纳初次吸毒者，减轻、消除误解，促进邻里和谐。社区法庭设立毒品法庭，面向吸毒的重度犯罪者（包括抢劫、重伤害等），处理他们的吸毒案件，若吸毒者完成相应的治疗程序，可获得免起诉的处分①。

（二）我国禁毒工作的历史演变

1. 清朝末年的禁烟运动

18—19 世纪，英国殖民主义延伸至亚洲大陆。1825 年，英国占领缅甸之后，东印度公司便把大量罂粟种子运进缅甸最适于种植罂粟的掸邦。1886 年，英国占领整个缅甸之后，诱迫缅北各邦的少数民族大规模种植罂粟，鸦片产量大增。而收获的鸦片，主要运到中国销售，以牟取暴利。道光十八年（1838 年），鸿胪寺卿黄爵滋上书道光，建议从严惩治鸦片吸食者，以维护国家经济利益，由此掀起了一场声势浩大的禁烟运动，也拉开了中国禁毒行动的序幕②。

从世界的眼光看，许多国家种植、使用鸦片的历史远比中国悠久，范围也更广，但是那些国家并没有因为鸦片引起十分严重的问题。而中国则不同，中国曾深受毒品的毒害，中国人民在备受屈辱的年代曾被西方人讥笑为“东亚病夫”，鸦片与近代中国的悲惨命运紧紧联系在一起。

2. 中华人民共和国成立初期的禁毒运动

中华人民共和国成立后，中国共产党和人民政府于 1950 年 2 月 24 日向全国下达了政务院《关于严禁鸦片烟毒的通令》。中国共产党领导人民采取果断措施，仅用 3 年时间就彻底消灭了毒品祸害，并保持了 30 年“无毒国”的良好声誉。

3. 改革开放以来的禁毒工作

自 20 世纪 70 年代末 80 年代初以来，国际社会掀起了毒祸狂潮。改革开放打开了中国长期封闭的国门，为中国经济和社会注入了强大的活力。但同时，许多丑恶的现象和社会问题也随之而来，如嫖娼、吸毒、经济犯罪等。一方面，我国南方紧挨世界三大毒品生产基地之一的“金三角”，西部又与另一毒品生产基地“金新月”相距很近；另一方面，国际毒品犯罪分子假道我

① 李晓凤．禁毒社会工作的“精细化”标准研究［M］．北京：中国社会出版社，2017：242.

② 李晓凤．禁毒社会工作实务与案例［M］．北京：中国社会出版社，2016：4.

国，将毒品转运港澳，并销往国际市场。中国作为毒品贩运的过境国深受其害，国内种毒、制毒、吸毒、贩毒等现象死灰复燃，且呈现出迅速蔓延之势。2008 年 6 月 1 日起，我国开始施行《中华人民共和国禁毒法》，这是一部综合规范禁毒工作的重要法律，共 7 章 71 条，对禁毒工作作了全面规定。近年来，我国政府采取切实有效的措施，加大打击力度，有力地遏制了毒品犯罪的凶猛势头，但禁毒事业依然任重而道远。

（三）我国内地禁毒社会工作的发展

1. 禁毒社会工作的起源

在我国，禁毒社会工作的萌芽产生于 20 世纪末 21 世纪初在昆明的实践“美国戴托普治疗模式”。戴托普治疗模式是一种将社会学、行为学、心理学、预防医学、临床医学等多学科相结合，对吸毒人员进行治疗与善后服务的自愿戒毒模式，目前在国际上影响比较广泛。1998 年 9 月，云南中美戴托普药物依赖治疗康复中心在昆明成立，主要对吸毒人员进行以行为矫正和心理治疗为重点的综合康复治疗。该治疗康复中心由居住社区、重返社区、善后照顾、社区服务站、项目办公室和康复基地六大机构构成，依托严格明确的社区规则、详细的奖惩条例、综合性的治疗方法实行多层分工管理，其显著特点是完全由戒毒人员自己管理，社区的治疗费用逐月递减①。2001 年，云南大学社会工作系与戴托普药物依赖治疗康复中心合作，前者对后者的工作人员进行培训，后者为前者提供实习场地与实习督导。这表明，尽管那时禁毒社会工作者的名称在我国还没有出现，但自 21 世纪初开始，社会工作已经介入禁毒工作体系之中②。

2. 禁毒社会工作的发展

自 21 世纪以来，毒品问题持续在我国蔓延。毒品问题带来了许多社会问题，如盗窃、卖淫、诈骗、艾滋病传播等，目前禁毒工作在我国备受关注，也急需探索可行性强、适合中国国情的禁毒社会工作方法。

上海自 2003 年开始在禁吸禁毒领域引入社会工作的理念和方法，招聘和培训禁毒社会工作者队伍，从而在中国内地率先进行了禁毒社会工作制度创新。

---

① 李晓凤．禁毒社会工作实务与案例［M］．北京：中国社会出版社，2016：6.

② 潘泽泉．禁毒社会工作基础知识［M］．北京：中国社会出版社，2016：121.

2007年12月，全国人民代表大会常务委员会通过了《中华人民共和国禁毒法》（以下简称禁毒法），这为我国禁毒社会工作的介入奠定了法律基础。

2007年10月，深圳市委市政府颁布了《关于加强社会工作人才队伍建设推进社会工作发展的意见》等“1+7”系列文件，率先在全国开展以初步建立深圳特色的社会工作制度体系为内容的社会工作试点工作，中国内地的专业社会工作也随之应运而生。禁毒法为社会工作介入禁毒工作提供了法律依据。至此，珠江三角洲的戒毒社会工作开始启动。

截至2014年，在珠三角地区，共有21家社会工作民间机构承接了政府购买的禁毒服务，约有400名禁毒社会工作者进驻戒毒所、美沙酮门诊、学校及社区之中。禁毒社会工作者通过运用个案辅导、小组工作、家庭辅导、学校及社区活动等方式，调动政府、市场及社会等多方力量，为吸毒人员提供个性化的多元服务方案，具有诊断性、教育性、康复性和发展性等特点，以协助吸毒人员摆脱心瘾，增强自信心，链接社会资源，扩大社会支持网络。由此帮助吸毒者与康复者建立健康生活模式，协助其解决就业、生活等方面的困难，巩固戒毒效果；同时向学生、老师、家长、社区人士开展禁毒教育宣传，预防青少年滥用毒品，提高人们的禁毒意识①。

三、禁毒社会工作的挑战与反思

（一）禁毒社会工作面临的挑战

自禁毒法实施以来，禁毒体制开始由单一型的司法机关强制执行，向以社区戒毒、强制隔离戒毒和社区康复为主体的整体型禁毒体制转变。社会工作介入禁毒工作是一种新的体制性尝试，同时，伴随不断出现的新的社会问题，面临着新的挑战，包括新型毒品的渗透力度加强、流动人员加剧毒品扩散传播、康复人员融入社会的难度增加，以及现行资源配置不能满足禁毒工作需求等。这意味着，作为新型体制有机组成部分的禁毒社会工作，必将面临不同程度的挑战，而根据实际情况调整和提高服务是对禁毒社工的一项基本要求。

1. 新型毒品渗透力强

近年来，中国面临的禁毒工作形势已经或正在发生深刻变化。首先，所

---

① 潘泽泉．禁毒社会工作基础知识［M］．北京：中国社会出版社，2016：122-123.

吸食的毒品种类，已经由以海洛因为主转为层出不穷的新型毒品，主要传播于青少年人群。在娱乐场所吸食K粉和摇头丸，是青少年吸毒的主要表现，而在学校禁毒活动中，社工还曾在部分校园发现滥用止咳水的现象。其次，就吸毒形式而言，大部分吸毒人士都不单只吸食一种药物，而是混合吸食多种药物，因而也就更容易引发身体的不良反应。

除需针对吸食海洛因进行禁毒帮教和宣传外，社工还应该及时了解戒除新型毒品的方法、过程并相应地调整康复治疗模式。如新型毒品一般不会如传统毒品一样，导致脱毒断瘾反应，无须使用医学方式戒毒；而针对吸毒者的“心瘾”展开心理矫正，是禁毒社工的基本工作手段。因此，分析导致吸毒的环境因素，重构吸毒者处理个人问题的能力，是禁毒社工的主要服务内容。

2. 康复人员融入社会难

毒瘾并非一朝一夕就可以戒除，而吸毒人员长期以来被人们贴上明显的身份性标签，导致他们在回归社会后也很难获得应有的支持与接纳，重新投入正常社会生活。因而，在开展禁毒工作的同时，社工还需要在不同层面上倡导、促进民众意识的转变，为戒毒人员建立关怀和共融的社会环境。

3. 流动人员加剧毒品扩散

依据在册吸毒人员名单判断毒品扩散情况及趋势并配置禁毒资源，是目前禁毒社工服务的基本供给途径。而这个以被捕获人员为主的名册，不仅不能真实反映吸毒者的总体情形，而且反映吸毒者数量变化的敏感度也明显不足。同时，新型毒品的渗入、扩散途径相对隐匿、渗透力强，民众对其又认识不足，因而仅仅依靠被捕获人员名单，不仅难以了解真实情况，而且也容易让社工低估问题的严重性，从而难以整合足够的资源和力量处理禁毒问题。而以户籍人口为主，对流动人口关注严重不足，是导致这一问题的主要原因。用审慎的方式，调查社区吸毒人员情况、采集相关信息并进行分析评估，是社工快速规划和影响禁毒形势的基本策略。将有限的资源扩展向本地常住的流动人口，是防止毒品扩散必不可少的手段。

4. 现行配套资源不能满足需求

目前，吸毒人员在戒毒康复方面的选择依然十分有限，除强制隔离戒毒和美沙酮维持治疗外，自愿戒毒中心、社区戒毒以及其他医学支持配套还严重欠缺。现有有偿服务普遍存在的高收费问题，从根本上抑制了吸毒人员的求助及戒毒动机。为此，社工应该协调不同专业领域及其资源，例如协调医疗、教育、政府及商界等，加大禁毒服务投入和资助力度，开展不同程度的合作，并与之开展不同程度的协作计划，以便为戒毒者提供更多层面、更为专业的介入服务①。

（二）禁毒社会工作实践的反思

禁毒社会工作在我国的发展取得了巨大进步，主要体现在：初步形成了有效的社会工作模式，加强了对吸毒高危人群的教育、预防和管理工作，切实解决了服务对象的实际需求和困难，在预防犯罪、维护社会稳定、构建和谐社会方面发挥了重要功能。目前，毒品问题日益严重，单靠政法机关和政府的力量是远远不够的，需要坚持禁毒工作社会化的方针，调动、运用各方面资源，开展全方位的禁毒工作。此外，社会工作者参与禁毒，也是社会治理的一个新举措。当然，禁毒社会工作在国内毕竟是新生事物，在制度运行过程中不可避免地会遇到一些瓶颈问题，主要体现在以下几个方面。

1. 对吸毒人员的定位问题

一般来说，吸毒人员从法律角度讲是违法者，从医学角度讲是脑疾病患者，从药理学角度讲是毒品受害者，从心理学角度讲是心理疾病患者，从社会学角度讲是社会化失败者。对吸毒人员的定位，不但影响人们对吸毒人员的看法，而且也影响到相应的治疗策略。现在禁毒社会工作是将吸毒人员定位为“特殊的病人”，即既是违法者又是“慢性复发性脑病疾病患者”，这样一种定位为开展禁毒社会工作提供了制度基础，但它同时也是一种模糊的定位，容易在实务中引发社工伦理困境或法律议题。如何将吸毒人员的定位清晰化，同时又避免标签化，是一个值得我们共同探讨的问题。

2. 跨学科合作中社会工作的角色定位问题

毒品问题的成因复杂，涉及的领域比较广泛。因此，在面对和处理吸毒及成瘾行为问题时，需要跨专业、跨学科合作，比如医疗、经济援助、司法、社区、家庭、教育、心理辅导、社会工作等的多元化合作，才能更加有效地

---

① 香港·社会服务发展研究中心．禁毒社会工作实务手册［M］．广州：中山大学出版社，2013：21-24.

解决问题。但在不同专业的多元化合作中，社会工作的角色却往往被边缘化或“协管员化”，造成社会认同和社工自我认同的双重危机。为此，社会工作者在禁毒工作中，需要运用社会工作的专业理论和技巧，充分发挥社会工作在心理疏导、困难救助、矛盾调处、行为矫治、人文关怀、关系调适等方面的专业优势，明晰自身的专业定位，为吸毒人员提供个性化、多样化的服务①。社会工作者在和其他专业人员的合作下，进行跨学科合作，各司其职，共同推进禁毒社会工作的发展。

3. 禁毒社会工作者的专业化问题

从事禁毒实务领域的社会工作者，通常会面临“双重专业化”的压力。即一方面要认同社会工作的理念，掌握社会工作助人的知识、方法和技巧；另一方面还要掌握关于毒品、成瘾行为的理论知识以及激发戒毒动机的技巧。目前，戒毒社会工作者普遍掌握较多的社会工作通用专业知识，但在专业戒毒康复手法方面的知识仍比较欠缺。为此，除社会工作通用知识方面的培训外，政府及相关部门、机构还需增加基层禁毒社会工作者在禁毒知识和工作上培训的力度，并在实际的禁毒工作中检验培训的成效，不断完善、创新戒毒模式和技巧，积极提升禁毒社会工作者的专业性。禁毒社会工作者只有掌握了充足的有关禁毒社会工作的知识，才能更加得心应手地投入禁毒工作中，更好地向公众进行禁毒工作的宣传和教育。

4. 政府与社会组织分工合作体制

国际经验证明，政社分工合作体制是解决毒品问题的根本出路。但是目前大多数禁毒社团的项目需要依靠政府购买，政社定位悬殊。为此，禁毒组织和机构需要积极调动、运用各方面资源，除了依靠政府提供必要的经费和条件支持外，可以调动社会力量，和多部门、多机构合作，如相关的禁毒基金会、社会组织和社会服务机构等，进行资源链接，加强禁毒工作在社会层面的参与机会，形成全社会共防共治的禁毒局面②。

---

① 潘泽泉．禁毒社会工作基础知识［M］．北京：中国社会出版社，2016：121.

② 范志海，焦志勇，战奕霖．禁毒社会工作的本土化经验及其反思——以上海为例［J］．华东理工大学学报（社会科学版），2011（5）．

第二节　禁毒社会工作的方法

在禁毒社会工作中，应将社会工作的微观方法引入其中，为戒毒者创造一个包容的、多元的、发展的戒毒环境，构建系统化的戒毒体系和过程。在评估戒毒者需求的基础上，以多样化服务方法为依托，构建多层次、差异化、创新性的戒毒社会工作服务体系。

一、同伴教育

吸毒人员往往社会支持不足，自我效能感低，被社会排斥。戒毒人员需要寻求同伴群体之间的相互支持与合作，而非仅仅依靠专业社会工作者单向督导的支持，这推动了同伴教育在戒毒领域中的大力应用。同伴教育是利用同伴之间的共性和相似性，通过榜样的示范带头作用，使同伴更好地接收信息，对同伴施加影响①。在同伴教育中发挥作用的主要是同伴辅导员，而同伴辅导员的来源大体有两种：一种是从过来人中选择，让过来人为正在经历类似过程的人士提供同伴辅导；另一种是从普通人中选择，目的是为与他们一样的普通人提供某种特定主题的辅导。正如同伴辅导所定义的那样，同伴辅导员必须与受辅导者具有相似的经历，而与他们在现实中是否相识无关。

同伴教育这种戒毒方法在戒毒康复服务的运用中较有成效。这种方法应用比较广泛的是“同伴辅导小组”这种形式。在同伴辅导小组中，同伴辅导员往往和小组成员有着相似的经历，所以很容易彼此形成共鸣，更易感同身受，促进同理，接纳彼此，从而建立一种良好的关系，进行相互帮助。同伴辅导员在同伴小组中通过树立一种正面的、榜样的力量，为戒毒人员提供支持和关心，对戒毒人员的价值观、认知和态度产生潜移默化的影响，从而帮助戒毒人员逐步从毒瘾的泥潭中走出来。

二、家庭治疗

家庭治疗是重要的社会工作专业方法之一，它把整个家庭当作治疗单位，

---

① 费梅苹．意义建构：戒毒社会工作服务的实践研究——以上海社区戒毒康复服务中的同伴教育为例［J］．华东理工大学学报（社会科学版），2011（2）．

认为问题的产生不只是个人原因导致的，还与整个家庭有关。家庭关系作为戒毒人员最主要的社会支持网络，对于戒毒人员在戒毒工作中的改变是十分重要的。由于缺乏对毒品和戒毒工作相关知识的认知，许多戒毒人员的家属都存在心理认知上的偏差。家庭教育的缺失、家属相处方式的简单粗暴，是致使许多年轻人深陷泥潭的主要原因，也会影响戒毒人员的戒毒动机和愿望，很大程度上会导致戒毒人员的复吸。戒毒人员能否彻底摆脱毒品，与家庭的和谐、理解与接纳有很大的关系。通过在家庭内部运用此疗法，来促进戒毒人员和家人的相互理解，增加彼此间的交流，改善家庭关系，解决戒毒人员和家庭成员的问题。

家庭治疗主要分为两个阶段进行。第一阶段，主要是采用药物治疗的方式，逐步戒除戒毒人员的毒瘾。药物治疗的目的在于系统进行治疗，祛除病灶，抑制病人的“心瘾”，改善睡眠与消化道紊乱的症状，使病人的生理和情绪处于相对稳定的状态。第二阶段，巩固康复期。在这个阶段，社会工作者可以为戒毒人员的家属做一些针对性的指导。家属需要掌握一些必要的和毒品有关的知识，协助戒毒人员的治疗，使其逐步掌握预防复吸的具体方法与技巧，并进行经常性的家庭尿样测试。如果戒毒人员有了成绩和进步，进行鼓励表扬；发现了问题，及时分析并尽快加以解决。更重要的是，家属要帮助戒毒人员构建新的社会支持网络，让他们中断与外面“毒友”的联系。另外，社会工作者可以通过举办讲座或是以活动的形式，向家属宣传合理戒毒的技巧和方法。例如“家庭联谊会”，由一批戒毒人员的家庭成员组成，通过开展小组活动教给他们家庭沟通的语言艺术和技巧，提升他们对戒毒人员成功康复、脱瘾的信心，为他们普及戒毒知识，使他们掌握更多关心、关爱戒毒人员的方法与技巧，从而推动戒毒人员在康复治疗中能积极配合并保持心情愉悦。

三、治疗社区

治疗社区是指为戒毒人员建立的一个以集体居住为前提，在居住的过程中通过自助和互助的方式学习社会生活规则，辅之以社会工作者心理疏导、职业技能训练，矫正自我人格，改善人际关系，提高社会适应力和应急能力，养成自我责任观念，塑造正常的心理机制和社会行为，最终实现戒断毒瘾、重新社会化的一种集居住、生活、工作、社会交往和戒毒治疗为一体的居住性治疗环境①。治疗社区提供了一种具有社会功能并且安全的环境，通过心理学、行为学等治疗路径对戒毒人员进行改善、矫治，使戒毒人员能够在治疗社区中养成良好的生活习惯和正确的认知、行为，从而达到回归社会的康复目标。

治疗社区力图创造一个崭新的、安全的社会环境，通过居住治疗，使戒毒人员在自我管理、同伴支持的过程中进行再社会化，帮助他们顺利地融入社会。由于治疗社区有着良好的戒毒效果，目前在国际上有很大的影响力。我国在戒毒治疗社区方面也进行了许多探索，北京的“向日葵社区”治疗模式就是一个典型。作为北京首个打破传统强制隔离戒毒模式、以心理康复为主的戒毒场所，向日葵社区实行的“社区治疗”让许许多多的戒毒者得到了从身体到心灵的彻底改变和成长。向日葵社区的理念是家庭化的模式，戒毒人员在这里获得比强制隔离戒毒所更多的自由。向日葵社区通过设置一些小组活动，来改变戒毒人员在人格上的缺陷。例如，“激励日”和“碰撞会”就是一个让学员学会正确控制和处理情感的活动。在“激励日”，戒毒人员对上级安排的所有工作都必须无条件服从，即使有不满情绪也不能顶撞发泄，而是要留在第二天的“碰撞会”上合理宣泄。向日葵社区模拟了社会的等级制度，让学员担当各种角色，由低到高分别是清洁组、艺术组、事务组、激励组，各组的居住者处于不同的“地位”，承担相应的责任和义务，享受相应的“特权”，如接受探访、申请打电话、陪同外出、单独外出或直接参与社区管理等。刚进入社区的学员“地位”最低，要靠自己的努力表现来提高自己的“地位”，同时高组别的学员如果表现不好，也会受到降级的处罚。向日葵社区通过设置的一系列活动和制度，有效提升了戒毒人员的社会责任感和社会适应能力。

第三节　禁毒社会工作案例分析

一、个案戒毒社会工作案例

在个案工作过程中，社工以服务对象的需求为出发点，运用社会工作的

① 潘泽泉．禁毒社会工作基础知识［M］．北京：中国社会出版社，2016：97.

专业价值观，积极倾听、真诚、同感、尊重和接纳，和服务对象共同面对、解决问题，并一起制定改变的目标。同时，社工通过给予服务对象支持和鼓励，帮助服务对象逐步树立自信心，以积极的态度去面对和解决问题，最终和服务对象一起达到服务目标。

（一）个案背景

1. 基本资料

姓名：迪文（化名）。

性别：男。

年龄：26 岁。

婚姻状况：未婚。

2. 个案背景资料

接案原因：服务对象 2015 年 3 月被公安机关责令社区戒毒，根据国家禁毒法、戒毒条例等有关规定，于 2016 年 3 月正式成为社区戒毒对象。服务对象目前已有工作，家中还有父亲、母亲和弟弟，一共四口人，居住在深圳福永。服务对象的父母都有工作，弟弟在学校读书。服务对象是股民，有分红，不必靠父母接济，与家人、邻里相处融洽。服务对象 2014 年 8 月因吸食甲基苯丙胺（俗称“冰毒”）被行政拘留 15 天，2015 年 3 月因复吸进入强制隔离戒毒所。

（二）问题分析与诊断

1. 服务对象自述

我第一次接触毒品是在 2004 年 7 月份，当时和朋友一起，因为好奇心与从众心，听从朋友的引诱之言，开始吸食冰毒，自此走上吸食毒品的道路。因为是好奇，所以我除了吸食冰毒之外，还玩过大麻、氯胺酮、摇头丸，但也只是偶尔玩一次。刚开始是瞒着家人与朋友一起吸食的，但是时间久了，家人发现我的行为有些异常，而且花费大，在和我谈话之后，知道了我吸食毒品。他们很失望，但是他们没有放弃我，希望我离开那些朋友，开始戒毒，他们会帮助我、监督我、约束我，让我过上正常健康的生活。我听他们的话，也那么做了。但是，过了好长一段时间，我又忍不住复吸了，因此耽误了学习。

这十几年来，我最深的体会是家人的关爱和举动让我感动，也让我愧疚，还有就是，虽然在吸食毒品之前就已经知道毒品的危害，但是自身体会之后才深深地意识到它的危害远远超过我的想象，可能因为我之前没有玩得太厉害，现在我的身体还是健康的，这也算是不幸中的大幸吧。我现在的毒瘾戒了，我不想也不会复吸了，我会配合你们的工作，也希望你们监督我，我不想再让我的家人失望了。我现在有工作，在社区戒毒之后能考驾照。

2. 资料收集

简评服务对象（民警、居委会干部及禁毒社工观点）：

（1）服务对象是个孝子，与母亲、弟弟的关系很好，就是对于父亲有点叛逆。

（2）服务对象虽是初中文化水平，但居委会希望其能学好，过上正常的生活，让其在凤凰社区联防中队工作。

（3）服务对象近期表现良好，但仍存在复吸的可能，需继续稳固。

（4）服务对象是股民，有分红，不会为经济而烦恼。

（5）服务对象现在生活简单，有点小爱好——打麻将，业余时间有时候打麻将，或陪家人，或到深圳的其他地方旅游。

（6）服务对象比较坦诚，根据多方反映及具体核实，现在服务对象能面对过去，表现出对社工工作的积极配合。

3. 分析与诊断

（1）服务对象如今对毒品的认识与态度。现在服务对象能够正确认识自己的思想和行为，对过去所走的弯路有深刻的悔悟。他希望能彻底戒断毒瘾，过上正常的生活，让爱他的人与关心他的人不再担忧，本分的生活是他目前最向往的目标，而实现这一目标需要远离魔鬼般的毒品。

（2）服务对象的家庭环境及生活环境对其的影响。服务对象的家庭结构简单，家庭和睦，虽然在学生期间遇到不良之人，社区里也存在少许的不良风气，但家人的相亲相爱与居民间的友好相处，给服务对象塑造了一个良好的生活环境，使服务对象保持纯良的本性、戒毒期间，家人的关爱一直支撑着他，戒除毒瘾后，居委会干部给他介绍工作，支持他过上正常的生活。

（3）剖析服务对象的问题。生活环境能影响人的品行，服务对象的生活环境多为正义之气，但还存在不利的诱惑因子。虽然他从思想上能够正确地认识过去，在行动上也可以以坚强的毅力战胜毒瘾，但还需要给予他稳定的安全环境。现在服务对象的问题是慎交友，建立良好的朋友圈，以及改善他与父亲的关系。

（三）理论基础与介入程序

1. 理论基础

（1）人本主义理论：强调人的“自我概念”，即人在内心深处对于自己的看法和评价；以及“自我实现”，即指人对于天赋、能力、潜能的充分开发和利用，并且相信人是理性的，可以对自己负责。

（2）认知行为理论：认为人在不断处理从本身内部和环境外部所获得的讯息，并将其读解为如何适应社会环境和追求个人生存意义的行动依据。认知和行动两者相互影响、相互促进，通过改变个人的认知可改变其行为。

（3）交流分析理论：通过了解人们在交往过程中，双方的关系是相辅的、互补的还是矛盾的、冲突的，帮助个人了解自己与别人互动的本质，对人际交往获得深刻的领悟力，从而促进个人改变生活态度，建立更成熟、更有尊严的人际关系。

2. 介入程序

（1）社工与服务对象一起确定目标问题。

（2）社工与服务对象一起设定计划，就服务的时间和安排达成协议。

（3）社工与服务对象一起就解决问题确定服务对象的任务。

（4）社工与服务对象一起完成任务。

（5）社工检验任务完成情况并作出评估，以及就结案后服务对象的任务进行辅导。

（四）目标

（1）帮助服务对象巩固戒断期，防止复吸。

（2）联合社区资源与家庭网络，监督其交友情况。

（3）改善其与父亲的关系。

（五）介入过程

1. 在个案介入前期，社工需要做的是建立良好的专业关系，收集服务对象相关资料，寻找其存在的潜在需求与问题

在这一时期，社工以尊重、同理、接纳的态度和价值观与服务对象进行交流、沟通，为其营造一种安全、舒适的环境。从法律角度而言，服务对象在社区戒毒过程中，属于被监督者，这种“角色”会让他在社工面前，有意识地将个人地位降低，只听不说，不敢表达，或是迎合社工的意思来表达自

己的看法。由于服务对象的身份特殊，在开展服务之初，服务对象容易出现抗拒、被动、沉默寡言等不良情绪和行为，因此社工需要运用言语和非言语技术，积极倾听，对服务对象表现出充分的关注和关心。同时也要关注其肢体语言，对其所说的话进行判断和分析。这样一方面可以让服务对象感到社工的真诚，引导其坦诚地和社工沟通、交流，从而获得更多的真实资料，发现服务对象潜在的需求及问题；另一方面也可以避免社工因被服务对象误导而作出错误的判断。

2. 针对服务对象存在的问题与需求，与服务对象共同协商，制订并实施服务计划

社工在了解、收集服务对象的生理、心理、社会等方面资料的基础上，对其进行分析和判断，针对服务对象存在的问题及需求与服务对象进行沟通，和服务对象一起分析，共同订立改变的目标，探讨解决问题的方法和技巧，制订并实施服务计划。社工不定期地对服务对象进行尿检、面谈、走访，反馈其在服务过程中的改变与成长，巩固服务效果。

3. 给予服务对象支持和鼓励，协助其树立自信心

针对之前面谈时发现的问题，服务对象提出了合理的解决方法，并在生活中用实际行动改正自己的问题，成效较好。社工对于服务对象的改变给予了及时的鼓励和支持，并让服务对象认识自己的优势和长处，重新树立自信心。通过前面的会谈，服务对象对自己有了更加清晰的认识，通过自己的行动和努力也获得了较好的改变与成效，这让他逐渐树立自信心，重拾希望。

4. 疏导服务对象在社区戒毒期间出现的负面情绪，和服务对象共同制订将来的职业规划

服务对象在社区戒毒期间出现了许多负面情绪，此时，社工应该给予及时的帮助、支持和疏导。如，对社区戒毒失去耐心以及对自己未来发展的担忧等。社工运用同感、共情等技巧，疏导服务对象的消极情绪，让其勇敢面对现实。同时，社工和服务对象一起讨论将来的职业规划问题。根据服务对象的情况，讨论出了一个现阶段比较可行的方案，服务对象自己决定现在暂时不换工作，在社区做一名治保队员，并继续做完为期 3 年的社区戒毒，然后再选择自己喜欢的职业。

5. 促进服务对象的自我认知，增强其自信心

社工和服务对象共同回顾了近一年的介入成果，对服务对象现在的状况

给予鼓励和赞赏，并鼓励其一直坚持下去。社工通过对服务对象的关心、交流，调节其心理，增强其对社会的信任与责任感，促进其思想、行为的改变。

（六）过程评估

1. 服务对象方面

服务对象是按照禁毒法的规定进行社区戒毒，因而社工和服务对象建立关系比较困难，开始服务对象比较抗拒，但是在社工的耐心疏导和反复沟通下，社工运用倾听、同理心等技巧取得了服务对象的信任，关系得以建立。在服务开始的阶段，也遇到了种种问题，有个人问题也有客观问题。就尿检问题而言，由于过程比较烦琐，需要占用服务对象比较多的时间，服务对象对此很不满意。社工通过多方沟通，使得尿检程序得以改善，得到了服务对象的谅解和支持，并对社区戒毒充满信心，专业关系也得以加深。

2. 社工方面

在个案工作过程中，社工以服务对象的需求为出发点，运用倾听、真诚、共情、尊重和接纳的技巧和价值观，和服务对象共同面对生活中遇到的问题，并一起制订改变的计划。社工需要为服务对象增能，给予他们鼓励和支持，帮助他们扩大社会支持网络，树立自信心，从而使服务对象以积极的态度去面对和解决问题，最终一起达到服务目标。

二、小组戒毒社会工作模式及案例

关于小组戒毒社会工作的实践，最为突出的是上海地区开展的同伴辅导小组在禁毒社会工作中的运用，其通过对同伴辅导小组活动的初步尝试，在禁毒社会工作中采用同伴辅导小组工作方法，对于巩固戒毒人员的戒断毒瘾成果有较大的帮助，并且，参与活动的同伴辅导员的自尊感及自我效能感也得到了较大提升。

下面以上海市“一乘三同伴辅导小组”为例进行介绍说明。

（一）同伴辅导的概念

同伴辅导是指通过有相同特殊经历成员之间分享信息从而达到积极、健康结果的过程。卡尼吉（Carnigie）（1998）指出，同伴辅导的成功依赖于在认同某种特殊文化的个体之间传递一种积极健康的信息。同样的经历能带来信任，同伴辅导员因而能引致亚文化规范下的一些改变。以预防青少年吸毒同伴教育为例，同伴引导者需要符合一定标准并经过挑选和训练，以便能够告诉并鼓励其所在社会网络中的其他人选择更健康的生活方式。从某一层面讲（按年龄、阶层、性别或任何其他社会观念界定的）属于同伴群体的人，彼此能进行最好的沟通，能够相互理解，能够通过榜样的示范带头作用，使同伴更好地接收信息，对同伴施加影响。

（二）小组活动概述

根据上海市公安局、上海市司法局、上海市卫生局发布的《关于对吸食、注射毒品人员成瘾鉴定和戒毒人员尿样检测工作的规定》，经强戒等回归社会的吸毒人员经过3年12次尿检，且每次的尿检皆呈阴性，那么可视其为戒断毒瘾3年。在S机构的服务对象中，已有一部分认定戒断毒瘾3年以上的服务对象，他们中的一部分人十分愿意成为同伴辅导员，去帮助其他正在努力戒毒的吸毒者。要成为一名合格的同伴辅导员，需要他们通过一段时间的学习与培训。首先要帮助他们自身提高自尊、自信，能够较好地在他人面前展示自己，并且最重要的一点是，具有榜样作用的同伴辅导员，自身首先要能够继续保持操守，那么如何提高他们面对高危情境的处理能力，帮助他们提高自我效能感就显得十分重要。因此，经过社工们在各自认定的戒断毒瘾3年以上的服务对象中挑选，S机构在初步尝试时为4名服务对象开展了活动，希望能够达到预期的目标。

（三）小组运作过程

1. 小组活动中自尊感的培养

自尊是个体对自己的生活环境的意义感以及在这些环境的价值感的体会，自尊的目的和功能是减少和缓解焦虑。自尊感较好，反映个体对自己的评价较高，倾向于认为自己有能力、自信，因而能喜欢自己，接纳自己，遇到问题善于积极应对。当高自尊者在一个领域内没有做好时，会想到自己在其他方面的优点和成功之处，同时采取积极的应对方式，减轻身心压力，保持较好的心理状态。

社工通过运用自我肯定的表达模式，与组员共同进行讨论、分享与练习，希望对提高组员的自尊有所帮助。让组员回忆自己在戒断过程中所付出的努力，给予充分的肯定和鼓励，并且让组员对自己及同伴进行表扬和肯定。鲍尔（Bower）（1991）的DESC自我肯定表达模式的四大步骤：首先，描述情境，先把令人不愉快的情境或行为客观、明确地加以描述。其次，表达情绪，把面对该情境或行为的情绪和感觉表达出来。再次，提出意见，清楚地告诉对方该怎么做，以改善自身情绪或行为。最后，详述结果，详细说明在情境或行为得到改善之后，自己会有的情绪反应或结果。

2. 小组活动中自我效能感的培养

班杜拉（A. Bandura）所提出的自我效能（self-efficacy）是指一个人认为自己能够达到某特定目标的能力，影响了个人从事某行动的动机与决定。而抗拒的自我效能（resistance self-efficacy）则是指个人认为自己能够成功拒绝某特定行为的能力。如果吸毒者具有较高的自我效能感，就具有较强的改变动机。如能在一次高危情境中完成一次有效应对，自我效能感就会提高，复吸的可能性就降低。

社工通过与组员讨论在戒毒康复过程中通常会有哪些危险情境会增加戒毒者复吸的危险性，讨论并模拟如何有效应对高危情境，帮助组员提升自我效能感，加强改变动机。

（四）小组活动成效及评估

1. 小组活动的成效——小组成员作为同伴辅导员参与禁毒演讲报告会

在禁毒宣传活动中，社工组织 4 名小组成员以同伴辅导员的身份，通过演讲的形式，参与了禁毒宣传活动，为几十名正在戒断康复过程中的吸毒者进行了一次同伴教育。在活动中，4 名组员以演讲的形式，讲述了不尽相同的坎坷经历，以及他们对同伴辅导的理解，深深吸引了那些正在努力戒毒的同伴。

2. 小组活动评估及反思

（1）小组成员对活动的满意度评估。根据组员所填写的满意度调查表，小组成员对于本次活动的满意率达 100%，1 名组员表示对活动非常满意，其余 3 名组员表示满意。对于社工在团体中的投入程度、小组成员彼此的尊重程度、在小组中进行分享的时间等，组员的满意率也达 100%。而对于团体的信任度，有组员表示仍会略有担心，且因为活动次数还不太多，可能还需要更长的时间才能进一步地敞开心扉，与其他组员交流更多。

（2）目标达成评估。本次小组活动的主要目标是提升组员的自尊感和自我效能感，帮助他们进一步巩固戒断康复成果，为今后成为同伴辅导员打下基础。通过活动，目标基本达到，通过社工与组员的访谈，了解到组员都感觉到在活动中有一种被尊重的感觉，也对自己更有信心了，并且更坚定了要成为一名同伴辅导员的决心，以很好地体现出自己的价值。

(3) 活动反思。第一，本次活动以社工站会议室为主要场地，使得组员有时略显拘束，今后的活动可以更加多元化，选择更为合适、放松的场地，这对组员融入团体也是有帮助的。第二，组员在团体中对彼此的信任度还有待提高，主要是由于组员之间的熟悉程度还不够，互相直接接触更长时间能够更了解对方，给予更多的信任。

（五）工作总结

通过对同伴辅导小组活动的初步尝试，S 机构认为，在禁毒社会工作中采用这样的小组工作方法，对于巩固戒毒人员的戒断毒瘾成果有较大的帮助，并且，参与活动的同伴辅导员的自尊感及自我效能感也得到了较大提升。

对于进一步开展同伴辅导小组活动，S 机构也提出以下几点建议。

第一，适当加入一些培训课程，使小组成员在活动中学习更多有关同伴辅导的方法和技巧以及需要特别关注的一些内容。

第二，活动除了讨论的形式外，还可多进行一些角色扮演、情境模拟等操作练习，一方面能够使得组员之间有更多的互动，另一方面能够更为直观地让组员了解如何进行操作。也可以尝试采取一些游戏和活动的形式，鉴于戒毒者较容易对理论性的探索感到厌倦。

本章小结

在我国，禁毒社会工作是指专业社会工作者在社会工作的专业理念支持下，运用社会工作专业方法对戒毒人员进行干预，促使他们戒毒成功、回归社会的职业性助人服务活动。即专业社会工作者通过综合运用个案辅导、家庭辅导、小组工作、学校活动和社区活动等方式，将政府、市场、社会的各方力量综合调动起来运用于戒毒中，为戒毒人员提供诊断性、康复性、教育性、发展性等多元服务，以协助戒毒人员摆脱心瘾、重建自信、链接社会资源、与社会无缝接轨、重建人际网络、获取社会支持等。

在禁毒社会工作中，可将微观方法引入其中，在评估戒毒者需求的基础上，以多样化服务方法为依托，构建多层次、差异化、创新性的戒毒社会工作服务体系，为戒毒者创造一个包容的、多元的、发展的戒毒环境。主要的工作方法有同伴教育、家庭治疗和治疗社区等。

禁毒社会工作者是指具备一定的禁毒和社会工作的学科知识，能够运用个案工作、小组工作、社区工作等专业方法，在服务过程中注重人与环境的互动，通过与系统、环境等多方互动链接相关资源，为服务对象提供预防性、治疗性和发展性的服务，从而引导服务对象正确认识毒品及其危害、预防毒品滥用，协助服务对象戒除毒瘾、回归家庭、融入社会的专业社会工作者。

禁毒社会工作的服务领域包括：帮助戒毒和康复人员建立健康的生活模式，协助服务对象解决就业、生活等方面的困难，巩固戒毒效果。向学校学生、老师、家长开展禁毒教育，预防青少年滥用毒品。进入社区进行禁毒教育，提高社区人士的禁毒意识。

思考题：

1. 试述瑞典的禁毒政策。
2. 比较瑞典、荷兰、美国三国的禁毒政策。
3. 禁毒社会工作面向的服务对象有哪些？
4. 请列举禁毒社会工作中运用的理论，并选取其中的一个理论简述该理论是如何在禁毒社会工作中具体运用的。
5. 禁毒社会工作的工作方法有哪些？

第八章　社会工作参与家事审判

司法社会工作在广泛参与刑事司法的同时，近年来也开始参与民事司法领域，尤其以参与家事审判为典型。家事审判改革是当前民事审判工作的热点，自最高人民法院在全国范围内选择部分法院开展为期两年的家事审判方式和工作机制改革试点以来，“社工+”模式在部分人民法院的家事案件审理中得以运用，取得了良好的社会效果，社会工作作为参与家事诉讼程序、助力家事纠纷妥善解决的重要社会力量也越来越受到关注和重视。本章将介绍社会工作参与家事审判的内容以及在具体司法实践中构建社会工作参与制度的途径。

第一节　社会工作参与家事审判概述

一、社会工作参与家事审判的相关概念

（一）家事案件的含义

根据最高人民法院发布的《关于开展家事审判方式和工作机制改革试点工作的意见》，“家事案件是指确定身份关系的案件及基于身份关系而产生的家庭纠纷”。在我国法律上，家事案件主要指婚姻案件、家庭案件、继承案件及其他亲属关系案件，主要包括亲属身份案件和以亲属身份为基础所产生的财产案件。本书所述的家事案件主要指涉及婚姻、抚养、继承以及其他亲属关系的民事案件。

（二）家事案件的特点

随着经济社会的发展，家事案件不仅涉及当事人之间身份关系的纠纷，而且其利益纠纷也趋于多元化和复杂化，有时还涉及其他主体的利益；与一

般的民事案件相比，建立在婚姻、血缘关系基础上的家事案件的当事人之间通常具有复杂矛盾且积怨已久；家事案件除了涉及财产利益外，更多地涉及亲情以及道德伦理，具有人身性、伦理性、非理性、个体性、私密性、隐匿性、复杂性的特点；家事案件存在证据搜集难、事实查明难等问题；家事案件的数量不仅占据了我国民事诉讼总量的近四分之一到三分之一，还呈现出高度增长的态势。

（三）家事审判的含义

王德新将家事审判界定为："是指以家事案件（我国司法统计中一般称婚姻家庭案件）为审判对象，以家事诉讼程序、家事非讼程序和家事审判机构的组成和运作为主要内容的审判活动和机制。"参照王德新的定义，本章所述的家事审判是指专门审理涉及婚姻家庭领域中各类纠纷的审判活动。

二、国外家事审判制度概况

在很多国家，社会力量尤其是社会工作参与家事审判案件已经建立了成熟的模式和制度，了解域外家事审判情况对完善我国家事审判过程中的社工参与机制有着重要的借鉴意义。

（一）英国：设置家事法庭，注重司法资源与社会支持系统的结合

在家事纠纷的处理上，英国特别重视儿童权利的保护，将家事纠纷与其他普通的民事纠纷区别开来，由家事法院集中审理家事案件，同时在高等法院设置单独的家事法庭，专门负责家事案件的一审和二审工作。这些家事审判组织都配备有专门的家事法官，家事法官都是在经过有关儿童发展和社会工作实践等专门训练后特别挑选出来的，以保证他们对家事诉讼的法理具有清晰的认识，从而在审理中发挥更为积极的作用，而不仅仅是单纯的裁决者。在家事案件审理中，特别是涉及子女抚养的离婚案件审理中，法院放弃当事人主义诉讼模式下的消极中立，转而扮演更为积极的调查者和询问者的角色，以便更好地发现案件的客观事实。此外，英国在家事案件的审理方面比较有特点的是，很注重司法资源与社会支持系统的结合，建立了专门的机构"CAFCASS"① 来配合法院家事案件的审理。英国 CAFCASS 整合了律师、感

---

① 全称为"The Children and Family Court Advisory and Support Service"，主要开展儿童家庭法院咨询和支持服务。

化服务、报告官等各方面资源提供的服务，在家事纠纷审理过程中将庭前的调查与庭中及庭后的监督与法院审判相结合，最大限度地保护儿童权益。CAFCASS 在英国家事审判体制中既作为专门机构为儿童提供权利保护，又可以作为调查机构为家事审判进行调查并提供相应的建议，而这种调查和建议是基于对儿童权益的保护。

（二）德国：成立家事法院，建立程序辅佐人制度

德国在 20 世纪 70 年代中期以前，并没有统一处理家事事件的法院，70 年代中期后在《婚姻法第一次修改法》中正式确立了家事法院制度，成立了专门的家事法院，且在其民事诉讼法典的第六编中规定了家事审判程序，与其他普通民事案件的诉讼程序区别开来。并且德国在家事纠纷领域吸纳社区心理咨询、调解、少年管理、社会学、法律学、心理学等领域的专业人员。出台《家事事件及非讼事件程序法》，为保护子女利益的需要，建立程序辅佐人制度。程序辅佐人应对子女利益进行确认，并在诉讼程序中加以执行，还可以与其父母、亲属、学校老师、青少年管理局等进行沟通；程序辅佐人有权阅卷、申请鉴定、收集与案件有关的有利于维护子女利益的信息，有权提起上诉；为了确保法院能够选任具有专业知识的程序辅佐人，德国一些社会团体承担招募、培养程序辅佐人的任务；各程序辅佐人社团通过招聘的方式从社会上聘请具有法学、心理学、社会学、教育学背景的专业人员担任程序辅佐人；程序辅佐人大部分为兼职，大多数来自律师、教师、医生、心理师等行业。

（三）美国：设立家事特别程序，对家事案件进行个案非正式处理

美国是实行双轨法律体制的国家，有联邦和州两个法院系统，家事案件属于州法院的管辖范围。美国很早就针对家庭案件和少年案件设立了特别裁判所及特别程序，是世界上最早成立实质意义上的家事法院（庭）的国家。截至 2015 年，美国包括纽约州、加利福尼亚州、佛罗里达州在内的 20 个州设立了专门的家事法院，包括宾夕法尼亚州、新泽西州、密歇根州等在内的 16 个州设立了隶属于普通法院系统的家事法庭。美国家事案件处理程序比较特别的一点，就是以“诊断和治疗”为目的的个案非正式处理：法院分类受理家庭案件，只有当事人希望立即由法官审理的案件，才会移送给法官进行审理，其他的家庭案件可以根据案件情况进行个别化处理；在家庭案件个别化处理的过程中，必须要进行社会调查，以此作为解决纠纷的依据。比如，根据纽约州的《家事法院法》，在特定情形下，法官有权发出指令，要求相关机构和部门的人员协同并配合法院的调查工作，如果家事案件需要从医学、精神医学或心理学方面鉴定案件当事人的身心，则由家事法院所属的医院或委托其他医师进行鉴定。

（四）澳大利亚：设置家事法院，引入顾问制与注册官制

在澳大利亚，除了西澳大利亚州以外的所有各州都已经把离婚的管辖权授予澳大利亚家事法院的联邦法官，家事法院既受理一审家事案件，也受理不服州、联邦初级法院家事案件而提起的上诉，还可受理不服本院“独任制”判决提起的上诉。家庭法院“不像其他法院那样正规化，法官都不戴假发、不穿法袍，还对外进行咨询服务”，与联邦法院一样，家事法院的判例有相应的约束力，但联邦家事法院及其以下的联邦司法机构所作的判决不具有判例效力。澳大利亚各联邦家事法院在处理家事纠纷时，还引入了顾问制与注册官制，顾问与注册官主要由那些在某些社会科学领域中拥有专长的人担任，负责向法庭提交涉及本案家庭成员间关系的“家事报告”，并通过与夫妻双方座谈解决争议。

（五）日本：设立家事法院，建立完善的调查官制度

1947 年，日本颁布《家事审判法》，对人事诉讼案件之外的家事财产纠纷与家事非讼纠纷进行专门规定，并设立家事审判所来审理人事诉讼事件之外的家庭案件。1948 年，日本将家事审判所从地方裁判所独立出来与少年裁判所合并，成立了家庭裁判所，旨在妥善处理家事案件以及少年案件。1951 年，日本在家庭裁判所内配置了调查官，建立了调查官制度，日本的调查官制度在家事案件的证据收集上起着重大的作用，是家事审判程序中非常重要的一项辅助制度。在日本，家事调查官的职责是依法官的命令，负责家事案件和少年案件的相关调查，包括调查法令、判例以及其他一切必要事项。日本家庭裁判所调查官可分为：首席调查官、次席调查官、总括调查官、主任调查官、调查官、助理调查官。由于调查官职务的重要性以及所承担工作的特殊性，所有调查官的任命都有严格的标准，除了通过最高法院组织的相关考试这一必要条件外，在学历及所学专业上也作出了限制，通常以心理学、社会学等相关领域的大学及以上毕业生为准。为了提高调查官工作的科学性和适应性，日本最高法院自 20 世纪 50 年代起设立了专门的研究训练所，对调查官进行专业训练。日本的家庭裁判所需要处理家事案件和少年案件，因此按照所负责案件的不同，调查官还可分为家事调查官和少年调查官，就家事调查官而言，其是具有专业知识的人员，致力于灵活运用医学、心理学、社会学、经济学等专门知识调查家事案件中涉及亲权、监护权等附带事项的事实，供家庭裁判所调停和裁判时参考或者援用。在家事案件中，家事调查官主要负责对家事审判及调解所需的事实进行调查，提出相应的调查报告，并且在审判或者调解时向法官陈述意见，如有需要，还要协调联系社会福利机关，进行确保履行的事务。

三、我国家事审判改革进程

家事案件的审理涉及心理学、社会学等多方面专业知识，需要相关专业领域人员的配合与协助。为发挥家事审判职能作用，推动家事审判工作不断科学发展，我国最高人民法院自 2016 年起在全国范围推进家事审判方式和工作机制改革，取得了良好成效。

（一）家事审判改革试点先行

2016 年 4 月，最高人民法院发布《关于开展家事审判方式和工作机制改革试点工作的意见》，同年 5 月 11 日，最高人民法院专门召开会议，统一部署在全国范围内选择 108 个中、基层法院开展为期两年的家事审判改革试点工作，家事审判改革的探索从此开启了新的征程。此次家事审判改革的工作理念是“坚持以人为本，发挥家事审判的诊断、修复、治疗作用，实现家事审判司法功能与社会功能的有机结合”。在工作机制上，探索引入家事调查员、社工陪护及儿童心理专家等多种方式，不断提高家事审判的司法服务和保障水平；探索家事纠纷的专业化、社会化和人性化解决方式，推动建立司法力量、行政力量和社会力量相结合的新型家事纠纷综合协调解决机制，完善多元化纠纷解决机制，形成有效的社会合力，切实妥善化解家事纠纷。目前，我国家事审判改革集中在法学领域，主要是对“家事审判机构设置专门化”“家事调解制度程序化”“家事案件审判法官配备专业化”“家事调查员与家事调解员设置制度化”四个方面的理论探索与司法实践。

（二）深化家事审判方式和工作机制改革

2018 年 7 月 18 日，最高人民法院发布《关于进一步深化家事审判方式和工作机制改革的意见（试行）》（以下简称《意见》），在总结试点工作的基础上，进一步深化家事审判方式和工作机制改革。在工作方式上，要求充分发挥家事调查报告、心理疏导报告及大数据的应用，力求裁判标准客观化以及裁判文书说理做到情理法相结合；在工作机制上，动员和激励社会各界力量共同参与，推动建立司法、行政和社会相结合的多元化纠纷解决机制，共同打造共建共治共享的社会治理格局；在机构队伍专业化建设上，探索配备专门从事家事调解、家事调查、心理辅导等工作的司法辅助人员，加强家事法官的职业安全保障，完善极端化事件防控措施。《意见》自第六条至第四十九条对“家事调解”“家事调查”“心理疏导”“审理规程”“队伍建设”五项进行了详细说明，为社会工作作为重要社会力量参与家事审判程序提供了总体指导。

自家事审判改革以来，我国部分地区的人民法院积极探索社会工作专业人员引入机制和专业机构协助家事案件审理委托办法，有效延伸了家事纠纷综合协调机制的触角，拓展了家事案件审理方式改革的广度，取得了良好的效果。但从全国范围来讲，社会工作参与家事审判尚未形成广泛认识，相关司法实践并不多见，实务模式也并不成熟。

四、社会工作参与家事审判的可行性

社会工作具有的专业优势性保证了其作为执行主体的可行性，社会工作参与家事案件审判的出发点是维护妇女、儿童及老人等特殊群体的合法权益，最终目的是维护婚姻家庭关系和谐稳定。

（一）社会工作的专业价值理念

社会工作关注人的感受，坚持以服务对象为本的价值理念，遵守尊重、非批判、平等、接纳、关怀、保密、个别化的工作原则，注重人与人之间的关系，重视社会交往中的情感支持即“人情味”。而家事纠纷案件除了涉及财产利益外，更多地涉及亲情、血缘、婚姻以及道德伦理，因为家事纠纷的基础是身份关系，其背后隐藏着复杂的人伦和社会关系。社会工作的价值理念不仅与我国传统的“和为贵”思想一脉相承，也符合家事审判的“案结、事了、人和”的目标。

（二）社会工作的专业工作方法与技巧

一名合格的司法社会工作者不仅要掌握社会工作学科的专业知识，也要学习心理学、社会学、教育学、法学等领域的基本知识；在实务工作中富有耐心，运用关注、倾听、同理心、引导等技巧，通过个案或个案管理的工作方法，为服务对象提供情感疏导、法律咨询、社会资源链接等综合服务。目前，承办家事案件的法官除了审理案件需要耗费精力外，还需要耗费大量的时间对当事人进行情绪安抚、释法、答疑，而社会工作者在自身专业训练的基础上，接受司法方面的相关培训后完全可以胜任此工作，通过各司其职的工作方式，分担家事审判案件法官的工作压力，提高家事审判的工作效率和质量。

（三）社会工作者独立第三方的身份与角色

为保证家事案件主审法官的中立地位，以及更好地实现程序公正，将审判权与调查权等权力相分离，从而保证相对独立，是大多数学者在讨论家事案件参与主体时较为倾向的一种观点。社工参与家事审判，需明确社工的作用区别于法官、书记员、律师等法律工作者。一方面，其中立的身份可以体现出程序的公正性和结果的客观性；另一方面，社会工作的专业特性决定了社工以“柔性”的方式参与家事案件的解决，以助人精神体现人文关怀，有利于进一步完善家事审判程序、补充司法服务力量、促进家事纠纷人性化妥善处置，有利于法院延伸服务、拓宽司法边界、扩大公共服务。

第二节　社会工作参与家事审判的内容①

一、社会工作参与家事审判的服务内容与流程

社会工作者参与基层人民法院家事案件审判，按照审判程序，具体可开展家事调查、心理干预、民事关护等实务工作，旨在依法保护当事人家庭成员的合法权益，维护妇女、未成年人、老年人的合法权益，促进家事案件的妥善处理，促进家庭和睦、社会和谐。

社会工作参与家事审判的过程，即法院委托具体服务开始至相关服务结束止。人民法院在审理家事案件过程中，依据案件情况对于需要由司法社工协助完成的特定内容，将相关业务委托给具有专业资质的司法社工机构开展，司法社工机构接受委托，并根据案件的具体情况将业务分派给机构内的司法社工，每个案件由2—3名司法社工负责。整体服务内容及流程

① 本章内容根据山东大学司法社会工作研究中心与济南市历城区人民法院签订的“社会工作参与家事少年审判服务项目”的实务经验进行总结、编写。

如图 8-1 所示。

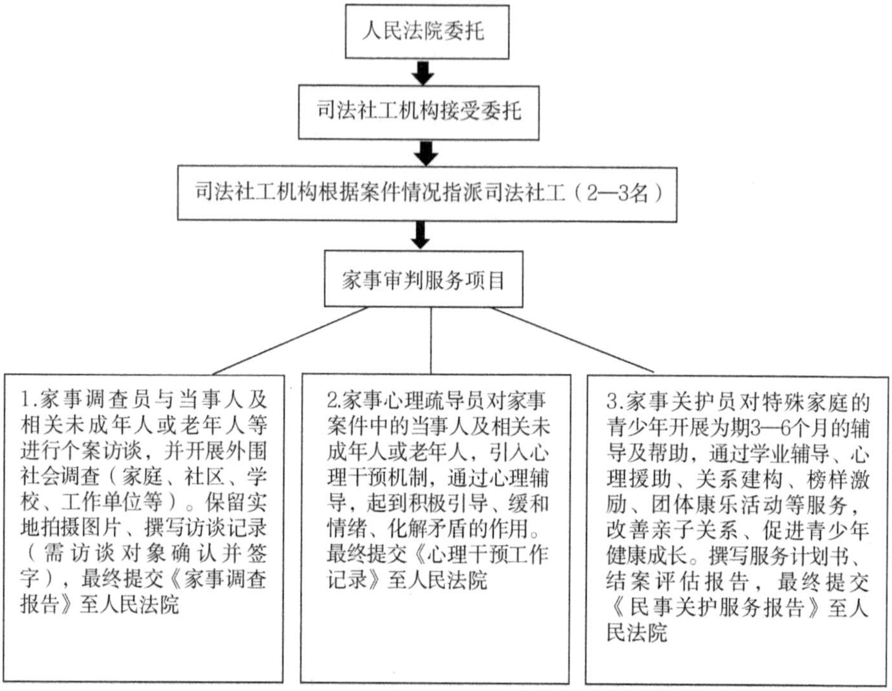

图 8-1　社会工作参与家事审判的整体服务内容与流程[①]

二、家事调查

（一）家事调查的含义

家事案件审理中，普遍存在证据搜集难、固定难的问题。家事调查制度是指：在家事案件审理过程中，人民法院对于特定案件中需要进一步查明的事项，征求当事人同意后，委托给具有专业资质的社会工作服务组织辅助调查，由接受委托的社会工作服务组织从已获取法院颁发的家事调查员聘书的社会工作者中，依据案件情况指派两名以上家事调查员通过实地观察、访谈等方式对法院委托的特定调查事项开展调查，并在调查期限内完成调查，最终将《家事调查报告》并附调查材料一并提交至委托法院，为法官审判提供参考的制度。

① 本流程根据山东大学司法社会工作研究中心与济南市历城区人民法院“社会工作参与家事少年审判服务项目”总结而来。

对于这一定义的操作性理解，应注意以下几点。

第一，家事调查的启动应由承办该案件的主审法官依据案件情况决定，家事调查员不得随意调查。同时，法官也应尽可能地考虑不利因素，对案件进行甄别，确保案件选择的适当性，例如，对于当事人处于激烈冲突或可能存在暴力情形等其他安全问题不适合开展实地调查的案件，不予许可调查。

第二，对于确有必要开展家事调查的案件，调查前，法院应电话或当面通知当事人，并充分尊重当事人的意愿，由其本人自主决定家事调查员是否可以参与该案件的调查，而不是强制或强迫调查，在征得当事人同意后或经当事人主动申请后，调查才可进行。

第三，与法院开展服务合作的社会工作服务组织在接受《家事调查委托函》后，应及时派遣被指派的调查员与审判人员进行联系，就案件情况、委托调查事项、被调查人基本信息（姓名、性别、年龄、联系方式、约定的调查时间地点等）等事项进行确认及讨论，加强工作交流沟通及衔接。

第四，家事调查员开展家事调查应依据法院出具的《家事案件委托调查表》进行，不得超过调查范围，如遇特殊情况，需经法院批准。例如，法院仅需要对某变更抚养权纠纷案件中的限制民事行为能力的子女的抚养意愿及其生活学习现状进行调查，调查员则不得私自就双方当事人的财产纠纷、感情纠葛等情况开展调查。

第五，为保证家事调查员的报告权利不被滥用，避免出现不当履行职务的行为，法院及社会工作服务组织需要对家事调查员进行制度性约束，如完善回避制度、监督制度等。

（二）家事调查服务案例

1. 案例背景

李某以与黄某长期感情不和为由到某法院起诉离婚，在该法院组织的调解过程中，双方当事人对两个女儿的抚养权归属问题分歧较大，始终未达成一致意见。为使判决结果利于两个女儿的健康成长和其在判决后能得到较为周全的照顾，该法院委托三名司法社工担任家事调查员对此案中双方当事人的生活环境、居住条件、子女照顾情况进行家事调查。

2. 介入过程

家事调查员接受委托后，首先与当事人夫妻双方分别进行交谈，随后又向当事人的两个女儿及女方的姐姐进一步了解关于孩子日常抚养状况的信息，并在10日内向该法院提交了一份4000多字的书面报告及当事人双方居住环境的照片。家事调查员除了在家事调查报告中详细记录了当事人的家庭状况、子女照顾情况、家庭关系状况外，还在报告最后进行了综合分析：两个女儿虽然都与母亲感情更为亲密，但女方现在经济能力有限，且居住环境狭小，不利于同时抚养两个女儿；长女因患有精神疾病，出院后精神状态尚不稳定，需要得到较为周到的照顾，且其现与母亲居住在一起，生活环境较为稳定，与母亲关系较为密切，突然改变生活环境可能对其病情恢复不利；次女现就读高中，有一定的生活能力和判断能力，虽然与父亲关系不是很亲近，但父女间并无太大矛盾，且其父亲一直对次女较为偏爱，支持着其学业，二人通过一定的交流和沟通有增进亲子关系的可能。法院最终判决原被告离婚，长女由女方抚养，次女由男方抚养。

在本案中，家事调查员出具的家事调查报告及照片虽然不能作为认定事实的证据使用，但内容翔实的报告及丰富的调查材料为法官裁判提供了参考，得到了法院的认可。

三、心理干预

（一）心理干预的含义

心理干预机制是指人民法院与司法社会工作服务机构之间开展心理疏导和干预合作，对法院受理的家事案件中因当事人或者未成年人身心健康创伤较大、情绪激动、情绪波动较大或者有反常行为等情形，需要心理疏导的，法院可建议案件当事人或者未成年人接受心理疏导。具体家事案件中的心理疏导员由受委托的合作方从获得法院颁发的家事心理疏导员聘书的工作者中挑选，其主要职责是在家事案件审理过程中，接受人民法院的委托，依据法官的指示和要求，利用心理学专业知识和业务技能，为家事案件中的当事人及其近亲属提供心理疏导和干预服务。心理干预工作结束后，司法社会工作服务机构向人民法院出具《心理干预情况报告》，作为人民法院审理案件的参考。

对于这一定义的操作性理解，应注意以下几点。

首先，人民法院负责筛选需要心理疏导介入的案件，并启动心理疏导程序。人民法院经审查认为案件当事人或者未成年人需要接受心理疏导的，可向案件当事人或者未成年人的监护人提出心理疏导建议。当事人或者未成年人的监护人同意接受心理疏导的，应填写《同意接受心理疏导确认书》。当事人亦可主动申请接受心理疏导，并提交《心理疏导申请书》。

其次，与法院开展服务合作的社会工作服务组织在接受《心理疏导工作联系函》后，应及时派遣被指派的家事心理疏导员与审判人员进行联系，就案件情况、服务对象状况等事项进行确认及讨论，并协商确定开展心理干预的时间和地点。

再次，在心理干预过程中，当事人明确表示不同意继续接受心理疏导的，应当予以终止，人民法院应在案卷中注明。

最后，家事心理疏导员对心理干预过程中知悉的当事人的商业秘密或个人隐私负有保密义务。家事心理疏导员违反保密义务给当事人造成损害的，应当承担相应法律责任。

（二）心理干预服务案例

1. 案例背景

夏某（女，29岁），其丈夫以夫妻感情破裂为由向法院提起离婚诉讼请求，但夏某表示，虽然其丈夫近半年以来很少回家，但仍愿挽回丈夫，让丈夫重新回归家庭，坚决不同意离婚。因夏某的丈夫对家庭有一种恐惧心理，不愿意回家，夏某也曾多次寻找心理咨询机构治疗，但收效甚微。法院由此委托社工小李对该案件的当事人开展心理疏导及庭前调解工作。

2. 问题分析

在交谈中，社工得知当年夏某与丈夫相恋一年多后，对方曾经失联两三年，其后重新追求，二人在今年结婚。婚后才不到半年，丈夫就经常不回家，对她关心很少，夏某下班后回家经常以泪洗面。面对夏某的伤心委屈和担心，社工使用一些放松方法使其舒缓情绪。据观察和面谈，社工发现夏某不太懂得表述自我想法，大多关注他人对自己的评价，习惯迎合他人，属于相处模式中典型的“讨好型”。平时丈夫要求她化浓妆和注意打扮，尽管夏某内心不喜欢却仍努力迎合，甚至在外报名学化妆。刚开始丈夫不回家，夏某一度认为自己是失败的太太，其间也深陷丈夫的一个又一个谎言中，逐渐失去自我，将自我价值建立在他人的眼光里。

3. 介入过程

（1）通过面谈，挖掘服务对象真实想法。社工从夏某的需求和感受出发，挖掘其内心想法。以下是面谈的一段对话：“与丈夫的相处中，你付出了那么多，觉得累吗？”她本能地回答一声：“很累啊！”之后夏某陷入了沉默，开始述说自己的艰辛困难。“你觉得丈夫最爱的是谁?”社工问道。“他最爱自己!不管是恋爱还是结婚，他只顾自己的感受和需要。”说完，夏某的表情像是发现了惊天秘密，既惊讶又有些难过，之后她不禁落泪。

（2）开展心理辅导，帮助服务对象舒缓情绪。前期的辅导中，社工主要提供舒缓情绪服务，使夏某在彷徨无助、失望打击的状态中，选择适当暂停，给予自己空间重新认识自己、丈夫和这段婚姻。

（3）挖掘优势资源，实现个体增能。在后期，社工尝试帮助夏某从“讨好丈夫”到学会关爱自己，社工密切跟进该个案，重新挖掘服务对象优势，持续提供婚姻辅导、链接社会资源等服务。

在本案中，社工运用“劝、批、谈、教”的介入策略对服务对象进行心理干预，家事调解效果相对显著，夫妻同意调解离婚，财产得到合理分割。

四、民事关护

（一）民事关护的含义

民事关护在司法实践中主要指在民事案件中的少年关护，民事关护制度是指在民事审判程序中，在人民法院的指导下，由司法社会工作服务机构的司法社工担任家事关护员，以未成年人为关护对象，以保护未成年人合法权益、促进未成年人健康成长为目标，对未成年人开展心理疏导和教育，进行判后回访工作的制度。

对于这一定义的操作性理解，应注意以下几点。

一是人民法院负责筛选需要开展民事关护的案件，并启动民事关护程序。

二是对于可开展民事关护的案件，法院应提前电话或当面通知当事人，并充分尊重当事人的意愿，由其本人自主决定家事关护员是否可以参与判后回访，在征得当事人同意后或经当事人主动申请后，民事关护才可开展，而不是强制或强迫进行。

三是与法院开展服务合作的社会工作服务组织在接受《民事关护委托函》后，应及时派遣被指派的调查员与审判人员进行联系，就案件情况、被关护人基本信息（姓名、性别、年龄、联系方式、约定的关护时间地点等）等事项进行确认及讨论，加强工作交流。

四是家事关护员履行民事关护职责时，必须接受人民法院的监督和指导，并应严格遵守保密义务，未经人民法院的准许，不得以任何形式泄露案情和案件当事人的信息。

（二）民事关护服务案例

1. 案例背景

小华（女，9岁）的父母亲于一个月前离婚，因为父亲嗜酒如命，长期酗酒并先后多次因为喝酒损伤身体而入院治疗，处于失业状态，没有经济能力照顾小华，且小华尚幼，法院最终判决小华随母亲一起生活。社工小赵受法院委托，对该离婚案件判决后涉及的未成年人小华进行为期3个月的判后关护。

2. 介入过程

社工通过与小华及其母亲的接触，进行了服务评估：①小华的母亲收入相对较低，家庭生活压力大；②小华希望能跟同学们相处得更好，但常常会感到自卑。基于此，社工开展了为期3个月的追踪关护。首先，社工依据法院判决书，对小华的抚养照顾情况、抚养费落实情况进行定期及不定期的追踪回访，每周1—2次。并充分发挥资源链接者的角色，联络民政部门以及社会公益组织对小华的家庭进行救助和帮扶。其次，社工通过定期辅导小华的学习，使小华的成绩有了较大的进步，对学校及同学保持更加阳光的心态；同时，社工发掘小华绘画能力较强的优势，引导小华积极参与学校组织的绘画比赛，小华虽然只取得了第三名，但却在活动中与同学间的交流沟通增多，也逐渐融入集体中。学习进步与绘画比赛让小华建立起自信，同辈朋友也发展了起来，自卑的心理在社工的耐心开导下得到转变。

在此案中，社工的中立身份不仅有助于社工在回访中了解判决的真实履行情况，也有助于社工通过持续的跟踪服务，作为同行者，陪伴服务对象（尤其是未成年人），与其共同成长。

第三节　社会工作参与家事审判的工作方法

在家事审判领域，个案工作与小组工作是司法社工开展实务时最常用的基础方法。除此之外，还包括社会学和心理学的一些具体方法，如叙事治疗、短期焦点治疗等都对婚姻家庭辅导和行为指导有着明显的效果。

一、个案工作

个案社会工作是社会工作的基本方法之一，它以个人或家庭为服务对象，运用有关人类行为与社会环境的各种科学知识和专业技巧，通过专业关系的建立和发展，针对个人的特殊情况和需要，了解个人内在的心理特性和问题，以激发个人潜能，协助其改变态度，调整其与外在环境的社会关系，并运用社会资源来改善或恢复其社会生活功能，最终解决他们的问题，增强和发展个人或家庭的社会适应能力。

在家事案件中，个案工作的运用主要体现在三个方面。

个案关护：司法社工担任家事关护员为涉少离婚案件、抚养案件中的未成年人或处于弱势地位的当事人，提供民事关护、判后回访等司法延伸服务。通过个案追踪与回访探望，社工既当“联络员”又当“监督员”，基层司法实践效果更加明显。

个案辅导：司法社工协助涉及抚养权归属问题的婚姻纠纷、抚养纠纷案件中的当事人双方理性对待子女抚养权问题，重新建构当事人之间、亲子间新的行为和沟通模式。通过一对一的心理疏导、困难照顾等对接方式，司法社工帮助案件当事人学会尊重双方应有的权利和应该履行的义务，并努力抚平心理创伤、促进改善家庭成员关系。

个案会谈：司法社工担任家事调查员对法院委托调查的特定家事案件中需要进一步查明的事项，开展家事调查。在这一过程中，个案会谈是贯穿始终的工作方法与技巧，即家事调查员与被调查对象通过面对面有目的的对话来获取相关材料。在具体案件的家事调查活动中，调查员常用的个案会谈技术包括：倾听、同理心、澄清、对焦和摘要。

二、小组工作

美国的科伊尔（Coyle）教授在1946年全美社会工作大会上提出，“小组工作应该是社会工作方法”，这一提议被大会接受，从此，小组工作成为社会工作的三大方法之一。小组工作是以包含两个或两个以上的具有共同需求或相近问题的群体为服务对象，在社会工作者的协助下，通过小组活动过程及组员之间的互动和经验分享，帮助小组成员获得行为改变、改善其社会功能的一种专业社会工作方法。

在法院审理的众多家事案件中，司法社工可以通过组织有相似背景和经历的案件中的离婚当事人或涉案的未成年人，组织建立发展型、互助型、支持型、治疗型以及学习型等不同类型的小组，通过组员之间的互动，达到影响小组成员的态度和行为的目标。具体表现为以下三种类型。

支持小组：通过小组成员彼此之间提供的信息、建议、鼓励和感情上的支持，达到解决某个问题和组员改变的效果。例如，司法社工可以以部分离婚案件中的单亲母亲为对象，组织开展单亲家庭自强小组，建立支持网络互助交流平台，通过具有相似年龄、背景、经历、体会等共同语言的小组成员的信息分享，唤起服务对象的心灵归属和情感共鸣，促进其积极乐观地面对生活。

教育小组：通过帮助小组成员学习新知识、新方法，或补充相关知识之不足，促使组员改变原来对于自己问题的不正确看法及解决方式，从而实现小组成员的发展目标。例如，在具体司法服务实践中，司法社工可以组织开展家庭辅导小组，通过小组活动，使未成年人的监护人学会与孩子沟通的正确方法、管教孩子的科学技巧、教育孩子的正确理念等，促进改善家庭成员关系。

成长小组：通过小组形式，在小组社会工作者协助下，运用有目的的小组经验，促进小组成员互动与彼此成长的活动，都可称为成长小组。但相对于一般的小组活动而言，成长小组更侧重于人生阶段的转变，其成长主要是个人内在能力与人格的改变。在婚姻家事类案件中，离婚纠纷双方无疑会因感情危机形成心灵创伤，但同时，父母离婚也会对未成年子女的学习、生活、性格、行为等产生一定影响。因此，对于涉少家事案件中的未成年人，司法社工可组织开展儿童成长小组，进行自信心提升、人际交往训练、品格行为塑造等具有针对性的小组活动，使小组成员在一个相对安全的环境里，感受集体的温暖，体验轻松交往的人际关系，实现自我成长。

三、结构式家庭治疗模式

一个人在原生家庭中体验到的各种关系，以及各种应付方式，对这个人的一生影响最为重大。结构家庭治疗模式并不直接解决个人行为问题，而是致力于改变服务对象家庭的交往方式，因为结构式家庭治疗模式认为，个人的问题只是表象，家庭的问题才是导致服务对象个人问题的真正原因。因此，结构家庭治疗模式主张通过多元化、多层次的家庭介入，解决家庭的问题，最终解决服务对象个人的问题。

一般来说，结构家庭治疗的开展先后要经过进入、评估和介入三个阶段，但这只是一个大致的归类，实际治疗过程中还可能在同一时间开展这三个方面的工作。

进入：进入指的是社会工作者对作为治疗对象的家庭的进入。家庭尤其是问题家庭的进入往往并不容易，一般来说，社会工作者进入家庭应该注意如下事项：第一，接纳家庭的规则与习惯。为了避免家庭的拒斥，社会工作者应该事先尽可能了解和接受家庭的规则与习惯，不应该急于改变家庭的潜在规则。第二，注意了解家庭的交往过程和内在关系。通过对家庭交往过程以及家庭内在关系的把握，有助于社会工作者了解家庭的实质，进入家庭的问题核心。此外，社会工作者在进入家庭的时候还应该注意协调自己的立场，贴近、中立还是远离，这三种不同的立场需要社会工作者根据家庭的不同情况并结合家庭治疗的不同进程灵活选择。

评估：评估指的是社会工作者对于家庭作出的评判。评估的实际过程开始于接案之际，并贯穿于家庭治疗的过程之中，评估的目的主要在于通过收集分析资料，对家庭的结构混乱以及功能失调状况作出评判。结构家庭治疗模式认为，对于家庭的评估应该从以下几个内容入手：家庭的形态和结构；家庭系统的弹性；家庭系统的回馈；家庭的生命周期；家庭成员的症状与家庭交往方式间的关系。

介入：介入主要指的是对于家庭的实际治疗过程，是具体治疗计划的实施过程。在实际介入过程中，为了使家庭的结构发生有益的改变，必须首先打破家庭系统中旧有的失调行为模式的平衡状态，一旦家庭系统平衡被打破，家庭治疗就进入了最后的改变阶段，即家庭结构的重建。这一阶段的主要任务是帮助家庭重新建立支配家庭互动的系统，以取代家庭中功能失效的交往模式。

四、焦点解决短期治疗

焦点解决短期治疗（Soluction-Focused Brief Therapy，SFBT）又称为短期治疗，主要是由史蒂夫（Steve De Shazer）及金仁秀（Insoo Kim Berg）夫妇在短期家族治疗中心（Bride Family Therapy Center，BFTC）发展出来的一种心理治疗模式。其主要的意蕴在于从积极面去了解服务对象的问题，重视服务对象原本具有的天分与能力，引导服务对象发挥自己的优点与能力，邀请服务对象展现其成就与自信，鼓励并塑造服务对象积极的自我应验预言从而创造改变的可能性。根据 SFBT 的理念，强调构建解决问题的方法而不是问题的原因，认为问题本身存在着正向功能，治疗应从强调个案的优点而非缺点着手，帮助个案积极发现改变的线索，协助个案寻求更好的方法取代问题行为。此治疗以解决问题为导向，不管问题的原因是什么，并以积极的视角，始终关注个案的正向力量，从正向的角度拟定治疗目标，从而促使个体发生改变，进而推动整个系统发生改变。

作为一种专业的介入，焦点解决的治疗流程与步骤清晰明了，且具有单次咨询的精神，即视每一次的咨询与治疗是第一次也是最后一次，因此每一次的咨询构架都是一样的。整个焦点解决短期治疗的咨询次数可为一次或连续多次（平均为5次）。每次咨询的时间约为60分钟。每次咨询的整个过程大致可以分为以下三个阶段。

（一）建构解决的对话阶段（40分钟左右）

这一阶段是会谈的主轴，称之为建构解决的对话阶段，在对话的过程中，社会工作者通过“建设性预设问句”所选取的方向、所使用的语言而产生的暗示和教育作用，试图影响服务对象改变其认知，引导出正向解决问题的思考方式。因此，咨询的过程是注重“改变”的对话历程，在这一过程中，强调正向的、积极的、建设性的取向，认为解决之道自然会被引发而成。

1. 准备阶段

在这个阶段中，社会工作者与服务对象寒暄，简介一个小时咨询的流程。社会工作者说明的同时，也是在引导服务对象进入正向的、未来的、解决导向的会谈中。如果在休息阶段社会工作者要使用工作小组的形式，亦需在此阶段让服务对象知道。

2. 问题抱怨阶段

在这个阶段，社会工作者以倾听、接纳、同理的态度，收集服务对象的抱怨，这一过程聚焦于服务对象已使用过的解决问题的行动，即肯定服务对象已经做过的有效的事情。同时，社会工作者除了反映服务对象的感受之外，更要暗示事情是有其他可能性存在的，以松动服务对象的负面感受，使服务对象从抱怨提升为希望改变。

3. 设定目标阶段

这一阶段，社会工作者协助服务对象发展出具体可行的目标，且是服务对象需要的目标，而非社会工作者为服务对象设定的目标。因为有了目标就会有改变的动力。这里所强调的具体可行的目标指的是正向的、具体的、一小步的、在服务对象“可控”范围内的，且实际可行的目标。目标的形成是社会工作者与服务对象合作的过程，可以使用奇迹式问句、循环式问句、排序、评量式问句等技巧。

4. 探寻解决方案阶段

一旦服务对象设定了正向的目标，接着社会工作者就可以协助服务对象探索自己的资源，以达到所设定的目标。做法是将焦点集中在问题发生的时间、地点、内容等细节上，运用例外式问句、奇迹式问句、评量式问句等引出例外及其解决问题的弹性，并开发服务对象的内在资源，让服务对象发现那时自己是如何做到的，从而引出解决之道。与此同时也暗示服务对象，社会工作者相信他们做得到，且他们早已开始做一些有益的尝试。

（二）休息阶段（10 分钟左右）

通常在第一阶段进行 40 分钟之后，社会工作者会告诉服务对象要休息 10 分钟，并稍后回来给予回馈。在服务对象休息的时间里，社会工作者会独自跳出咨询的情境，回顾这个对话历程并加以整理，或与协同小组中心成员进行讨论，而后回来提供给服务对象一些回馈。休息阶段作为焦点解决学派治疗过程的一个整合的部分，这段暂停时间将使得正向回馈更为聚焦、组织及有方向性。

（三）正向回馈阶段（10 分钟左右）

在休息阶段之后，社会工作者会用 10 分钟左右的时间给服务对象一些回馈。回馈的内容包含：给予赞美和肯定、提供讯息及布置家庭作业。

1. 给予赞美和肯定

赞美的意义在于赋能，通过社会工作者对于服务对象自身和其正向资源、能力的鼓励，使得服务对象注意到自己原本存在但被忽视的内在力量，改变服务对象的主观认知，从而提升服务对象为自己负责的能力与意愿，进而鼓舞服务对象持续行动以寻求改变。

2. 提供讯息

讯息的提供，可能是专家的观点或理论，也可能是服务对象目前正在做而且有效的行动，或是其他一些想法。其目的在于将服务对象的问题一般化，或是对问题提供不同的意义和观点，同时提供形成家庭作业的脉络。

3. 布置家庭作业

家庭作业就是服务对象于下次会谈前必须完成的作业或任务，旨在巩固治疗效果、增强改变信心、实现预定目标。

五、叙事心理治疗

叙事心理治疗源于后现代主义和叙事心理学，所谓叙事心理治疗，是指治疗师通过倾听来访者的故事，运用适当的方法，帮助来访者找出遗漏片段，使问题外化，从而引导来访者重构积极故事，以唤起当事人发生改变的内在力量的过程。叙事心理治疗的基本观点是，人们在和他人的谈话中构建了自己以及他人的世界，叙事心理治疗的过程就是治疗师尽最大努力帮助服务对象寻找新的意义、态度和叙述，与服务对象之间重建故事的过程。该理论强调，利用人们对故事的热爱，通过故事叙说、问题外化、解构内心、重写生命等方法，使人们看到问题背后的意义和多元价值，从而改变消极自我，重塑积极自我。

叙事心理治疗的基本技术如下。

故事叙说：让当事人先讲出自己的生命故事，以此为轴，再通过治疗者的重写，丰富故事内容。即重新编排和诠释故事。

问题外化：问题外化就是将问题和人分开，让问题是问题，人是人。问题和人分开后，人的内在本质会被重新看见与认可，转而有能力与能量反身去解决自己的问题。

解构：即找出问题产生的原因以及应对的方法，把被掩埋的希望和积极能量挖掘并释放出来，对问题故事重新解读。

寻找例外：寻找例外事件，发现后并通过深入细节的方式将来访者的积极资源放大，让这个例外事件的叙事变得坚实，让来访者形成积极自我的观念。

重构故事：治疗师和来访者一起在例外事件的基础上，重新构建来访者的生活故事，这个故事与原来的故事相比，给来访者提供新的选择，使来访者发掘自己的积极能量，重构故事是来访者改变的开始。

见证技术：治疗师以及来访者的家人、朋友等一起见证来访者的改变，来证明其能行，明确其优点，激励来访者更有力地去面对未来的困难。

第四节　社会工作参与家事调查实务指引

社会工作参与家事审判的范围在本章第二节已进行概述，家事调查、心理干预、民事关护三者虽然涉及的内容有所不同，但在实务程序、社会工作者行为规范等方面具有相似性。本节以家事调查制度为例，就社会工作者参与家事调查过程的实务操作规范、工作内容、结果呈现等程序进行详细介绍。

一、家事调查的流程

为保障家事调查报告的真实性、客观性、中立性、时效性、保密性，切实维护司法公正，保护老人、妇女、儿童的合法权益，家事调查员开展家事调查必须要遵循严格的程序要求。

人民法院对于特定案件中需要进一步查明的事项，在征求当事人同意后，出具委托函和调查表，将相关业务委托给具有专业资质的社会工作服务组织辅助调查，社会工作服务组织接受委托后，出具指派函，从家事调查员中，依据案件情况指派两名以上家事调查员对法院委托的特定调查事项开展调查，并在调查期限内（10 日内）完成调查，最终将《家事调查报告》并附调查材料（调查记录表、照片等）一并提交至委托法院，为法官审判提供参考。具体工作流程如图 8-2 所示。

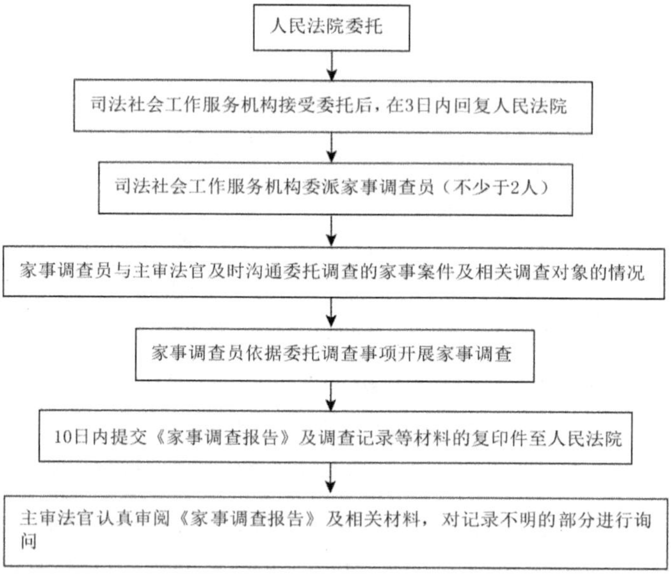

图 8-2　社会工作者担任家事调查员开展家事调查工作的流程[①]

① 本工作流程根据山东大学司法社会工作研究中心与济南市历城区人民法院“社会工作参与家事少年审判项目”总结而来。

二、家事调查的实务案例

（一）案例背景

2018年6月，原告杨某以被告沈某未尽到对婚生子杨小某的抚养义务为由诉至L法院，请求法院判决将杨小某的抚养权由被告变更为原告。杨某与沈某虽在2014年协议离婚时约定杨小某由沈某抚养，但自两人离婚后，杨小某一直由杨某进行照顾。案件审理过程中，原被告均认为自己具备相当的抚养能力和抚养条件，互不相让，双方僵持不下。

（二）服务过程

杨小某已年满9周岁，为了最大限度地保护儿童的合法权益，使判决结果更有利于未成年人身心健康成长，L法院委托山东大学司法社会工作研究中心的两名家事调查员对此案中杨小某的生活学习状况及其与何人关系密切、愿意随谁生活进行调查了解。家事调查员接受委托后，首先随法官助理一起到杨小某就读的小学，在杨小某班主任在场的情况下，单独与杨小某及其班主任进行了交谈，随后又分别向杨小某的姐姐杨畅（化名）、与原告同住一个小区的邻里张某进一步了解关于原被告双方对杨小某日常抚养状况的信息，最终在10日内向L法院提交了一份近2000字的书面报告。通过实地走访调查，调查员发现：杨小某两年多来一直与其父亲杨某共同生活，与父亲关系更为亲密，但其父亲在学习方面对杨小某却疏于教育，杨小某现在成绩在班级排倒数，杨小某的姐姐杨畅对其的课业辅导也仅是在周五至周日有限的时间内进行；而两年多来，杨小某与其母亲沈某之间直接接触极少，长期分离使得杨小某对其母亲的情感依赖较低，母子间关系疏离；杨小某也向调查员明确表示自己不愿意随母亲沈某一起生活，希望维持现有的生活状态。

最后，调查员也表达了自己的期望：父母离婚已使未成年子女的生活、学习、性格、行为等发生了一定改变，抚养权之争又会或多或少地对未成年人的成长产生影响。无论杨小某最终判决给哪方抚养，孩子的教育问题应当引起监护人的重视与关注，监护人应在日常生活中给予杨小某更多的学习监督和帮助。

三、家事调查的相关文函

家事调查工作需要有章可循并做好材料保存工作，其中所涉及的相关文函主要包括委托函、委托调查表、指派函、调查报告。

（一）人民法院家事调查委托函

×××人民法院

家事调查委托函

×××人民法院委托调查字　　号

××社会工作服务机构：

根据有关规定，现委托贵机构对　　　　一案中，需对×××、×××、××× 进行相关家事调查。调查工作应遵循客观、全面、保密原则。调查工作结束后，请按时提交家事调查报告。

×××人民法院
×年×月×日

附：1. 诉状副本一份
2. 家事案件委托调查表一份
3. 承办法官：×××　　联系电话：××××××××

图 8-3　人民法院委托开展家事调查的委托函

（二）人民法院家事案件委托调查表

×××人民法院

家事案件委托调查表

×××人民法院委托调查字　　号

当事人基本信息	姓名：×××	性别：	电话：×××××××××××
	姓名：×××	性别：	电话：×××××××××××
案由	××纠纷	审判员	×××
需调查事项	1. 通过对×××、×××等人的询问，对＿＿＿＿＿＿进行调查了解。 2. 征求×××的意见，对其关于＿＿＿＿＿＿的真实意愿进行调查了解。		

图 8-4　人民法院家事案件委托调查表

（三）社会工作服务机构接受家事调查委托的指派函

××社会工作服务机构

关于接受×××人民法院委托进行家事调查

指 派 函

×××：

根据工作安排，现指派×××、×××、×××对×××人民法院委托的＿＿＿＿＿＿一案中，对双方当事人及重要关系人进行家事调查。调查工作应遵循客观、全面、保密原则。调查工作结束后，请按时提交调查记录及调查报告。

××社会工作服务机构

×年×月×日

图 8-5　社会工作服务机构接受人民法院委托开展家事调查的指派函

（四）家事调查报告

×××人民法院＿＿＿＿＿＿＿一案

家事调查报告

一、案件基本情况

二、案件委托调查情况

三、家庭状况

1. 家庭成员基本情况

2. 家庭收入和工作情况

3. 家庭居住生活环境

四、子女照顾情况

1. 子女生活、学习现状

2. 子女日常照顾情况

3. 子女本人意愿

五、家庭关系状况

六、相关分析

此次家事调查内容整理如上。

另附：×××、×××、×××、×××调查记录复印件＿＿＿份。

访谈员：×××　　记录员：×××　　报告撰写：×××

××社会工作服务机构

×年×月×日

图 8-6　家事调查报告主要内容

本章小结

家事案件主要指涉及婚姻、抚养、继承以及其他亲属关系的民事案件。家事审判是指专门审理涉及婚姻家庭领域中各类纠纷的审判活动。

社会工作者参与基层人民法院家事案件审判，按照审判程序，具体可开展家事调查、心理干预、民事关护等实务工作，旨在依法保护当事人家庭成员的合法权益，维护妇女、未成年人、老年人的合法权益，促进家事案件的妥善处理，促进家庭和睦、社会和谐。

在家事审判领域，个案工作与小组工作是司法社工开展实务时最常用的基础方法。但除此之外，还会用到社会学和心理学的一些具体方法，如结构式家庭治疗模式、焦点解决短期治疗、叙事心理治疗等都对婚姻家庭辅导和行为指导有着明显的效果。

思考题：

1. 家事案件的范围与特征是什么？
2. 什么是家事审判？
3. 社会工作参与家事审判的内容包含哪些？
4. 社会工作参与家事审判的常见工作方法有哪些？
5. 家事调查报告的基本内容包括什么？

第九章　涉罪青少年社会工作理论与实践

青少年犯罪问题一直以来都是全社会关注的焦点。青少年处于人生发展的特殊时期，其生理和心理都尚未成熟，缺乏辨别是非和控制情绪的能力，在学校、家庭和社会环境中一些不良因素的影响下，很容易产生违法犯罪的行为。仅依靠传统监禁的刑罚方法，一般很难彻底修正涉罪青少年的认知和行为模式，在经历过司法程序之后，涉罪青少年有时还会受到来自家庭、同辈群体和邻里的歧视，难以继续融入社会。随着司法体制的改革，当今世界刑事司法的发展趋势越来越倾向于刑罚轻刑化和非监禁化，强调司法保护，对涉罪青少年贯彻教育、感化、挽救的方针，秉持矫正、教育、改造和康复的理念。司法社会工作作为专业的社会力量介入青少年司法领域，运用专业的价值观和方法，为维护涉罪青少年合法权益，修正其不合理的认知和行为方式，使其顺利融入社会提供了一种新的方法和思路。本章内容分为四节，主要包括涉罪青少年社会工作概述、实践内容、工作模式和方法以及实务分析，通过对以上内容的介绍，以期读者能对社会工作在青少年司法领域开展的服务有一定程度的了解并学会如何应用。

第一节　涉罪青少年社会工作概述

随着司法制度的变革和社会的发展，涉罪青少年的矫治工作并不仅局限于司法领域的专职人员，越来越多的社会力量参与到青少年矫治工作中，社会工作作为众多社会力量中的一部分，为青少年司法矫治体系注入了新的活力。社会工作介入青少年司法领域，不仅意味着社会工作的服务领域扩大，也意味着国家司法权力的社会化。本节内容重点介绍国内外社会工作在青少年领域的发展现状。同时，对社会工作介入青少年领域的必要性与可行性进行探讨。

一、相关概念研究

（一）涉罪青少年概念界定

1. 关于青少年的定义

当前青少年的界定标准主要有以下几个。

（1）自然标准界定：自然标准界定是指以年龄为阶段进行划分。在我国，已满 14 周岁而不满 18 周岁的人群为“少年时期”，已满 18 周岁而不满 25 周岁的人群为“青年时期”。由此可见青少年包括少年和青年两个阶段。

（2）法律界定：法律层面对于青少年的界定比较模糊，在《联合国少年司法最低限度标准规则》中规定，青少年的年龄限度取决于各个国家本身的法律制度，在尊重各国政治经济法律等制度的前提下，青少年的年龄幅度很大，从 7 岁到 8 岁或 18 岁以上不等。在年龄层次上的差异性导致各国政策上的差别，因此，应当努力做到与国际上最低年龄限度的一致性。在我国，未成年人保护法第二条规定，“未成年人”指的是未满 18 周岁的公民，但没有正式法律对“青年”和“青少年”的年龄范围作出明确界定。

本章中关于青少年的界定将包含少年和青年两个阶段，其年龄界限为已满 14 周岁而未满 25 周岁的人群。

2. 关于涉罪青少年的定义

关于涉罪青少年的定义，学界尚未统一。

学者费梅苹界定了“涉罪未成年人”的概念，即其一般是指刑事案件中涉嫌犯罪的未成年犯罪嫌疑人、被告人及刑罚执行中的未成年人①。“涉罪未成年人”与“涉罪青少年”只存在年龄界限的不同，二者背后的司法理念并无本质不同。“未成年人”是法律概念，“青少年”是我国惯例称呼。本章中，在涉及法律问题时，会使用“未成年人”的概念，一般分析时会采用“青少年”概念。

---

① 费梅苹．次生社会化：偏差青少年边缘化的社会互动过程研究［M］．上海：上海人民出版社，2010：3-5.

有学者从公安机关实践以及我国刑事诉讼法的角度，认为涉罪青少年是指被公安机关采取过行政强制措施，具有独立犯罪或主动犯罪可能的，以及那些虽然违反刑法相关规定但是情节显著轻微、主观恶性低而被附条件不起诉或者宣告缓刑的14周岁以上但不满25周岁的青少年个体。

综上分析，学界关于涉罪青少年的概念界定主要为犯罪主体，忽视了在刑事案件中合法权益遭受犯罪行为侵害的青少年。本章从社会工作视角出发，以利他主义价值观指导，关注刑事案件中涉及的对象，对涉罪青少年作出如下定义：刑事案件中14—25周岁的涉嫌犯罪的青少年犯罪嫌疑人、青少年被告人、附条件不起诉的青少年、刑罚执行中的青少年以及未成年被害人①。

（二）涉罪青少年司法社会工作概念界定

1. 青少年司法的定义

在法学中，通常使用"少年司法"的概念，在本章中研究对象为青少年，因此称其为"青少年司法"，二者除年龄界限外，无本质差别。要明晰青少年司法的概念，需要分别对"青少年"和"司法"进行界定。

涉罪青少年的含义在上文中已经给出，指年龄已满14周岁未满25周岁的犯罪人群和刑罚执行中的被害人。司法则包括民事司法、刑事司法和行政司法三大部分，本章中只研究青少年刑事司法的相关内容。

姚建龙在研究"少年司法制度"时指出，所谓少年司法制度，是指专门少年司法机构或其他司法机构（包括国家司法机关和非国家机关的司法组织），应用法律处理少年犯罪和不良行为案件，以达到保护和教育少年健康成长、防治少年犯罪和少年不良行为这两个目标的专门司法制度②。它是这些专门司法机构或者其他司法机构的性质、任务、组织体系、活动规则和工作制度的总称。

由此可见，青少年司法的实施主体为专门的青少年机构或其他司法机构，适用对象为涉罪青少年群体，青少年司法通过青少年犯罪预防和矫治两种方式，以实现保护和教育青少年健康成长的目标。

---

① 未成年被害人：此处指未满18周岁合法权益遭受不法行为直接侵害的人。

② 姚建龙．长大成人：少年司法制度的建构［M］．北京：中国人民公安大学出版社，2003：22.

2. 涉罪青少年司法社会工作的定义

（1）青少年司法社会工作的定义。在定义涉罪青少年司法社会工作时，首先从其上位概念，即青少年司法社会工作分析。关于青少年司法社会工作的界定，学术界尚没有统一的标准。席小华从狭义的角度界定了少年司法社会工作的内涵，社会工作的服务对象为处于刑事诉讼中的少年。席小华认为，所谓的少年司法社会工作，是拥有法律和社会工作双重知识背景的社会工作者，以少年权益保护和犯罪预防为目标，与刑事司法机关合作而开展的社会调查、教育矫正、合适成年人、被害人救助等各项服务的统称①。该定义明确阐释了在刑事司法领域开展工作的社会工作者具有双重知识背景的特点，以少年权益保护和犯罪预防为目标，围绕司法程序开展各项工作。

（2）涉罪青少年司法社会工作的定义。本章中涉罪青少年社会工作是指围绕刑事司法领域开展的各项工作，因此关于涉罪青少年社会工作的定义界定为：拥有双重或多重知识（比如法律、社会工作、心理学等）背景的社会工作者，综合运用专业的价值观、科学的理论和方法，为涉罪青少年提供思想教育、心理辅导、信息咨询等服务，以使涉罪青少年消除犯罪心理结构、修正行为模式，未成年被害人摆脱身心创伤，并且促进二者顺利回归社会的福利性服务。

二、国内外社会工作介入青少年司法领域的现状

（一）国外社会工作介入青少年司法领域的现状

在刑事司法制度发达的西方国家，社工对涉罪青少年的支持和帮助贯穿整个刑事司法的始终，社会力量尤其是社会工作参与司法领域，已经形成了成熟的做法。

1. 英国

在英国，司法社会工作更多被界定为是“刑事司法社会工作”（Criminal Judicial Social Work），是指致力于预防犯罪、减少重新犯罪、促进违法犯罪人员重返社会、增加社会对违法犯罪前科者的包容等的各项社会工作服务②。在

① 席小华．从隔离到契合：社会工作在少年司法场域的嵌入性发展［D］．上海：华东理工大学，2016.

② 李菁凤．论司法社会工作的专业化与职业化［J］．法制与社会，2010（14）．

青少年刑事司法领域，社会工作者是少年法庭的成员之一，将陪伴犯罪青少年整个刑事司法过程始终，开展的服务包括监督司法过程、维护犯罪青少年合法权益、调查犯罪的原因、撰写法庭答辩报告、教育和矫正犯罪青少年偏差认知和不良行为等。

为了治理、预防和矫正初次犯罪的青少年，英国有一项针对涉罪青少年的方式为“底线警告”模式。青少年第一次犯罪，由警察约见对其进行初次询问、教育和警告，在约见的同时必须有合适成年人在场；第二次犯罪，由警察召集合适成年人和青少年犯罪工作队成员对青少年进行教育，并对其提出“最后警告”；第三次犯罪，则会被起诉，由青少年法庭处理。

2. 美国

美国伊利诺伊州于 1899 年建立了世界上第一个少年法院①，在青少年犯罪问题的处理上，始终坚持区别于成人。美国的少年法庭法官采取的非刑事措施有：延期判决，即该判处刑罚的暂时不判，以观后效，如果有悔改，免予刑事处罚；安置在寄养家庭、送交居住性处遇中心、送交训练学校等②。在儿童福利、儿童抚养、儿童虐待、家庭问题等方面聘请司法社工担任专家证人，司法社工在法庭上，一方面以中立者的身份表达观点，提供专家证言；另一方面代表服务对象③的利益，维护其合法权益。

3. 瑞典

瑞典在少年司法领域采取的主要措施有：建立官方网站发布具体涉罪青少年的犯罪信息、犯罪后果以及受害人的求助救济信息；建立涉罪青少年的特别调查中心，目的是通过迅速行动减少犯罪行为的发生；在青少年犯罪后，为需要特别支持和指导的犯罪青少年联系受过培训的联络官，解决滥用成瘾药品、犯罪行为或反社会行为带来的风险问题；快速处罚；视情节放弃起诉；移交社会服务机构进行管教，进行社区服务劳动等。

4. 意大利

意大利通过建立少年社会工作办公室并通过法案的确立，规定了社会工

---

① Whitehead John T., Lab Steven P. Juvenile Justice: An Introduction. 7th ed [M]. Whitehead & Lab, 2013: 33.

② 朱妙，陈慧．少年司法社会化的理论与实践——以上海法院少年法庭推进社会管理创新的实践为视角［J］．青少年犯罪问题，2014（4）．

③ 服务对象，指的是涉罪青少年。

作在少年司法体系中的具体职能：一是为涉罪青少年提供心理援助服务并贯穿刑事诉讼的始终；二是提供涉罪青少年的保护服务，在涉罪青少年审讯前，由司法警察负责保护；三是代表涉罪青少年利益作出陈述，在法院庭审过程中，关于是否通过青少年暂缓判决向法官作出陈述；四是在缓刑中辅导教育涉罪青少年。

（二）我国社会工作介入青少年司法领域的现状

1. 我国香港地区青少年司法社会工作的发展

香港地区的少年司法制度起步较早，体系较完善，本节内容以任宗理[①]等人的研究为例，介绍香港地区在少年司法领域开展的相关服务。

警司警诫计划。该计划的适用人群为18岁以下没有刑事记录的未成年人[②]。由律政司司长授权的警司或以上职级的警务人员，在未成年人初次刑事犯罪被捕后，向犯罪情节轻微且认罪悔过态度良好的未成年人提出警诫，而不交由少年法庭处理，避免给其人生中留下污点。

感化令。感化令是法院针对犯罪未成年人施行的非监禁性的犯罪矫正措施。感化令的监管期限不少于1年不超过3年，由感化主任帮助犯罪未成年人矫正偏差的认知和不良的行为。感化主任该时期内的主要职责为：一是定期对未成年人进行监督和访问，了解其日常生活及矫正情况；二是担任资源链接者，对于生活中出现居住、就业、医疗、教育问题的犯罪未成年人，应多方协调社区资源搭建社会支持网络，促进其问题的解决；三是定期向法院汇报犯罪未成年人的情况，如果表现良好可以向法院申请缩短感化期限，如果不遵守感化令的规定可报告法院，法院视情节严重程度对未成年人处以罚金、警诫、撤销感化令、将罪行重新量刑或与新罪合并处理的决定。

保护令。少年法庭针对18岁以下可能会遭受持续侵害的未成年人会颁发不超过3年的保护令，其保护成员由法官委任，包括1名监护人或机构负责照顾该未成年人，1名专业社工对其长期跟踪，对可能遭受侵害的未成年人在遇到问题时进行心理辅导，树立未来美好生活的信心，并将发生的情况及时向法院汇报。保护令中还包括对受虐待、忽略和性侵犯的未成年人提供庇护

---

① 任宗理，梁展欣，莫君早．港澳地区少年司法制度考察报告［J］．人民司法，2008（3）．

② 未成年人，指未满18岁周岁的公民，此处使用未成年人指香港地区少年司法适用对象，下文皆适用。

宿舍，由法庭安排精神医生和心理专家对其进行诊断、评估和治疗。

社会服务令。社会服务令的对象为已满 14 周岁、可判监禁罪的违法未成年人，法官裁定不对其实行监禁刑罚，而是让其在社会中通过无薪的社会服务进行改过自新的一种刑罚。工作时间由法庭根据具体情况制定，总数不超过 240 小时。值得注意的是，社会服务令可独立适用，也可以和其他刑罚同时适用。该服务令不会影响未成年人正常的学习、工作和生活。

监禁措施。监禁措施指的是违法未成年人在惩教署下设的监禁刑机构中接受监督管理、教育矫正的措施。机构通过评估未成年人的实际需要，为其提供劳动教育、心理辅导、戒毒与康复、就业指导和训练等多种形式的服务，促进其逐步地融入社会。

2. 我国内地青少年司法社会工作的发展

2002 年 6 月，昆明市盘龙区人民政府通过与英国救助儿童会合作，在司法程序中引入“合适成年人”参与制度。2007 年，上海市普陀区人民法院少年法庭推出了社工介入少年审判的方式。2009 年 9 月，北京市海淀区人民检察院与首都师范大学社工系合作，启动“未检引入司法社会综合研究项目”，在少年犯罪案件中引入司法社工，进行社会调查、帮教教育、风险评估等工作。同年，徐州市人民法院试水社会工作介入未成年人案件，深圳市宝安区人民法院与深圳市铭辰社工服务中心合作成立青少年犯罪社工机构帮教站。2014 年 8 月，德州市夏津县人民法院成立司法社工服务中心，在少年审判中开展庭前社会调查、法庭教育等。

从国内外社会工作介入青少年司法领域的基本内容来看，青少年司法注重从青少年回归社会的目标出发，借助一系列社区服务辅导体系，帮助犯罪青少年改正偏差行为，改善社会功能，实现正向成长。这种司法转向制度既注重了青少年成长的特点，又强调了服务辅导体系的专业性和成效性，为社会工作者介入青少年司法流程奠定了基础①。

三、社会工作介入青少年司法领域的必要性和可行性

涉罪青少年具有较大的矫正空间。在青少年犯罪问题上，强调应遵循教育、感化和挽救的方针。社会工作介入青少年司法领域，为涉罪青少年的教

---

① 张昱．矫正社会工作［M］．北京：高等教育出版社，2014：224.

育和矫正提供了多样化的服务，有利于涉罪青少年顺利融入社会。

（一）社会工作介入青少年司法领域的必要性

1. 司法体制的改革为社会工作的介入提供基础

随着社会的发展和司法改革的不断深入，传统意义上的司法矫治理念正遭到质疑和批判。在青少年犯罪问题上，应遵循青少年的身心特征，坚持教育、感化、挽救方针，结合我国青少年犯罪的实际情况，最大限度地推动青少年司法制度的不断完善。这与社会工作“助人自助”的价值观高度契合。社会工作介入司法领域，可以凭借专业的价值观和科学的理论方法，帮助犯罪青少年通过心理辅导、情绪管理、改变错误的认知和行为习惯，发现自身存在的价值和优势，使他们顺利融入社会。

2. 青少年犯罪的现状及特点为社会工作的介入提供条件

近年来，青少年犯罪率有所降低，但青少年犯罪总人数依然较多，犯罪呈低龄化、暴力化和团伙化特点，青少年犯罪预防和治理工作任重道远。青少年是区别于成年人的特殊群体，在这个时期，青少年的身心尚未发育成熟、猎奇心重、缺乏辨别是非和控制情绪的能力，很容易冲动。青少年犯罪的特点有：主观性大，可塑性强，大部分青少年犯罪后十分后悔，易于接受治疗和矫治。社会工作的介入，可以为青少年营造一种安全、舒适、自由的氛围，通过接纳和尊重与其建立良好的专业关系，打消青少年的戒备心理，为接下来的矫治工作做准备。

（二）社会工作介入青少年司法领域的可行性

社会工作利他主义的价值观、科学的理论和专业的方法以及整合多方资源、推动构建支持网络的优势，为其介入司法领域提供了可行性。

1. 利他主义的价值观

社会工作的价值观包括尊重、接纳、平等，社会工作关注每个人的价值和权利，在服务中尊重服务对象自决，相信服务对象有自我改变的能力，注重保护服务对象隐私。这些都与司法领域中保护未成年人的基本权利、促进其健康成长的理念相一致。

2. 科学的理论和专业方法

社会工作有专业的方法。对于涉罪青少年的矫正可以根据不同问题选择不同的方法。例如，通过个案工作方法，尊重个体差异和独特性，帮助其进行心理辅导和情绪治疗；通过小组工作方法，使服务对象在与其他成员的互动沟通中得到成长，增强其归属感；通过社区工作方法，使服务对象和社区相互适应，增强其适应生活的能力。多样化的方法和技巧为解决涉罪青少年的问题提供了可能。

3. 推动构建社会支持网络

社会工作者作为资源链接者的角色有助于推动形成社会支持网络体系，其主要表现在两个方面。一是通过搭建社会支持网络，形成预防未成年人犯罪体系。2021 年 6 月 1 日修订实施的《中华人民共和国预防未成年人犯罪法》第四条指出，国家机关、人民团体、社会组织、企业事业单位、居民委员会、村民委员会、学校、家庭等各负其责、相互配合，共同做好预防未成年人犯罪工作，及时消除滋生未成年人违法犯罪行为的各种消极因素，为未成年人身心健康发展创造良好的社会环境。二是促进涉罪青少年个体与社会环境有效互动，顺利融入社会。社会工作者通过连接政府、社区、学校、家庭等多元主体，整合多方资源，例如建立社会观护基地，解决涉罪青少年的社会排斥问题，为青少年的健康成长搭建沟通的桥梁。

第二节　涉罪青少年社会工作的实践内容

自推动司法体制改革以来，社会工作介入司法领域，积极开展涉罪青少年服务。以司法程序分类，社会工作贯穿于公检法司的始终，包括未成年人检察、未成年人刑事审判、家事审判、社区戒毒和社区矫正等各个环节。以实践内容分类，主要包括青少年犯罪预防、涉罪青少年权益保护和帮教、司法救助、涉罪未成年人民事观护、社区矫正、社区戒毒六大方面。本节内容重点探讨青少年犯罪预防、社会调查、合适成年人服务、涉罪青少年帮教工作、未成年被害人救助服务五个方面。

一、青少年犯罪预防

在青少年犯罪预防工作中，政府起主导性作用，其工作内容主要为：开展青少年法治宣传教育工作，提高青少年法律素质和法律意识；组织、引导律师、公证员等法律服务工作者，积极为青少年提供法律服务、法律援助；实施违法犯罪未成年人的管教和矫正工作，为未成年人健康成长提供法律保障。预防青少年犯罪，不仅是政府的责任，也是全社会的责任。社会工作采用多样化的方法参与青少年犯罪预防工作，一方面可提高青少年参与的积极性与主动性，帮助其激发潜能、促进发展；另一方面可实现解决社会问题、促进社会公正和谐的社会目标。

根据社会工作理论，开展青少年犯罪预防的社会工作服务内容包括：针对青少年本身的介入和其所处环境的介入，帮助其建立系统化的犯罪预防体系。王凯旋依据生态系统理论，提出青少年犯罪预防工作的社会工作服务内容[①]。

（一）“环境取向”的青少年犯罪预防社会工作服务内容

针对青少年生活的学校、社区和社会环境，该取向旨在运用社会工作科学的方法和技巧，及时发现青少年生活环境中可能出现的、潜在的危险因素，进行预防和控制，从而避免不良环境因素诱发的犯罪行为，为青少年创造健康、安全的生活环境。

1. 改善学校环境

学校环境包括校园的软件环境和硬件环境。在硬件设施方面，关注的是青少年身心的健康成长，比如设置多种形式的活动课程锻炼身体、设立心理健康活动室帮助青少年缓解压力；在软件设施方面，关注的是教师的教学理念和方法是否有益于青少年健康成长，比如教师不仅仅承担教学的任务，还要立德树人，帮助青少年树立正确的世界观、人生观、价值观。社会工作者在青少年犯罪预防中，以学校为场域，以一般青少年和个别不良青少年为对象，运用个案工作方法，有针对性地帮助青少年树立良好的行为习惯、沟通方式、择友标准等；运用小组工作方法，在小组中树立榜样，通过互动帮助青少年在活动中学习与同辈交往的技巧和方法，帮助青少年在小组活动中形成归属感和认同感。

2. 改善社区环境

在青少年犯罪预防工作中，社区发挥着宣传普法和链接社区资源的作用，为青少年搭建安全的生活空间，提供良好的社会支持。社会工作者在社区开展青少年犯罪预防工作时，重点关注社区中的闲散、流浪、有不良行为以及留守青少年，了解其不能顺利融入社区生活的原因，个别化地制订青少年犯

---

① 王凯旋．青少年犯罪预防的社会工作服务系统构建［J］．商，2016（33）．

罪预防方案，帮助其树立正确的生活方式、交往方式。

3. 改善社会环境

社会工作者在改善青少年生活的社会环境中扮演的是倡导者和资源链接者的角色，需要多部门的积极配合。其主要责任为：一是关注与青少年有关的教育、社会保障等社会热点问题，通过社会调查发现可能存在的问题，将实践上升到理论层次，为政府相关政策提供建议；二是倡导为青少年健康成长提供良好的社会环境，比如净化网络环境、学校周围饮食环境等；三是倡导社会公众消除对犯罪青少年的偏见，提升大众对犯罪青少年的接纳度，为其顺利融入社会提供更多关怀。

（二）“人取向”的青少年犯罪预防社会工作服务内容

王凯旋将青少年犯罪预防的对象分为三类：一般青少年、存在潜在犯罪条件的青少年、犯罪青少年。针对这三类人群，社会工作者开展不同层次的犯罪预防服务内容。

1. 一般青少年的犯罪预防以宣传教育为主

根据皮亚杰（Piaget）的认知发展理论，社会工作者可以针对青少年成长的不同阶段，开展其能接受的法律知识教育。社会工作者通过开展讲座、播放视频、制作法律知识卡片和手抄报的形式，向青少年宣传法律知识，增强他们的法律意识。

2. 存在潜在犯罪条件的青少年的犯罪预防以个别教育为主

存在潜在犯罪条件的青少年是指学校中经常违反课堂纪律、与同学经常发生冲突、贫困自卑、闲散的学生。针对这类学生，社会工作者要坚持个别化的原则，运用个案工作方法，发现学生目前存在的思想或行为问题，以教育引导为主，消除其潜在犯罪的危险。通过运用小组工作方法，开展行为偏差矫正小组，与小组成员共同进步。通过运用社区工作方法，在学校和社区之间搭建沟通互动平台，共同帮助存在问题的学生，达到预防犯罪的目的。

3. 犯罪青少年的犯罪预防以矫正、感化和挽救为主

关注犯罪青少年的主要目的是预防其再次发生违法犯罪行为。对于犯罪青少年一方面要对其进行心理和行为偏差的矫正，使其树立正确的价值观，改正不良的语言和行为方式，习得文明健康的表达和行为方式；另一方面要坚持教育、感化和挽救的原则，为犯罪青少年创造尊重、接纳的家庭、学校

和社会氛围，杜绝用贴标签的行为给其带来伤害，相信人是可以改变的，鼓励和支持他们改过自新，重新融入社会。

预防青少年犯罪是一个系统工程，是全社会的共同责任，需要多部门力量的共同参与，社会工作者在其中主要担任资源链接者、协调者和倡导者的角色。通过环境和个人取向两方面共同开展青少年犯罪预防工作，一方面，为青少年健康成长营造良好的家庭、学校、社区和社会环境，搭建起青少年良好社会互动的桥梁，形成完善的社会支持系统；另一方面，重点关注特殊人群，分类开展不同层次的社会工作服务，使青少年犯罪预防工作更具针对性和有效性。

二、社会调查

（一）社会调查的定义

社会调查制度是指在办理未成年人刑事案件的过程中，办案机关对未成年犯罪嫌疑人、被告人的性格特点、成长经历、家庭情况、社会交往情况、在校表现以及实施犯罪行为前后的表现等情况进行调查的一种法律制度。

学者席小华认为，社会调查是指，具有专业资质的司法社会调查主体围绕涉嫌犯罪人的生活背景、成长经历、主观恶性程度、犯罪前后的表现、回归社会的社会支持条件等一系列要件展开的专业调查活动[①]。司法社会调查的目的有二：一是在收集资料的基础上，对涉罪未成年人的社会危害性及再犯可能性作出专业评估，以服务于法官的量刑过程；二是在收集资料的过程中找出帮教涉罪未成年人的内容和线索，以指导审判后矫正工作者的矫正工作，帮助涉罪未成年人更加顺利地回归社会。

依据布朗芬布伦纳（Bronfenbrenner）的生态系统理论，社会调查应围绕涉罪未成年人的微观系统（个人、家庭、同伴群体、学校）、中观系统（各要素之间的互动关系）、外系统（父母的工作环境、社区的环境等）、宏观系统（社会文化环境）展开一系列调查。

（二）社会调查报告的内容

刑事诉讼法在“未成年人刑事案件诉讼程序”中明确规定：“公安机关、

---

① 席小华．从隔离到契合：社会工作在少年司法场域的嵌入性发展［D］．上海：华东理工大学，2016.

人民检察院、人民法院办理未成年人刑事案件，根据情况可以对未成年犯罪嫌疑人、被告人的成长经历、犯罪原因、监护教育等情况进行调查。”

我国各地社会调查工作的具体实践和操作不同，出具的社会调查报告的具体内容也形式多样。一份完整的社会调查报告一般包括：案件概述，涉罪未成年人的生理心理状况、成长经历、求学和就业情况、家庭情况、在社区的表现和社会交往情况、法律法规认知情况、犯罪后的认罪悔罪情况、犯罪原因分析，量刑建议、后期的帮教矫治措施建议等几方面内容。

以上海模式为例，社会调查报告内容包括：

（1）个人情况，指涉罪未成年人的姓名、性别、籍贯等信息。

（2）犯罪事实，指涉罪未成年人具体的犯罪概况。

（3）不良经历，指涉罪未成年人之前具有的不良行为。

（4）家庭情形，指涉罪未成年人的家庭成员信息、经济情况、感情情况。

（5）社区环境，指涉罪未成年人生活的社区中的文化氛围状况、治安情况、基础设施情况等。

（6）教育状况，指涉罪未成年人的受教育程度，在校具体表现情况。

（7）职业状况，指涉罪未成年人从事工作情况。

（8）身心状况，指涉罪未成年人的生理和心理状况。

目前，在社会实践领域，社会调查主要应用于侦查、检察和审判未成年人刑事案件时，社会工作者接受司法机关的委托，担任社会调查员。通过社会调查，可以充分了解未成年人个体状况，包括其生理、心理状况，成长经历，对法律、法规的认知状况；家庭状况；社会交往状况；犯罪原因等。社会工作者通过出具调查报告，得出调查结果，评估涉罪未成年人回归社会的有利与不利因素，作为侦查、检察和审判机关的参考依据。社会工作者在担任社会调查员期间，可以通过与涉罪未成年人的初步接触，与其建立初步关系，为以后开展帮教服务奠定基础。

表 9-1　初次社会调查报告模板①

<table>
<tr><td rowspan="2">基本信息</td><td>姓名</td><td></td><td>籍贯</td><td></td><td>民族</td><td></td></tr>
<tr><td>性别</td><td></td><td>身份证号</td><td></td><td>职业</td><td></td></tr>
<tr><td colspan="7">案情概述</td></tr>
<tr><td rowspan="3">个体情况</td><td colspan="2">生理状况</td><td colspan="4"></td></tr>
<tr><td colspan="2">心理状况</td><td colspan="4"></td></tr>
<tr><td colspan="2">犯罪及法律认知状况</td><td colspan="4"></td></tr>
<tr><td>家庭情况</td><td colspan="6"></td></tr>
<tr><td>社会交往情况</td><td colspan="6"></td></tr>
<tr><td rowspan="3">综合评估意见</td><td colspan="2">违法犯罪原因分析</td><td colspan="4"></td></tr>
<tr><td colspan="2">回归社会不利因素</td><td colspan="4"></td></tr>
<tr><td colspan="2">回归社会有利因素</td><td colspan="4"></td></tr>
<tr><td>再犯罪风险评估</td><td colspan="6"></td></tr>
</table>

三、合适成年人服务②

（一）合适成年人服务的含义

合适成年人服务是指公安机关、检察院、法院讯问、询问和审判未成年犯罪嫌疑人、被告人，在其法定代理人无法通知、不能到场或者是共同犯罪人时，司法社工到场维护未成年犯罪嫌疑人、被告人的合法权益，并履行监督、沟通、抚慰、教育等职责。③

刑事诉讼法对未成年人司法过程中的合适成年人制度作出了明确规定，

① 本报告参考席小华、张洁主编《涉罪未成年人社会调查实务指南》一书中的“涉事未成年人初次社会调查报告模板”。

② 合适成年人服务，社会工作者担任合适成年人时，其服务对象为未满 18 周岁的涉罪未成年人。

③ 王振峰，席小华 . 4+1+N：社会管理创新语境下的少年检察工作［M］. 北京：中国检察出版社，2011：271.

合适成年人到场成为少年司法程序的必要组成部分。

（二）合适成年人服务的主要内容

席小华认为，合适成年人的服务内容包括监督、沟通、抚慰、教育四个方面。

监督：在办案人员执法的过程中，合适成年人监督其办案过程是否会损害涉罪未成年人的合法权益。

沟通：在办案人员与涉罪未成年人之间担任沟通的桥梁，保证办案过程顺利、畅通，节省时间，减少涉罪未成年人的焦虑、不安。

抚慰：涉罪未成年人在面对办案人员的询问或讯问过程中可能会出现一些负面情绪，合适成年人在面对这种情况时，运用社会工作技巧中的尊重不批判、接纳、同理等技巧缓解其情绪，使办案人员的执法过程能够顺利进行[①]。

教育：合适成年人通过观察涉罪未成年人的行为、态度，并结合其犯罪原因，通过恰当的沟通，与其建立初步信任关系并促进其自我反思，为下一阶段的感化教育作铺垫。

何挺认为，合适成年人除具有以上四项职能，还包括以下几项扩展职能。

社会调查、风险评估与跟踪帮教。合适成年人担任社会调查工作是其职能的延伸，主要调查涉罪未成年人的个人基本情况、违法犯罪情况、认罪悔过情况等。风险评估是在社会调查的基础上，对涉罪未成年人的社会危害性、人身危险性和再犯可能性进行评估，作为执法办案人员是否对犯罪嫌疑人进行逮捕、起诉或量刑的参考依据。跟踪帮教是在与涉罪未成年人建立信任关系的基础上，对其进行长期的矫正教育、帮扶、救助服务，增强其适应社会的能力，顺利融入社会。

参与刑事和解。社会工作者以客观中立的身份担任合适成年人，参与刑事和解工作，其优势主要表现在：第一，了解案情。合适成年人在案件开始时就参与其中，与涉罪未成年人建立初步的信任，能够通过与其有效沟通，开展和解工作。第二，时间和精力充足。公检法司的执法办案人员日常事务繁忙，社会工作者担任合适成年人有充足的时间和精力可以为涉罪未成年人和被害人进行沟通和协调，展开和解工作。[②]

---

① 席小华．从隔离到契合：社会工作在少年司法场域的嵌入性发展［D］．上海：华东理工大学，2016.

② 何挺．“合适成年人”参与未成年人刑事诉讼程序实证研究［J］．中国法学，2012（6）.

通过总结可以发现，如果未成年人的法定代理人无法出席，社会工作者可作为合适成年人，在侦查阶段、审查起诉阶段、审判阶段起到法定代理人的功能。社会工作者作为合适成年人参与司法场域，一方面可以作为监护人维护未成年犯罪嫌疑人的合法权益，另一方面可以监督司法活动。社会工作者作为合适成年人出庭，作为沟通和协调者，对未成年被告人起到帮教作用。例如，在庭审中，社会工作者运用危机干预理论，针对开庭中出现恐惧、激动情绪的未成年被告人及时进行危机干预，关注他们的心理动向，给予其情感支持，消除其回避心理，以增加他们面对审判和承认错误的勇气。

四、涉罪青少年帮教工作

（一）涉罪青少年帮教工作的含义

涉罪青少年帮教工作是指在社会调查基础之上，具备社会学、心理学和法学等多重知识背景的社会工作者，坚持个别化的原则，运用专业的方法和理念，针对涉罪青少年开展专业服务，改善其错误的认知、态度和不良行为习惯，构建良好互动的社会支持网络，使其顺利融入社会的服务。

（二）涉罪青少年帮教工作的具体内容

司法社工对于涉罪青少年的帮教工作贯穿于司法程序的始终，帮教工作是社会工作开展的核心服务。

1. 按司法程序分类

在侦查阶段，社会工作者通过社会调查，了解涉罪青少年成长经历、家庭环境、社会交往以及犯罪原因，一方面为司法机关羁押必要性评估提供参考，另一方面通过收集服务对象资料，与服务对象初步建立专业关系，为后期提供针对性的帮教服务奠定基础。

在审查起诉阶段，社会工作者通过对涉罪青少年个体的生理、心理和社会环境的了解，与其建立彼此信任的专业关系，并评估涉罪青少年的问题，运用专业的理论和方法制订帮教计划，帮助其顺利回归社会。

在审判阶段，社会工作者需对涉罪青少年进行开庭教育，讲解庭审过程中法庭纪律与程序，缓解涉罪青少年由于压力过大造成的紧张情绪。同时，司法社工应及时关注涉罪青少年的情绪变化，对其产生的负面情绪及时进行危机干预，开展心理疏导和情绪支持工作。

在审判结束后，社会工作者对涉罪青少年提供庭后帮教服务。首先，疏导涉罪青少年因判决不符合预期所引起的消极情绪，避免其产生抵触心理；其次，协助其家人应对家庭生活的变化，正确处理不良情绪；最后，引导涉罪青少年修正错误的思想认知，积极参与改造工作。

2. 按服务内容分类

按照服务内容分类，主要分为两个方面，一是为涉罪青少年自身提供帮教服务，包括及时疏导负面情绪，缓解其庭审过程中的压力，修正其错误的认知和行为；以开展知识学习、公益劳动、技能培训为基础，关注个体的独特性，发现其兴趣与潜质，提供针对性的社工服务。二是开展矫正服务，积极链接社区、政府与企业资源，建立青少年社会观护基地，搭建良好的社会支持系统，围绕“帮、学、矫、察、访”五大方面，帮助涉罪青少年顺利度过帮教考察期，促使其“零障碍”回归社会。

五、未成年被害人救助服务

（一）刑事未成年被害人救助服务的含义

刑事被害未成年人救助服务是指国家、被害人救助机构以及其他社会组织和个人为刑事被害未成年人提供包括经济救助、法律援助、医疗救助、心理救助等各种救助服务，从而使其摆脱因犯罪侵害所造成的人身伤害、财产损失及精神创伤，得到基本生活保障，最终顺利回归社会的服务总称[①]。

（二）未成年被害人救助服务的具体内容

未成年被害人及其家属的司法救助主要包括法律援助、经济补偿、心理辅导三方面。一是为未成年被害人提供法律援助；二是争取合理的经济补偿；三是为未成年被害人开展心理辅导。社会工作者在司法历程中提供被害人救助服务，最基本是保障未成年被害人在司法历程中的权益，不受二度伤害[②]。社会工作者在司法程序中时刻关注被害人的心理和情绪变化，提供情感支持，帮助其减轻受害带来的身体和心理创伤，逐渐恢复社会功能。对未成年被害人的司法救助并不因案情结束而停止。社会工作者应定期跟踪回访，建立个人

① 席小华．从隔离到契合：社会工作在少年司法场域的嵌入性发展［D］．上海：华东理工大学，2016.

② 王佩玲．警察、检察官、法官对社工认知之探讨：以家庭暴力与性侵害案件处理为例［J］．台大社工学刊，2010（21）．

管理档案，了解服务对象的最新动态和信息，观察并评估其不断的变化，根据实际情况作出方案的调整，不断挖掘服务对象的潜力和面对困难的勇气，使其逐步走出受伤害的阴影，积极面对未来的生活。在对未成年被害人救助的过程中，也要关注服务对象的家庭与证人的处境，通过链接资源，为服务对象建立安全的社会支持系统。

社会工作介入青少年司法领域，从犯罪预防到教育矫正开展一系列社工服务。一方面，缓解了司法机关的压力，使案件得到有效解决；另一方面，维护了涉罪青少年的合法权益，促进司法公正，提高了司法的公信力。社会工作与司法行政机关开展合作，需要不断增强自身的专业性，以提高与司法行政体系的合力。

第三节　涉罪青少年社会工作的工作模式和方法

社会工作服务模式是社会工作者开展专业服务、制订计划的重要依据。社会工作者运用专业工作方法帮助涉罪青少年矫正错误的思想和认知、修正错误的行为，为其顺利回归社会提供重要保障。面对复杂多样的涉罪青少年，在对其进行帮教的过程中，既可以运用社会工作一般的工作方法，即个案、小组和社区工作方法，也可以运用社会学、心理学一些具体的工作方法，本节重点介绍焦点解决短期治疗模式和叙事心理治疗模式。

一、社会工作三大工作方法

个案工作方法是青少年司法帮教中最常用的方法，帮教社工在经过诊断了解涉罪青少年的犯罪原因、个性特点、心理结构和家庭环境等的基础上制订针对性的帮教方案，然后根据帮教方案开展帮教工作，矫正涉罪青少年的犯罪心理与行为，建构新的社会关系网络，对其进行家庭辅导或给予实质性的支持，帮助其顺利融入社会。

小组工作方法即通过组织具有相似背景的涉罪青少年，建立发展性、互助性、支持性或学习性的小组，通过成员之间的互动，在小组中增强归属感和认同感，并通过树立小组成员中榜样的力量，促进小组成员认知和行为的转变，同时帮助服务对象建立有效的社会支持网络，促进各小组成员顺利回归社会。

社区工作主要关注社区宣传和政策倡导，一方面要为涉罪青少年争取有利的社区矫正环境，积极与企业合作，建立观护帮教基地，为涉罪青少年提供升学或就业技能培训，帮助其顺利掌握劳动技能，顺利融入社会；另一方面，开展法制教育和法制宣传工作，积极进行社区青少年犯罪的预防，同时使社区居民意识到社区是涉罪青少年再社会化的重要场所，改变社区居民对在社区中开展社区矫正的片面想法，建立有效的社区支持系统。

二、社会工作具体工作模式

焦点解决短期治疗与叙事心理治疗并称后现代主义社会工作最为重要的两大实践范式，对近年来社会工作实践的发展具有重要的影响，在涉罪青少年社会工作的实务中发挥着积极的作用。

（一）焦点解决短期治疗模式

1. 焦点解决短期治疗理论

焦点解决短期治疗是在 20 世纪 80 年代，由史蒂夫和金仁秀夫妇在短期家庭治疗中心共同发起的。1982 年史蒂夫出版的《短期家庭治疗的范式：一个生态系统的取向》，标志着焦点解决短期治疗正式诞生。

焦点解决短期治疗深受后现代主义，特别是后现代建构主义的影响。后现代的心理治疗强调个人正向能力的思考和学习，扬弃病理模式的分析，从积极面去了解服务对象的问题，重视服务对象个人的资源与能力，协助服务对象发现成功的经验，鼓励服务对象积极改变。

2. 焦点解决短期治疗理念

（1）强调服务对象是解决问题的专家。SFBT 关注涉罪青少年的正向力量，在治疗的过程中从涉罪青少年的优点出发，相信其本身具有所有改变现状的优势和资源。不以精神病理的缺点看待涉罪青少年的违法犯罪行为，不去深究问题行为的根源，社会工作者启发服务对象运用自身的能力以及经验去改变，而不是为其提供建议，社会工作者与涉罪青少年之间的关系为平等的互动关系，而非专家和病人之间的关系。

（2）关注问题的解决方法而非问题本身。SFBT 认为问题本身不是问题，而是解决问题的方法存在问题。相信涉罪青少年采取违法犯罪行为是由于其在积极解决问题的过程中没有找到正确的方法，错误的解决问题的方式，导致问题的出现。社会工作者应启发涉罪青少年，在面对同样的问题时，考虑问题的多面性及特殊性，发展解决问题的多元方式，同时要相信青少年有能力找到解决问题的合适的方法。

（3）不强调追根溯源。SFBT 反对将过多的精力投入对事件原因的追诉，认为事出并非有定因。问题的产生往往是互动的结果，并且很难确定。治疗的核心应是社会工作者帮助涉罪青少年寻找解决问题的方法。

（4）“负面问题”的正向功能。给涉罪青少年贴上“不良少年”“越轨行为”等负面的标签是武断的，涉罪青少年带着负面标签来咨询的时候，常常会自卑或有其他负面情绪产生，反而不利于问题的解决。问题是在互动的过程中被建构出来的，有可能在不同的情境中，其“问题”行为就是适宜的或正当的。社会工作者在治疗的过程中，不仅要看到问题，还要看到问题背后所指向的正向意义，帮助涉罪青少年寻找朝着正向改变的力量。

（5）合作与沟通是解决问题的关键。SFBT 认为在会谈的过程中，社会工作者与涉罪青少年的关系是合作互动的。社会工作者通过倾听涉罪青少年故事，观察他们的声调、情绪、表情和语言，在沟通过程中坚持以正向和未来为导向，引导其思想和行为的改变，产生新的想法和行为。

（6）骨牌效应。SFBT 认为，小的改变可以增强服务对象的信心。社会工作者在治疗的过程中，要积极引导涉罪青少年发现小的改变，正视小的改变的价值，促进小的改变持续地产生。社会工作者帮助涉罪青少年意识到自身的能力和潜质，增强其不断改变的信念和动力。

（7）重视解决问题时的例外。例外是指个案的问题没有发生或严重程度较低、发生次数较少等较不被个案注意的特定情境①。SFBT 认为，任何时候都有例外，只要问题有例外发生，就能从例外中找到解决办法。社会工作者在解决问题的过程中，应关注例外的存在。在治疗的过程中，帮助服务对象寻找例外的存在，引导服务对象察觉自身有能力和资源解决问题，而不是全盘否定自身。

3. 焦点解决短期治疗的基本流程

焦点解决短期治疗重视服务对象的积极因素和正向力量，强调服务对象改变中的成功经验和改变的可能性，不将焦点放在问题的成因上。治疗咨询可以是一次或多次。每次咨询的时间约为 60 分钟。咨询分为建构解决的对话阶段（40 分钟左右）、休息阶段（10 分钟左右）和正向回馈阶段（10 分钟左右）。

---

① 戴艳，高翔，郑日昌．焦点解决短期治疗（SFBT）的理论述评［J］．心理科学，2004（6）．

（1）建构解决的对话阶段。通过服务对象讲述故事，发现其存在的问题，与服务对象共同设定目标，探索解决问题的方案。过程中重视使用语言技巧，强调服务对象自我改变自我发展的潜质和能力。社会工作者采用预设性语言（比如，最近是否有微小的改变发生?）提升涉罪青少年对解决问题能力的察觉，增强其改变的信心；运用赋能性语言（比如用“而且”而非“但是”的词语）转化青少年对问题的理解，暗示青少年所描述的故事是被接纳的；运用扩充性语言协助青少年将问题和自身分离开来，当其与问题有了距离后，看待该问题的视角也会发生转变，由此可以重新思考、感受和解决问题；运用协商性语言（比如“嗯，在这点上，我不太确定”）与涉罪青少年进行沟通，在保持社会工作者自身的观点的前提下，不冒犯涉罪青少年。

（2）休息阶段。在建构性解决对话进行 40 分钟后，社会工作者告诉涉罪青少年将休息 10 分钟，社会工作者自身跳出咨询的情境，回顾对话过程并进行梳理，以给予涉罪青少年回馈。

（3）正向回馈阶段。社会工作者回馈的信息包括两个部分，一是给予赞美和肯定，二是提出任务，重新制定目标促进改变。社会工作者引导涉罪青少年积极发现自身的正向资源和能力，让其相信自己有能力解决问题，鼓励其作出改变。对于服务对象采取解决问题的行动提供咨询和建议，在改变的基础上设定新的目标，督促正向改变持续地产生。

在对涉罪青少年的矫治过程中，要尊重涉罪青少年的人格，关注他们自身的资源和优势，相信其有自我矫正的力量，有能力解决自身的问题。社工要设法帮助涉罪青少年把蕴藏在身上的积极力量展现出来，比如努力改变后的上进心、潜能和优势。在改造的过程中注重实效评估而不是流于形式，了解个别教育的意义，设定教育改造目标，明确各个具体改造的项目，规范每个阶段要达到怎样的效果。

（二）叙事心理治疗模式

1. 叙事心理治疗理论

叙事心理治疗理论又称叙事疗法（Narrative Therapy），20 世纪 80 年代，由澳大利亚临床心理专家麦克·怀特（Mike White）和新西兰的大卫·爱普斯顿（David Epston）在《故事、知识、权力——叙事治疗的力量》中系统阐述了叙事心理治疗的观点。

叙事是指按照时间顺序讲述发生的故事。叙事心理治疗是指社会工作者通过倾听他人的故事，运用适当的方法，帮助服务对象找出遗漏片段，使问题外化，从而引导服务对象重构积极故事，以唤起服务对象发生改变的内在力量的过程[①]。叙事心理治疗强调社会工作者与服务对象之间的沟通、互动，治疗过程中的人性化。治疗过程中以服务对象为中心，社会工作者的工作为引导服务对象重构新故事，唤醒其改变的信念和动力，使其相信自己有解决问题的方法和能力。

2. 叙事心理治疗的基本步骤

学术界尚没有关于叙事心理治疗步骤的统一，根据临床实务经验，其主要包括三个阶段：故事叙说阶段、问题外化阶段、重构新故事阶段。

（1）故事叙说——重新编排和诠释故事。叙事心理治疗认为，个体对主流叙事的认识在某种程度上决定着他们的生活方式和面对生活的态度，但个体容易围绕主流叙事的价值观叙说，主流叙事以外的故事细节或片段容易被个体所忽略。社会工作者在倾听的过程中，要注意抓住故事的细节并加以引导。通过故事叙说，服务对象形成故事的新的角度和想法，从而重新建构新的意义。

（2）问题外化——将人和问题分开。问题外化是叙事心理治疗最具特色的治疗方法和技术，是指社会工作者引导服务对象将“问题”和“人”分开，将问题独立化，而并非服务对象自身存在问题。当服务对象与问题产生距离时，更有利于摆脱恐惧，重新看待问题，有信心解决问题。

（3）重构故事——树立积极正向的观念。在这一阶段，社会工作者的任务是通过循序渐进的提问方式，引导服务对象说出具有个人力量的故事，即成功的故事。通过成功的经验，使服务对象发现自己解决问题的能力和方法。比如，“你是通过什么方法解决的?”“自己有什么感想?”“之前有没有类似经历呢?”等问题。找出证据支持服务对象有足够的能力对抗问题，以及树立正向积极的观念和生活的信心。

焦点解决短期治疗和叙事心理治疗是后现代主义的产物，其理论基础是社会建构主义。强调个人正向能力的思考和学习，否定“问题视角”的分析方式。以这些理论为指导，开展涉罪青少年的教育和矫正，不仅可以打破社

① James T. Hansen. Postmodern Implications for Theoretical Integration of Counseling Approaches［J］. Journal of Counseling and Development，2002，80（3）.

会工作者对涉罪青少年先入为主的偏见，使社会工作者关注涉罪青少年本身，而且可以鼓励涉罪青少年从叙事的过程中发现自我的存在，审视所属故事是如何影响自己的生活方式的，使涉罪青少年改变对问题的看法，并赋予其力量重新叙述有正向意义的事情。通过对于问题的重新叙述，逐步改变服务对象现实中固有的认知和行为，以未来为导向，促进正向改变的持续发生，从而使服务对象顺利融入社会。

第四节　涉罪青少年社会工作案例分析

社会工作介入青少年司法领域主要开展社会调查、合适成年人服务、帮教服务等工作，本节内容围绕社会工作介入涉罪未成年人的社会调查、合适成年人服务以及日常帮教和监督考察工作，在遵循未成年人刑事诉讼法以及社会工作专业价值的基础上，通过案例分析的形式，探索社会工作介入青少年司法领域工作的有效性，同时通过实践发现问题、解决问题，以便为其他工作提供参考。

一、社会工作介入涉罪未成年人“社会调查”工作个案分析

我国2018年修订的《刑事诉讼法》第二百七十九条规定了未成年人社会调查制度。我国的未成年人刑事案件调查一般适用三个阶段：审查逮捕、审查起诉和法院审判。未成年人社会调查制度的主要目标是未成年犯罪嫌疑人、被告人的成长经历、犯罪原因、监护教育、被指控犯罪后的表现等情况，是未成年犯罪嫌疑人、被告人的成长经历和接受帮教条件的体现，而不以未成年犯罪嫌疑人、被告人的犯罪事实的调查和查清为对象。本书中引用的案例是开展涉罪青少年在审查起诉阶段——附条件不起诉环节的社会调查工作，主要是对涉罪未成年人的生活环境、成长经历、监护教育、主观恶性程度、回归社会的支持条件等开展调查，最终形成详细客观的社会调查报告，提交司法机关作为判断是否符合附条件不起诉的依据，为其作出恰当处置提供参考。

（一）案例介绍

小坤（化名），男，15岁，经常沉溺于网吧。2016年10月22日上午，小坤到朋友小金（化名）家玩耍，趁其不备，偷走了小金放在书桌上的一台

iPad（经鉴定，价值 1800 元）。小金发现后找小坤理论，争执过程中小坤将小金打伤，经临时鉴定为轻伤，随后小坤被民警抓获。2016 年 11 月 5 日，公安机关将小坤盗窃案移送检察院起诉。因其未成年，检察院经初步审查小坤系初犯、偶犯、在校学生，归案后悔罪态度好，如适用刑罚，可能对其学业、心理造成不利影响，将来难以融入社会。于是委托司法社工对小坤进行社会调查。

（二）社会调查介入过程

司法社工受人民检察院委托，对处于审查起诉阶段，涉嫌盗窃罪的小坤是否符合附条件不起诉条件开展社会调查。

1. 开展调查

司法社工接受委托，在了解小坤的基本信息后，对小坤本人、家人、朋友、老师等人详细询问，了解小坤的家庭基本情况、成长经历、悔罪态度、社会交往状况、性格特点等基本情况。

2. 撰写社会调查报告并提交

2016 年 12 月，司法社工整合前期社会调查相关资料，将涉罪未成年人社会调查报告提交检察院。小坤的社会调查报告见表 9-2。

表 9-2　社会调查报告

<table>
<tr><td rowspan="2">基本信息</td><td>姓名</td><td>小坤</td><td>籍贯</td><td>山东</td><td>民族</td><td>汉族</td></tr>
<tr><td>性别</td><td>男</td><td>身份证号</td><td></td><td>职业</td><td>学生</td></tr>
<tr><td>案情概述</td><td colspan="6">2016 年 10 月 22 日，犯罪嫌疑人小坤在朋友家玩耍时，趁朋友不备，偷走朋友小金一台 iPad，小金发现后找小坤理论，争执过程中小坤将小金打伤，经临时鉴定为轻伤，随后小坤被民警抓获</td></tr>
<tr><td rowspan="3">个体情况</td><td colspan="2">生理状况</td><td colspan="4">小坤中等身材，偏瘦，生理状况良好，未见异常</td></tr>
<tr><td colspan="2">心理状况</td><td colspan="4">小坤性格比较外向，社交能力强，朋友较多。但是小坤脾气比较暴躁，情绪控制能力弱，且承受能力弱</td></tr>
<tr><td colspan="2">犯罪及法律认知状况</td><td colspan="4">小坤知道盗窃的行为不对，就是一时兴起，但并没有考虑后果。经历过此事后，小坤十分后悔，积极征求朋友的谅解和赔偿，表示不会再犯。小坤对于自身原因缺乏反思，仍需要进一步帮教</td></tr>
<tr><td>家庭情况</td><td colspan="6">小坤的母亲脾气暴躁，由于小坤学习成绩差，经常去网吧玩游戏，会打骂他，他比较讨厌自己的母亲。和父亲关系比较好，有什么事情都会向父亲倾诉。在家庭中，生活比较懒散，不爱做家务</td></tr>
</table>

续表

<table>
<tr><td>社会交往情况</td><td colspan="2">小坤性格比较外向，由于其社交能力强，朋友也比较多，但大多数是表面朋友。此次偷窃小金的 iPad 并将其打伤，是因为他说小金经常在朋友们面前炫耀他的电子产品，小坤心里十分不服气，看他不顺眼，争执之下误将其打伤</td></tr>
<tr><td rowspan="3">综合评估意见</td><td>违法犯罪原因分析</td><td>小坤脾气暴躁，情绪控制能力较差。案发当天，小坤见小金在其面前炫耀，十分看不顺眼，于是将其 iPad 偷走，在小金发现后，争执过程中，小坤因无法控制其愤怒的情绪并且发现事情暴露，将其打伤
小坤法律意识淡薄。明知是盗窃行为，并对被害人施以暴力，未能意识到该行为带来的严重后果，法律意识淡薄
家庭原因，小坤的母亲性格暴躁，在对小坤打骂的过程中，给其童年带来了伤害。受童年经历影响，小坤面对问题时，处理问题的方式也是打骂，无法良好地控制自己的情绪。缺乏良好的家庭环境，导致了此次事件的发生</td></tr>
<tr><td>回归社会不利因素</td><td>小坤控制自己情绪的能力弱，冲动、易怒，缺乏对自身原因的反思，需要进一步对其帮教
家庭缺乏适当的教育方式。母亲的教育方式不利于小坤成长和发展</td></tr>
<tr><td>回归社会有利因素</td><td>家庭的支持和接纳。小坤家庭在经历此次事件后，表现出良好的关怀和支持，母亲对自身也进行了反思，愿意以后多抽出时间与孩子沟通，加强对其的监管
社会资源的支持。司法社工在条件允许的情况下，对小坤进行考察和帮教，以帮助其平复此事带来的负面情绪、重建信心，顺利回归社会
小坤自身具有良好的表达和沟通能力，相信其有改变的潜质</td></tr>
<tr><td>再犯罪风险评估</td><td colspan="2">再犯罪风险低</td></tr>
</table>

3. 综合评估意见

综合以上原因分析，本次调查报告认为小坤再犯罪风险较小，但仍须家长加强引导和教育，帮助其改变不良习惯，树立正确的价值观。检察院根据小坤的犯罪性质、行为危害性、悔罪态度等方面，结合司法社工的调查报告，决定对小坤采取附条件不起诉的处置方式，且设置考察帮教期限为半年至一年。

（三）涉罪未成年人帮教服务

1. 问题界定

（1）法律意识淡薄，缺乏明辨是非的能力。

(2) 性格暴躁易怒，情绪控制能力差。

(3) 亲子关系存在问题，母亲家庭教养方式存在问题，与母亲存在隔阂，缺乏良好的沟通和交流。

2. 帮教计划

(1) 帮教目标：帮助小坤矫正其偏差心理和偏差行为，引导其改过自新，增强与母亲的沟通和交流，顺利回归社会。

(2) 帮教原理：优势视角理论，相信每个人都是有优势，可以改变的。焦点解决短期治疗理论，引导服务对象树立正向的理想信念，当遇到问题时，寻找解决问题的正确方法。

(3) 帮教方法：采用会谈的方法，每次60分钟，共进行5次。

3. 服务介入

(1) 针对小坤法律意识淡薄，缺乏明辨是非能力的问题。司法社工鼓励小坤通过多种方式了解法律知识，比如观看法律频道的节目、浏览法律书籍，从而增强法律意识，明确法律责任，遵守法律规则。

(2) 针对小坤性格暴躁易怒，情绪控制能力差的问题。社会工作者一方面运用焦点解决短期治疗的观点，认为小坤在解决“小金炫耀”和“找其理论，引发争执”的问题中，表现出愤怒，将小金打伤，是解决问题的方式出现了问题，从而导致了违法犯罪行为。因此社会工作者鼓励小坤重新审视自己当初面临的问题与解决问题的方式。另一方面社工鼓励小坤反思暴躁情绪下所产生的行为造成的后果，引导其换位思考，站在被害人的角度，加深对后果严重性的认知，使其明白冲动易怒并不能解决问题。

(3) 针对亲子关系问题。帮助小坤积极恢复与母亲的关系，接纳过去，迎接未来。一方面运用叙事心理治疗的方法，通过“叙事”的方式讲述其童年生活，捕捉小坤在讲述故事时遗漏的重要细节，将问题外化，用成功的经验帮助其相信自己有解决问题的能力。引导小坤重新审视自身的生活，重新定义生活的意义，重新看待母亲，接纳过去的生活，并以一种新的正向的观念看待未来。另一方面，给小坤母亲培训亲子沟通技巧，使母亲认可孩子的自我价值，学会赞美和表扬孩子，为小坤逐步的改变树立信心和增强自我效能感。

4. 帮教效果

通过会谈，小坤与社会工作者建立了彼此信任的关系，小坤表示以后要多学习法律知识，学会控制自己的脾气，遇到事情学会转变思路，采用合理的方式解决。小坤表示对以后的生活很有信心，以后要多与母亲沟通，逐渐缓和与母亲不良的关系。

5. 跟进帮教意见

通过几次帮教，小坤积极反思，愿意作出改变。但是当今后遇到新的环境和问题时，他能否真正做到积极面对，寻找合理的方式解决问题，还有待家人、朋友和社工对他进行持续的支持和鼓励。

二、社会工作介入未成年人刑事案件“合适成年人到场”工作个案分析

2013 年最高人民检察院发布的《人民检察院办理未成年人刑事案件的规定》中要求人民检察院办理未成年人刑事案件讯问涉罪未成年人时，应当通知其法定代理人到场，并且告知法定代理人依法享有的诉讼权利和应当履行的义务。无法通知、法定代理人不能到场或者有其他客观因素的，也可以通知涉罪未成年人的其他成年亲属，所在学校、单位或者居住地的村民委员会、居民委员会、未成年人保护组织委员会的代表等合适成年人到场，并将有关情况记录在案。到场的法定代理人可以代为行使未成年犯罪嫌疑人的诉讼权利，行使时不得侵犯未成年犯罪嫌疑人的合法权益。

本案例中合适成年人制度是指接受检察机关委托，指派司法社工担任合适成年人到场旁听，在帮助涉罪未成年人正确理解询问、讯问的含义，缓解紧张情绪，维护合法权益方面发挥积极作用的一系列活动。

（一）案情介绍

张某，17 岁，2017 年 6 月在网吧打工，因盗窃网吧现金 4500 元被民警抓获。通过调查了解，张某原籍山西，自幼父母双亡，由现在的父母收养。张某与养父母关系一直不和，15 岁时离家出走，四处流浪，居无定所，失去家庭温暖以及流浪的生活让其走上犯罪道路。司法机关了解情况后，及时与张某的养父母取得联系，劝说他们配合司法机关共同感化挽救张某，但其养父母表示拒绝。在征得张某同意后，法院委托社会工作者担任合适成年人，代替张某的法定代理人行使诉讼权利。

（二）担任合适成年人参与讯问过程

1. 通知与到案

社会工作者接受委托后，准备相关资料（服务对象案情、基本情况、指派函等），赶往讯问地点。

2. 准备工作

社会工作者到场后，需要就讯问做如下相应的准备工作。

（1）向办案人员了解服务对象的情况。首先，社工向办案人员了解未成年人法定代理人的到场情况，得知张某的养父母不愿意到场。司法社工在此情况下尽量帮助张某减少害怕的情绪。其次，了解张某的基本信息，主要了解其健康状况、权益是否受到侵害等。

（2）向服务对象表明自己的身份和作用。通过与张某沟通，让其了解自己的身份和来意，清楚明白合适成年人在讯问过程中的角色和作用。社会工作者需要向张某出示自身的工作证，并用通俗的语言表明自己的身份，询问张某是否有需要帮助的地方。

3. 旁听讯问

社会工作者旁听整个讯问过程，帮助张某理解办案人员的问题，准确表达自己的想法和经历。在讯问的过程中，社会工作者关注的不是张某的犯罪事实，而是通过观察的方式监督办案人员是否有侵犯未成年人张某的合法权益的举动，同时观察张某的语言、动作、神态、表情等。当社工发现张某有明显的紧张、害怕情绪时，及时提醒办案人员停止讯问，由社工开展心理疏导，舒缓其不良情绪。社工经过与张某交谈，了解到他是因为对办案人员讯问的一些专业性法律术语听不懂，不知如何回答才导致的紧张。随后社工与办案人员沟通，表明情况。办案人员以张某能够理解的方式讯问，同时社工也给予张某眼神回应，鼓励他勇敢回答问题，缓解其紧张不安的情绪。张某在经过心理疏导后，明显配合办案人员的调查，顺利结束了讯问。

4. 查阅笔录与签字

讯问结束后，合适成年人、涉罪未成年人查看讯问笔录，核对无误后签字。

5. 进一步与未成年人进行交流

通过交流，了解涉罪未成年人犯罪原因、家庭情况和社会交往情况，为接下来的帮教服务提供基础。

（三）涉罪未成年人帮教服务

1. 问题界定

（1）生活缺乏保障。

（2）法律意识淡薄，缺乏法律知识。

（3）与家人关系不和，缺乏家庭的温暖。

（4）内心自卑，对未来生活感到无助和迷茫。

2. 帮教计划

（1）帮教目标：帮助张某树立对未来生活的信心，矫正错误的认知和偏差行为，帮助其顺利回归社会。

（2）帮教原理：优势视角理论，相信每个人都是有优势，可以改变的。焦点解决短期治疗理论，引导张某树立正向的理想信念，当遇到问题时，寻找解决问题的正确方法。叙事心理治疗理论，挖掘张某重构新故事的契机，协助其改变生活态度，改进行为模式，强化适应生活的能力，激发潜能。

（3）帮教方法：采用会谈的方法，每次60分钟，共进行5次。

3. 服务介入

（1）针对生活无保障问题。这是需要首先解决的关键问题，社会工作者联系救助机构，为张某提供衣食住行的基本保障。

（2）针对张某法律意识薄弱的问题。社会工作者要求张某通过多种方式学习法律知识，增强法律意识，遵守法律规范。比如，通过法治频道观看法治节目、购买法律相关书籍等。

（3）针对其与家人关系不和，缺乏家庭温暖的问题。首先，社会工作者应继续联系其养父母，争取共同为张某的教育和矫正作出努力。同时，社会工作者运用叙事心理治疗理论，引导张某讲述自己的故事，让张某重新发现、审视自己的生活，正视其与养父母的关系。其次，将问题外化，张某自幼父母双亡，被养父母收养后，由于缺乏父母的疼爱，有严重的情绪问题，表现为暴躁、易怒。社会工作者引导张某外化情绪问题，重新书写对话，发现情绪问题之外的闪光事件，以闪光事件为基础重新建构故事，帮助张某建构新的生活的意义。最后，探讨情绪问题背后的主流叙说，建构出在张某的世界中所认同的价值观，引导其从新的视角看待自己的情绪和问题，从而发展出新的行为和应对模式，逐步修正错误的认知和不良行为。

（4）针对其内心自卑，对未来生活无望的问题。一方面，运用焦点解决短期疗法，通过沟通，帮助张某设立切实可行的小目标，鼓励其关注小的改变，意识到自身解决问题的能力，对未来树立信心。另一方面，在遵循张某意愿的前提下，询问其对上学和工作的看法。经了解，张某想要继续工作。社会工作者根据张某的兴趣和选择，为其提供就业技能培训，帮助其顺利回归社会。

4. 帮教效果

随着会谈的逐步深入，张某开始发生改变，由最初的被动接受服务，不言不语，变为主动和社会工作者交流，张某对未来的生活也开始充满信心，在社会工作者的帮助下，进入了技术培训班。张某表示，与养父母的关系虽然没有改善，但是开始主动与养父母交流，希望重新与养父母建立关系。

5. 跟进帮教意见

张某能否顺利回归社会，缓解其与养父母之间的关系，还需社工继续跟踪帮教和回访。

本章小结

社会工作介入青少年司法领域，维护了涉罪青少年的合法权益，帮教效果显著，但仍然面临多重问题和挑战。我国社会工作起步较晚，发展较为缓慢，尚未建立起专业化的社会工作者队伍，社会工作的理论大多是从国外借鉴而来，在运用的过程中可操作性不强，缺乏本土化的方法和理论。司法社会工作作为新的研究领域，正处于探索阶段，其合法性和专业性常常遭受质疑，社会工作者应坚持理论与实践相结合，从实务中提炼工作方法和技巧，进一步上升到理论层次，丰富社会工作理论体系；同时要加强与政府、司法机关、社工机构的合作，增强与各部门的合力，构建系统化的青少年帮教体系。

通过本章的学习，应关注以下几个问题。

1. 20 世纪以来，西方犯罪学理论和刑罚政策逐步向非刑罚化和非监禁化发展，坚持教育、感化和挽救的方针，以回归社会为目标，为涉罪青少年提供教育、矫正、康复服务。

2. 社会工作利他主义的价值观、科学的理论和专业的方法，构建社会支持网络的专业优势，为其介入司法领域提供了可行性。

3. 涉罪青少年社会工作，按照实践内容分类，主要包括青少年犯罪预防、涉罪青少年权益保护和帮教、司法救助、涉罪未成年人民事观护、社区矫正、社区戒毒六大方面。在刑事司法领域，司法社工开展的服务主要包括青少年犯罪预防、社会调查、合适成年人服务、涉罪青少年帮教工作、被害未成年人救助服务。

4. 社会工作服务模式是社会工作开展专业服务、制订计划的重要依据。焦点解决短期治疗模式和叙事心理治疗模式是后现代主义社会工作最重要的两大范式。

思考题：

1. 香港地区对待涉罪未成年人的处遇方式有哪些？
2. 社会工作介入青少年司法领域的必要性和可行性是什么？
3. 涉罪青少年社会工作的实践内容有哪些？
4. 焦点解决短期治疗模式和叙事心理治疗模式的具体内容有哪些？

后　记

司法社会工作是社会工作实务领域中的重要组成部分。2002年以来，我国的司法社会工作从社区矫正领域起步，在我国司法制度改革和司法社会化理念的影响下，服务领域越来越广泛，一些司法审判实务领域如家事审判、禁毒戒毒、青少年犯罪防治等，对专业社会工作介入的需求越来越迫切。但是，目前国内系统介绍司法社会工作理论及实践方法的教材，尤其是实践教学的教材较少，鉴于此作者编著了本教材。

本教材共九章，其中1—3章介绍了司法社会工作的基本知识、价值伦理和主要理论基础，4—9章详细介绍了司法社会工作参与的各个实务领域。教材的实务部分主要围绕司法审判程序中的社会工作参与而展开，包括社区矫正社会工作、监狱社会工作、刑满释放人员的社会工作、禁毒社会工作、社会工作参与家事审判和涉罪青少年社会工作理论与实践。

感谢华东理工大学张昱教授在百忙之中为本书赐序。司法社会工作是一个较新的社会工作实务领域和研究方向，本书作者自2008年以来开始社区矫正社会工作、司法社会工作的一线教学和实务研究工作，张昱教授作为全国社区矫正社会工作、司法社会工作研究的权威专家，同时作为山东大学司法社会工作研究中心的首批兼职教授，给予研究中心以及作者的教学科研很大的专业支持和实际帮助，推动了山东省司法社工实践的本土化发展，张昱教授对本教材的编写也给予了很有价值的指导。

教材编写过程中，山东省司法审判实务领域的一线工作人员和专家对教材初稿进行了专业指导并给出修改意见。在此，特别感谢山东省高级人民法院刑事审判第一庭庭长谢萍，济南市历城区人民法院四级高级法官、庭长王文燕，山东省济东强制隔离戒毒所政委张凯，山东省新安监狱政委张榕芳，山东省司法厅社区矫正处副处长崔恒涛，山东省齐州监狱四级高级警长、高级工程师徐鹏，济南市历下区司法局社区矫正科科长董鑫，山东省新康监狱二级高级警长赵威，他们同时也是山东大学司法社会工作研究中心的兼职研究员，在本书的写作过程中提出非常具体的意见和建议，保证了本书的实用性、科学性和专业性。另外，由于受社区矫正法的颁布等因素影响，书中涉及的相关内容反复修改，整个教材的编写时间也几次延期。其间，我的前后几届研究生都积极参与教材相关的调研、实践案例组织工作以及部分初稿的讨论，目前任教于山东女子学院的刘晓甜贡献尤多。在师生融洽相处的过程中，我真正体会到了教学相长的快乐。在此，向同学们表达感谢。

本书综合当下司法社会工作领域的最新研究成果及政策制度，引用了大量司法社会工作领域的实务案例，是国内较早系统介绍司法社会工作相关知识的教材，兼具理论性和实务性，能够为高校社会工作专业的学生、司法审判实务领域的工作人员提供专业的实践指引。

司法社会工作的初学者可以以此作为入门教材，全面了解司法社会工作的相关知识。司法审判实务领域，如公检法司等机关的一线工作者和司法社工可以从中提取、习得社会工作专业的相关理论和实务方法，从而能更有针对性地开展综合服务，促进司法社会工作的进一步发展。

本教材受山东大学首批精品教材建设项目、国家社科基金项目“社区服刑人员矫正和社会融入的大数据应用研究”项目的资助（项目批准号：20BSH161），同时也是山东大学教育教学综合改革重点项目“基于大数据应用的跨学科复合型司法社会工作类人才培养模式研究”的阶段性成果。

付立华